LAROUSSE

de los Postres

*Dedico estas páginas a quienes
me dan el privilegio de endulzarles
la vida con mis postres.*

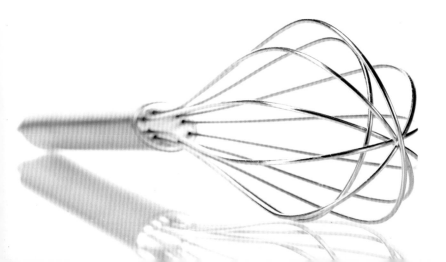

LAROUSSE

de los Postres

Con el toque mexicano de

Paulina Abascal

LAROUSSE

Dirección editorial
TOMÁS GARCÍA CEREZO

Coordinación general y editora responsable del proyecto
ANALUISA BÉJAR SOLAR

Coordinación editorial Larousse
VERÓNICA RICO MAR

Fotografía
LEON RAFAEL

Estilismo de alimentos
PAULINA ABASCAL, ANALUISA BÉJAR Y BECKY TREVES

Coordinación de contenidos Larousse
GUSTAVO ROMERO RAMÍREZ

Asistencia editorial
MONTSERRAT ESTREMO PAREDES

Diseño y formación
PEDRO MOLINERO/QUINTA DEL AGUA EDICIONES, S.A. DE C.V.

Corrección
EVELÍN FERRER RIVERA

Textos complementarios
SYLVIA KURCZYN Y JOSÉ LUIS CURIEL

Diseño de portada
EDICIONES LAROUSSE, S.A. DE C.V., CON LA COLABORACIÓN DE NICE MONTAÑO KUNZE

Fotografía de portada
EDGAR CONTRERAS

Fotografía complementaria
SHUTTERSTOCK.COM

©2008 Ediciones Larousse, S.A. de C.V.
©2011 Ediciones Larousse, S.A. de C.V.
©2014 Ediciones Larousse, S.A. de C.V.
©2016 Ediciones Larousse, S.A. de C.V.
©2018 Ediciones Larousse, S.A. de C.V.

Renacimiento 180, Colonia San Juan Tlihuaca
Delegación Azcapotzalco, C.P. 02400
México, Ciudad de México

ISBN 978-607-21-2085-3

QUINTA EDICIÓN

Larousse tiene una larga y respetada historia en la edición y publicación de obras de gastronomía en el mundo. Son innumerables los grandes chefs que han colaborado con editores especializados para forjar este prestigio internacional que ha constituido un fondo editorial de enorme valor. Muestra de ello es el célebre *Larousse Gastronomique,* considerado hoy una referencia obligada para todos los profesionales en el tema.

Hace seis años que Larousse México editó y publicó, de la mano de la talentosa chef Paulina Abascal, la primera edición del *Larousse de los Postres con el toque mexicano de Paulina Abascal.* Eran años en los que hacía falta una obra de referencia para la repostería y pastelería en México, pues los contenidos de los recetarios y manuales del tema estaban alejados de la realidad del país al ser en su mayoría procedentes del extranjero. Hasta el día de hoy el *Larousse de los Postres* continúa siendo una obra de consulta obligada para todo aquel que esté interesado en el arte de las preparaciones dulces; su éxito ha sido tan evidente, que no quisimos dejar pasar la oportunidad de afinar y ampliar su contenido para lanzar esta tercera edición, fruto de la semilla sembrada por la mancuerna entre esta casa editorial y la chef Abascal.

A lo largo de estos años el *Larousse de los Postres* ha sido objeto de gratos comentarios y de admiración por ser una detallada guía profesional de la pastelería y la repostería en México. Los consejos, producto de la experiencia y el talento de la autora; el lenguaje sencillo utilizado en los procedimientos de las recetas, así como la calidad de su información y de las fotografías, son la carta fuerte para que esta obra se haya posicionado como única en su género, confiable y respetable. Sin embargo, es de esperar que con el pasar del tiempo quienes fueron los creadores de una idea que se ha materializado deseen mejorarla, ampliarla y darle nuevos aires. Así, Larousse se embarcó en la aventura de revisar, corregir y aumentar aquel libro de hace seis años, conjuntando nuevamente esfuerzos con Paulina Abascal, quien diseñó nuevas recetas y precisó ciertos detalles de las ya existentes. León Rafael se dio a la tarea de fotografiar las nuevas delicias que la autora creó.

No cabe duda que esta obra conjunta diversos atributos: muestra la guía para los que desean iniciarse en el mundo de la pastelería y la repostería; compila las mejores recetas de la más talentosa repostera mexicana; establece la pauta a seguir en el arte de la elaboración y decoración de los postres en México y constata la profesionalización de la actividad gastronómica en el país. Ésta es una obra que se antoja para disfrutar en el más amplio de los sentidos.

LOS EDITORES

Mi receta

Entre mis primeros recuerdos de la infancia está el pasar tiempo en la cocina junto a mi abuelita y mi mamá. Tengo presentes, con mucho cariño, esas tardes donde compartíamos horas elaborando las recetas que formaban parte de la identidad de toda la familia. A veces eran para ocasiones especiales, otras tantas, las hacíamos por el gusto de estar juntas.

Ahí está la raíz de mi vocación. Desde aquel tiempo de sabores de casa, hasta hoy que realizo servicios profesionales, han cambiado muchas cosas. Pero permanece constante, y siempre estará, la pasión que siento por lo que hago.

Estudié en la Ciudad de México una licenciatura en Administración hotelera que me dio excelentes herramientas para emprender después proyectos más ambiciosos. Al concluir mis estudios viajé a París, donde tomé cursos de especialización, ya que tenía muy claro el camino que deseaba seguir en la pastelería.

De regreso en México trabajé varios años en una pastelería que me ayudó a comprender mejor los procesos y controles de calidad de producciones en grandes cantidades. Durante ese tiempo también enfrenté el gran reto de competir representando a mi país en la Copa del Mundo de Repostería, en Francia. Fue una gran experiencia de aprendizaje con un magnífico equipo, y hasta hoy, me siento muy orgullosa de los resultados.

Más adelante decidí emprender mi camino, dando a mis creaciones su propia voz en mi pastelería Dulces Besos. He participado en eventos por todo el mundo, incluyendo la creación de una mesa de postres para el Papa Benedicto XVI. Tengo también algunos productos, utensilios y filipinas, todos siguiendo mis conceptos de calidad y, por supuesto, de estilo.

La estética y presentación de mis postres, tanto en forma individual como en conjunto en el caso de los montajes para eventos, son de suma importancia para lograr el impacto que siempre he buscado. Lo que rodea a los postres se convierte en un elemento más de su presencia. Me encanta crear la magia que siempre arranca sonrisas de los invitados.

Permanentemente me actualizo en cuanto a las técnicas y propuestas de vanguardia; aprovecho lo mejor de ellas, pero estoy consciente de la importancia de nunca perder mi esencia y sello personal.

Tal vez para compensar lo efímero de mis postres, busqué trascender en mi trabajo comunicando mi experiencia profesional, que tanto me apasiona, en programas de televisión que se ven en toda América Latina y Estados Unidos (que llevan casi una década al aire), así como elaborando publicaciones de artículos y, por supuesto, libros con mis muy queridos amigos de Larousse, que afortunadamente han obtenido todo tipo de récords y diversos premios.

He tenido la gran fortuna de ser reconocida entre mis colegas, y como mujer empresaria, frecuentemente visito muchos países de América Latina para dar cursos, conferencias y entrevistas.

Convencida de que la calidad de los ingredientes es muy importante para el éxito de las recetas, he hecho alianzas con algunas marcas reconocidas para representarlas, asesorarlas y compartir mis experiencias con los consumidores. Eso me ha brindado grandes oportunidades para crear nuevas recetas, dar talleres y conocer a mucha gente. Realmente siento el cariño del público en estos eventos.

Todas estas experiencias han sido increíbles y han requerido de mucho esfuerzo, sacrificios y dedicación. Pero finalmente todo se reduce al trabajo de cada día, cuando abro las puertas de mi taller, y vestida con mi filipina, empiezo de nuevo las tareas cotidianas, cuidando cada detalle y dando lo mejor de mí. Por supuesto, nunca olvido disfrutar los aromas, las texturas y, ciertamente, abrir una que otra vaina de vainilla.

Dulces besos,
PAULINA ABASCAL

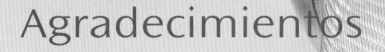

Agradecimientos

Quiero agradecer con mucho cariño a todos los que me apoyaron para realizar este libro.

Patricio y Santiago, mis hijos, que son el motor de todos mis esfuerzos.

Mis papás y mi hermano.

El equipo de Ediciones Larousse, por haber creído en el libro y brindarnos generosamente todo su apoyo.

Analuisa Béjar, por haber trabajado conmigo durante cinco años en este proyecto, y por su amistad.

León Rafael y Lalo, por las luminosas imágenes que captaron.

Becky Treves, Luis Bobadilla y Gelo, por su amistad y cooperación.

Pedro Molinero y su equipo de Quinta del Agua Ediciones, por darle vida a cada texto e imagen al plasmarlos en las páginas.

Sylvia Kurczyn y José Luis Curiel, por compartir con sus palabras, conocimientos y entusiasmo.

Pablo Ferrer, Marcelo Castro y su familia, por el queso Ramonetti; al doctor Esteban Barragán, por el queso Cotija: ambos son un poema.

Alejandra Curiel y Otilia Zamora, por su incansable energía.

Ricardo Muñoz Zurita, por sus siempre sabios consejos.

Alicia y Jorge De'Angeli[†], por su cariño y ejemplo: sin ustedes no se podría haber hecho este libro.

Rafael Zardain Béjar, porque el paso entre la posibilidad y la realidad está en la determinación.

Introducción

Los postres son un regalo, felicidad que se puede compartir, alarde de imaginación y encanto para los sentidos.

Ellos nos provocan emociones, gustos, olores olvidados y nuevos. Se nos revelan mundos enteros por medio de sus texturas. Los postres ciertamente reflejan nuestra historia y esencia; y es que quien cocina, no lo hace solo, está rodeado de las generaciones pasadas, con todo su conocimiento y sus consejos, el saber adquirido con la experiencia y el brío que lleva a experimentar y a crear.

Así fue como nació este libro de placeres, juegos y creación, conocimiento y libertad; imágenes elocuentes y luminosas con probaditas de historia, dichos populares, anécdotas y algunas palabras del camino que recorrieron los postres para llegar a nuestra mesa, a nuestras tradiciones y a eventos especiales en la vida, que los han hecho aún más sabrosos.

Se abre una ventana a las delicias de la generosa naturaleza y sus ritmos; hay que estar cerca de ella para comprender y valorar sus frutos. También es un homenaje a la habilidad del hombre para inventar continuamente técnicas y para superarse y a su apertura y nobleza para recibir las delicias de otras tierras y hacerlas suyas sin dudar.

Cada palabra es el resultado de conocimientos adquiridos con el tiempo, paciencia y mucha pasión. Las recetas están escritas para inspirar confianza en la cocina y llevar de la mano a quienes las preparen, sin importar su grado de experiencia. Son una invitación a disfrutar y hacer de estos dulces sueños una realidad.

ANALUISA BÉJAR

Sumario

Estructura de las recetas

Nombre de la receta

Grado de dificultad

🥄 Sencillo, los pasos se explican detalladamente para principiantes.

🥄🥄 Medio, se requiere cierta habilidad para algunos procesos.

🥄🥄🥄 Elevado, implica experiencia y conocimiento de técnicas básicas.

🥄🥄🥄🥄 Alto, para profesionales y amateurs apasionados; se requiere de habilidad, experiencia y ciertos utensilios.

Introducción

Presentación personal de la receta, sus características, sabores, usos… muy buenas razones para hacerla.

Utensilios

Lista los utensilios especiales o moldes necesarios.

Consejos prácticos

Conservación, variantes, otras presentaciones, inspiración para hacer nuevas creaciones.

Procedimiento

En pasos numerados y con explicaciones sencillas y directas.

Capítulo y folio

Identificados por colores diferentes.

Y una pizca de sal… La mayoría de los postres se benefician con una pizca de sal, aunque no se especifique en las recetas.

Rendimiento

Porciones, piezas o cantidad de producto terminado según el caso.

Concorde

DIFICULTAD: 🥄🥄🥄	RENDIMIENTO: 8 porciones

Esta versión casual de un nuevo clásico es exclusiva para los apasionados del chocolate.

Merengue fino de chocolate
- 10 claras (300 g)
- 1 taza (200 g) de azúcar
- 1 taza (120 g) de azúcar glass
- ½ taza + 2 cucharadas (60 g) de cocoa
- Granillo de chocolate

Mousse de chocolate
- 1½ tazas (240 g) de chocolate oscuro troceado
- 4 yemas (80 g)
- ¾ de taza (150 g) de mantequilla a temperatura ambiente

- 6 claras (180 g)
- ¼ de taza (50 g) de azúcar
- ⅔ de taza (160 ml) de crema para batir

MANGA PASTELERA CON DUYA GRUESA Y LISA, CHAROLAS PARA HORNO CON PAPEL SILICONADO O TAPETE DE SILICÓN.

Merengue fino de chocolate

1. Batir las claras hasta que estén espumosas. Agregarles el azúcar gradualmente y continuar batiéndolas hasta obtener un merengue que forme picos firmes.
2. Cernir el azúcar glass con la cocoa e incorporarlas, de forma envolvente, a las claras batidas. Introducir el merengue en la manga.
3. Formar 5 discos de merengue sobre las charolas, cada uno de las siguientes medidas: 22, 20, 18, 16 y 14 cm de diámetro. Hacer merengues pequeños semicirculares con el merengue restante.
4. Espolvorear todos los merengues con el granillo de chocolate y hornearlos a 100 °C durante 30 minutos o hasta que estén secos. Sacarlos del horno y dejarlos enfriar.

Mousse de chocolate

1. Fundir el chocolate oscuro y dejarlo entibiar.
2. Batir las yemas hasta que se blanqueen y dupliquen su tamaño. Incorporarles la mantequilla y el chocolate con movimientos envolventes.

3. Batir las claras hasta que estén espumosas. Agregarles el azúcar y continuar batiéndolas hasta que formen picos firmes. Incorporarlas, con movimientos envolventes, a la mezcla de yemas y chocolate.
4. Batir la crema hasta que forme picos suaves e integrarla a la mezcla anterior con movimientos envolventes. Refrigerar.

Montaje y decoración

1. Al momento de servir, poner la mousse de chocolate en la manga con duya.
2. Distribuir un poco de mousse de chocolate encima del círculo de merengue más grande. Poner encima el siguiente círculo en tamaño y continuar formando capas de mousse y merengue hasta terminar con el círculo de merengue más pequeño.
3. Para decorar, colocar un poco de mousse de chocolate en la superficie y distribuir encima los merengues pequeños de manera desordenada.

Puedes elaborar el merengue y la mousse hasta con cinco días de anticipación y armar el pastel antes de servirlo para que conserve una textura crujiente.

EN LA HISTORIA…
GASTON LENÔTRE CREÓ ESTE PASTEL EN HOMENAJE A LA BELLA PLAZA DE PARÍS CON LA QUE COMPARTE NOMBRE. CON MENOS DE CUARENTA AÑOS DE EXISTENCIA, ES UNO DE LOS PASTELES MÁS VENDIDOS EN FRANCIA.

324 · El sabor de los clásicos a mi manera

Tiempo

Tómate tu tiempo para preparar las recetas, ésta es la primera parte del placer de la pastelería. Antes de empezar, date el tiempo para medir y tener todos los ingredientes que se requieran para la receta que vas a preparar. Dale tiempo a los batidos para llegar al punto perfecto; dale el tiempo suficiente de reposo a las masas cuando lo requieran; dale el tiempo necesario a los productos en el horno o en refrigeración. Así, poco a poco, aprenderás a sentir las preparaciones y sus ritmos. Y sobre todo, disfrutarás los momentos de compartir.

Ingredientes

Listados en el orden en que se usan, agrupados según las partes de la receta. Medidas en tazas y cucharadas además de gramos y mililitros.

En la historia

Información sobre el origen del platillo o de algún ingrediente de la receta.

Preparaciones básicas

① Nombre de la receta
② Rendimiento
   Utensilios
   Conservación
③ Ingredientes
④ Preparación
⑤ Información adicional

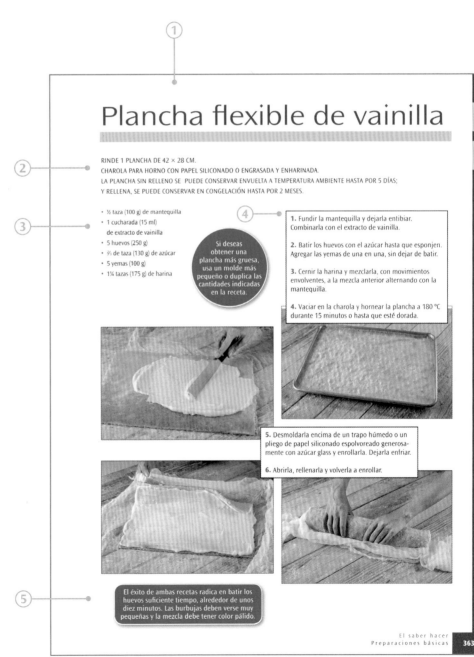

Plancha flexible de vainilla

RINDE 1 PLANCHA DE 42 × 28 CM.
CHAROLA PARA HORNO CON PAPEL SILICONADO O ENGRASADA Y ENHARINADA.
LA PLANCHA SIN RELLENO SE PUEDE CONSERVAR ENVUELTA A TEMPERATURA AMBIENTE HASTA POR 5 DÍAS; Y RELLENA, SE PUEDE CONSERVAR EN CONGELACIÓN HASTA POR 2 MESES.

- ½ taza (100 g) de mantequilla
- 1 cucharada (15 ml) de extracto de vainilla
- 5 huevos (250 g)
- ⅔ de taza (130 g) de azúcar
- 5 yemas (100 g)
- 1¼ tazas (175 g) de harina

Si deseas obtener una plancha más gruesa, usa un molde más pequeño o duplica las cantidades indicadas en la receta.

1. Fundir la mantequilla y dejarla entibiar. Combinarla con el extracto de vainilla.

2. Batir los huevos con el azúcar hasta que esponjen. Agregar las yemas de una en una, sin dejar de batir.

3. Cernir la harina y mezclarla, con movimientos envolventes, a la mezcla anterior alternando con la mantequilla.

4. Vaciar en la charola y hornear la plancha a 180 °C durante 15 minutos o hasta que esté dorada.

5. Desmoldarla encima de un trapo húmedo o un pliego de papel siliconado espolvoreado generosamente con azúcar glass y enrollarla. Dejarla enfriar.

6. Abrirla, rellenarla y volverla a enrollar.

El éxito de ambas recetas radica en batir los huevos suficiente tiempo, alrededor de unos diez minutos. Las burbujas deben verse muy pequeñas y la mezcla debe tener color pálido.

La pastelería en México

PASTEL s.m. (fr. ant. pastel). Dulce elaborado con una masa de harina o fécula, manteca o mantequilla, huevos, azúcar, etc., que se adorna o rellena generalmente de nata, crema, chocolate, frutas, etc.

El Pequeño Larousse Ilustrado

A manera de introducción

Desde tiempos inmemoriales el hombre ha buscado lo dulce para abrigarse internamente de los rigores de su entorno: del frío y la tormenta, la nevisca y la lluvia... Pero lo dulce ha presidido, también, nacimientos, cumpleaños, bodas, fiestas religiosas y civiles, hechos históricos y, en México, hasta el Día de muertos. Y con lo dulce, por supuesto, aliviamos ausencias, atemperamos pérdidas. Y dentro de lo dulce, la pastelería ha inventado técnicas para hacer suaves y sedosas masas, deliciosas mezclas para pasteles redondos, cuadrados, rectangulares, planos –de uno o de varios niveles– y ha incendiado imaginaciones para recrear castillos y jardines de merengue, crema, chocolate, frutas, caramelos y todo cuanto la creatividad dicte.

La mezcla de harina, azúcar, mantequilla, huevo y leche, no tiene forma, sonido, color ni sabor definido, pero una vez, todo batido, perfumado con vainilla, moldeado y bien horneado, es base de un pastel al que después el "pastelero" pondrá relleno y terminará con una fina, lustrosa y dulce cubierta.

Un buen pastelero selecciona los productos, conoce técnicas para medir, pesar, mezclar y batir; aprovecha propiedades aromáticas y agradables de las especias, al igual que de frutas, vainas, semillas, raíces, chocolate, entre muchos otros... También, tiene oficio para dar con el punto adecuado de azúcar, miel o jarabe, para concertar texturas, aromas, colores y sabores, con el fin de liberarlos en cada pastel.

La harina, sea de maíz, arroz, garbanzo, pero sobre todo de trigo, es el Proteo de la repostería: adopta tantas formas, tantos disfraces –sabores, texturas, colores y olores–, que uno la pensaría casi inagotable.

El trigo en México

Según se afirma en el libro *Los sabores de España*[1], "El trigo, junto con la vid y el olivo, se considera emblemático del Mediterráneo. Las tierras españolas son ricas y generosas en su cultivo y en la producción de panes variados. Siendo el pan de Castilla el alimento ancestral de los colonos, resulta natural que introdujeran en México, en cuanto encontraron el clima y las tierras propicias, el cultivo del trigo[2] y la elaboración del pan. Además de los panes ordinarios, existen delicadezas que resultan de la mezcla de la harina de trigo, la manteca de cerdo o el aceite de oliva: […] se conocen como frutas de sartén aquellos panecillos fritos (churros y buñuelos), y en algunas partes de México, a las que se cuecen en horno, se les llama frutas de horno."

En tiempos pasados, según lo muestran algunos recetarios de los siglos XVIII y XIX, fueron muy populares las empanadas y pasteles rellenos de carne condimentada con especias como clavo, canela y pimienta, y mezcladas con almendras, pasas, aceitunas y alcaparras. Esos recetarios enseñaban, a falta de horno, cómo cocer las piezas de pan a dos fuegos. Como consecuencia del arraigo de la cultura del pan de trigo en México, hoy día existen en nuestro país más de tres mil variedades de panes, cada uno con su nombre y forma diferente.

En *El pan nuestro de cada día*,[3] sostienen sus autores que en un folio manuscrito por Andrés de Tapia acerca de la conquista de México, se da testimonio de lo siguiente:

Al marqués, acabado de ganar México, estando en Coyoacan, le llevaron del puerto un poco de arroz: iban entre ello tres granos de trigo, mandó al negro horro que los sembrase; salió el uno, y como los dos no salían, buscáronlos y estaban podridos. El que salió llevó cuarenta y siete espigas de trigo. De esto hay tanta abundancia, que en año 39 yo merqué buen trigo, digo extremado a menos de real la hanega; y aunque después al marqués le llevaron trigo, iba mareado (podrido) y no nació. De este grano es todo; y hase diferenciado por las tierras do se ha sembrado, y uno parece lo de cada provincia, siendo todo de este grano.

El primer pan mexicano (salido de aquella única semilla germinada) data del año de 1524, según sostiene la tradición popular. Juan Garrido (el negro horro) también se dedicó a hacer pan con el trigo que cosechaba y elaboraba en su pequeño molino o que mandaba convertir en harina en el molino de Tacubaya. Fue por lo tanto uno de los primeros panaderos coloniales, y a él se debe la manufactura de algunos panes que se comieron en la colonia.

Bizcocho de Palacio Real
(Una receta de Juan Garrido)

Tomárase igual cantidad de azúcar en polvo que el peso de seis huevos enteros, advirtiendo a la azúcar que, además de estar bien cernida, ha de estar de lo más seco y mejor, y si tuviera alguna humedad se secará en la estufa, y rotos los huevos se apartarán las yemas de las claras, batiéndolas hasta que estén muy espumosas, no dejando por eso de volverlas a batir el más tiempo que quisieren, pues deste modo aunque las otras son suficientes, estas así batidas serán mucho mejores, restando después echar la azúcar con ellos, revolviéndolo con la cuchara de entorno para este efecto, a lo que se añadirán las yemas de huevo y la harina en cantidad del peso de la mitad de la azúcar bien seco en el horno y todo bien mezclado y batido se aumentarán a la raedura de un limón o de la conserva de flores de naranja molida, en cantidad de lo que puede caber en un poco más de una cáscara de nuez y se distribuirá en moldes polvorizados y se concluirán con los otros.

Cabe agregar que la pastelería también se ha fortalecido y, hoy por hoy, uno de los principales personajes de toda fiesta es el pastel, porque en las duras y en

---

[1] Villanueva R., Vicente y Sylvia Kurczyn V., *Los sabores de España*, col. Las cocinas del mundo en México, Clío, 2000.
[2] El negro Juan Garrido, presente en la toma de la Ciudad de México y demás conquistas, según se desprende de su *Información de servicios y provanza de méritos*, "fue el primero que coxio y senbró trigo en esta tierra, de lo cual ha venydo aver lo que el presente ay."
[3] Sonia Iglesias y Cabrera y Samuel Salinas Álvarez, *El pan nuestro de cada día. Sus orígenes, historia y desarrollo en México*. CANAINPA, México, 1998.

las maduras un buen pastel puede remediar hasta las enfermedades del alma.

El dulce sabor de la lectura

Documentos valiosos de todos los tiempos son los libros de cocina; , en ellos se refleja, además de la dieta, el comercio y la distribución de mercancías, la manera en que se modifica el gusto, las influencias de otras cocinas y, en lo particular, el claro aprecio por lo suntuario y lo ornamental de la pastelería. El encuentro con el chocolate y la vainilla acrecentaron la inventiva de confiteros, pasteleros y monjas, quienes exploraron nuevas posibilidades de lo dulce con el fin de dar gusto al paladar y, al mismo tiempo, escribieron y divulgaron sus recetas.

Salvador Novo define esos "libros de cocina" como "gula codificada". Y poco a poco, las recetas de conventos y palacios abandonan el secreto del manuscrito y se entregan, impresos, al pueblo. Son varios los ejemplos: *Libro de arte coquinaria* (1450); *Los cuatro libros del arte de la confitería* (1592); *Arte de cozina, pastelería, vizcochería y conservería* (1611) –compuesto por Francisco Martínez Montiño "cocine-

ro Mayor del Rey Nuestro Señor Felipe IV"–, libro que se volvió objeto de múltiples reediciones a lo largo de los siglos XVII, XVIII y XIX, hasta llegar a más de treinta.

En México se imprimieron varios recetarios, como el *Manual del cocinero y la cocinera,* tomado del periodico literario *La Risa,* que se dedica "Al bello secso de Puebla" (1849); *Manual del cocinero, dedicado a las señoritas mexicanas* (1856); *Manual del cocinero, cocinera, repostero, pastelero, confitero y botillero* (1887); *El cocinero mejicano* o *Colección de recetas para guisar al estilo americano, y de las más selectas según el método de las cocinas española, italiana, francesa e inglesa –con los procedimientos más sencillos para la fabricación de masas, dulces, licores, helados y todo lo necesario para el decente servicio de una buena mesa–* (1831), en el que se registra la receta de un pastel como los descritos por los cronistas en el primer banquete servido para Hernán Cortés en la Nueva España y en muchos otros banquetes virreinales (Tomo III, p. 36, receta 49): "pasteles con aves y conejos vivos, que salían saltando o volando entre los comensales, causando admiración y sorpresa":

Pastel de pichones vivos u otras aves

Se hace el pastel como cualquier otro y en un timbal hueco [núm. 15, pág. 15] que se acomoda encima, se encierra el pichón vivo o cualquiera otra ave, que sorprenderá a los de la mesa cuando se parta el pastel. El relleno debe ser de aves enteras fritas y picadillo.

Fue así como en siglos pasados los cocineros, llamados "maestros de mesa" en Francia, España e Italia, los que servían a reyes, papas, princesas, cardenales y nobles, dejaron constancia escrita de sus invenciones gastronómicas: prensas y planchas metálicas con largos mangos como de tijera, que se calentaban sobre el fuego para elaborar obleas y galletas; maderas ahuecadas y torneadas para darle forma a pastas de mazapán, complicadas formas a modo de cucharones, con cuatro o cinco picos perforados para rociar azúcar a punto de caramelo; moldes de diversas formas y tamaños, algunos calabaceados, otros ovalados, todo lo cual va a tener una clara y decisiva influencia en la dulcería y pastelería mexicana.

Y de la época novohispana ha llegado a nosotros el *Libro de cocina del Convento de San Jerónimo,* con una selección de recetas que copió Sor Juana Inés de la Cruz (1648-1695). Se trata de un cuadernillo y sólo se conoce una copia que data del siglo XVIII.

En los primeros años de la Colonia es evidente que la mejore confitería y pastelería salía de los conventos: papelinas, aleluyas, buñuelos de soplito –también conocidos como suspiros de monja–, suplicaciones, encanelados, melindres, pestiños, rosquetes, arequipas de almendra y nuez, puchas, rodeos, tumbagones, engañitos, come y calla, ponte-duros, bien-me-sabe –recamados con dibujos de polvo de canela, con almendras tostadas, rosados piñones y grageas de colores–, tortas de nata y de

requesón, bizcochos envinados, panqués de la marquesa, pasteles nevados, antes –cubiertos con pastas de fruta o cremas envinadas, adornados con higos cristalizados y biznagas cocidas en dulce, plata y oro volador–, marquesotes de rosa, mamones finos de almendra, capirotadas, hojuelas, alfajores entre obleas, alfeñiques, frutas de pasta de almendras, membrillate –carne de membrillo, hoy conocido como ate–, huevos moles, huevos reales, huevos hilados, cajetas de leche y un largo etcétera, productos del encierro del cuerpo y de la imaginación en libertad, pasaban entre las rejas y llegaban a los paladares de los personajes principales del Virreinato.

El pueblo, en cambio, endulzaba sus días en los muchos cafés que había en la capital de Nueva España, situados en los portales, en las calles aledañas a la plaza, en los barrios apartados, donde se bebía café, chocolate hervido, ponche, y se degustaban natillas, pasteles y helados, según se asegura en *La vida en México en 1810,* inmejorable libro de don Luis González Obregón.

Independencia y pastelería

En los primeros años de la Independencia muchos viajeros disfrutaron, además del paisaje, de la cocina barroca y mestiza. Se favoreció el comercio de novedosas mercancías francesas que llegaban a Veracruz en barcos que zarparon de El Havre, situación favorable a la inmigración francesa. Al respecto, Salvador Novo escribió que "...la nueva situación permitía a nuestra gula, hasta entonces contenida en el pan español, desbordarse hacia los pasteles franceses".

Era época de disturbios. Los padecían por igual *peladitos* y comerciantes, nacionales y emigrados. Y fue entonces que el Barón Deffaudis, ministro de Francia en México, acreditado en 1833, recibió la queja de unos comerciantes franceses afectados en uno de los tantos disturbios. Reclamaban al gobierno mexicano el pago de 600 000 pesos como indemnización, por la pérdida de un pastelero establecido en Tacubaya. El ministro tomó por su cuenta aquel reclamo, Francia declaró la guerra a México, y durante cinco largos meses bloqueó el puerto de Veracruz. El conflicto terminó el 9 de marzo de 1839, luego del pago de la cantidad reclamada. Aquel episodio quedó registrado como la Guerra de los Pasteles.

Un cafecito y un pastelito

Durante el siglo XIX y principios del XX, los pasteles se consumían en los cafés. Se afirma que el primero fue El café de Manrique, ubicado en la esquina de Tacuba; otros de los que hay varias referencias son

El café de Medina y el Café Veroly (que hacia 1884 cambió su nombre por el de Sociedad del progreso), donde los concurrentes degustaban soletas, puchas, rodeos, tostadas avalinas, huesitos de manteca, bizcochitos de Ambriz, miel con cáscaras de naranja y confituras de los conventos de monjas. Los que presumían de aristócratas visitaban La gran sociedad, y ahí, para acompañar los pasteles, bebían champán. Hacia 1884 se fundó la pastelería francesa El Globo, la de mayor antigüedad hoy en día.

Como anécdota, cabe mencionar que en documentos de los primeros veinte años del siglo XX quedaron registrados anuncios como el de la Pastelería Independencia, de Adolfo Kunz, ubicada en avenida Independencia N° 4: "Exquisitos pasteles de mantequilla de todas clases y gustos. Pedidos especiales de Pasteles para Fiestas, Bautizos, etc. Tel: Ericsson 646. Se sirven pedidos a domicilio".

El sabor del saber

Desde el 17 de enero de 1882 hasta el 19 de septiembre de 1909, el periódico *El Diario del Hogar* tuvo la sección "El Menú del Diario del Hogar". Sus 3 033 recetas fueron el objeto de estudio de *Arte culinario Mexicano del siglo XIX* (1988), obra de Clementina Díaz de Ovando y Luis Mario Schneider.

Y justo el año en que se promulgó la Constitución de 1917, surgieron academias de enseñanza gastronómica, como la de Alejandro Pardo. En esa "Academia de Alta Cocina" se podían adquirir las publicaciones de varios recetarios de la autoría del cocinero Pardo: *El verdadero práctico* (3 tomos)*; Los trein-*

ta menús del mes, *Exclusivo de la República Mexicana, Recetas prácticas y escogidas de Cocina, Pastelería y Repostería,* en cuyo preámbulo hay una referencia al libro de Martínez Montiño, escrito tres siglos antes. En sus libros, el cocinero Pardo recomendaba el uso del horno de su invención, el "horno Pardo, el mejor que se conoce", que aún utilizaba carbón.

En los años treinta destacó la afamada Academia de doña Josefina Velázquez de León, que publicó más de 130 libros de cocina, entre ellos, en 1938, *Repostería Selecta, El arte de hacer pasteles,* en el que encontramos anuncios como el de los Hornos Eléctricos Ideal M.R. 14 804: "los únicos en prestigio desde hace 22 años, por ser los que se fabrican a base de calidad, y que están en uso en más de 30 000 hogares y establecimientos… se entregan con garantía absoluta y se prueban en el domicilio del cliente a su entera satisfacción. Clases diarias de pastelería a nuestras clientes a quienes les obsequiamos un magnífico libro con cerca de 200 recetas…" y ya para 1958, el *Recetario Ideal* ofrecía 280 recetas.

Por estos años llegaron más maestros e inauguraron nuevas y exclusivas pastelerías, como La Suiza y Bondy*;* ambas, desde su inauguración, han permanecido con sus puertas abiertas.

Marithé de Alvarado hizo escuela con la decoración de pasteles a base de azúcar trabajada con técnica de pastillaje para realizar fantasías y filigranas en pasteles; la escuela de pastelería de Maricú, desde 1980, ofrece un cambio y, en los últimos 10 años, **Paulina Abascal** ha marcado una tendencia aplicando técnicas, sabores y presentaciones de gran delicadeza y fantasía, como por ejemplo, pasteles de los que, a la hora de partirlos, salen revoloteando mariposas blancas.

El interés ha ido acrecentándose y, en la actualidad, varias firmas comerciales ofrecen recetas tradicionales, aunque sustituyen técnicas y productos originales con nuevos productos estandarizados.

Como nota curiosa, mencionamos que en los últimos setenta años se han publicado varios y curiosos recetarios como el *Libro completo de cocina*, de Leonor Barreto y María de la Madrid, donde aparece un oficio emitido por la Dirección General de Segunda Enseñanza de la Secretaría de Educación Pública –5 de abril de 1949– que autoriza el libro "como auxiliar de enseñanza" y lo señala como "de una gran utilidad para estudiantes que cursan la materia rela-

tiva", lo cual evidencia que en las escuelas secundarias se enseñaba cocina y pastelería.

Y al paso de los años se han establecido, por todos los rumbos de todas las ciudades, pastelerías con enormes vitrinas, donde se exhiben pasteles que sorprenden por su tamaño y decorado; pasteles para celebrar fechas especiales o para hacer de un día común, uno memorable. Las hay con salas de exhibición donde, al entrar, uno es arrastrado por la fantasía del merengue, aunque también hay pasteles austeros, pero todos, delicia al paladar y a la vista.

La visita a una pastelería anima el espíritu, como si uno pudiera mirar la poesía, y es que en la creación de un pastel se da una cierta búsqueda de lo bello, aliada a la ilusión, al afecto –y al efecto–, enlazado al buen comer y a restaurar las fuerzas, porque un pastel puede curar y remediar hasta las enfermedades del alma.

De cualquier forma, la nueva cultura pastelera incorpora influencias y acaba por no ser idéntica a ninguna otra. Sus artífices encuentran que la dulzura, en grado de gozo, por su creatividad, merece ser plasmada en libros como este *Larousse de los Postres*. Porque es un hecho que después del idioma, la comida es el vínculo de identidad cultural más importante de un pueblo.

SYLVIA KURCZYN

Sabor a
frutas

Una de las maneras de seleccionar un pastel es por su sabor. Para elegir, comenzamos por separar entre si es o no de chocolate, si es o no cremoso, y continuamos pensando en su sabor: fresa, durazno, zarzamora, mora azul.

En efecto, las frutas juegan un papel preponderante, su imagen la relacionamos con las características de frescura y de aroma. Son exuberantes, frescas, de gran colorido, con formas caprichosas y sabores inigualables, son uno de los grandes aportes de la tierra mexicana al mundo. Tenía razón Madame Calderón de la Barca cuando afirmaba que "en México hay postres que cuelgan de los árboles".

La guayaba, el mamey, el chicozapote, el zapote prieto, la guanábana, la chirimoya, la papaya, el tejocote, el ciricote, el jobo o ciruela amarilla, el capulín, los nanches y otras delicias dulces y refrescantes forman el conjunto de frutas nativas de México.

Sin embargo, a partir del siglo XVI, estas tierras hospedaron con éxito los frutos traídos de lejanos lugares. Tal es el caso de naranjas dulces y agrias, toronjas supremas, mandarinas, tangerinas, clementinas, nectarinas, limas, limones reales, limones agrios del Mediterráneo, membrillos, manzanas, nísperos, peras, ciruelas de Asia menor, plátanos de la India, melones y sandías de África. Esta gran lista es indispensable para elaborar los cítricos de dulces, pasteles, guisos y condimentos.

El durazno pequeño y el melocotón, o damasco grande, son la misma fruta. En forma similar aparecen los albaricoques y chabacanos. Todas estas frutas son de origen chino. Curiosamente, el higo milagroso de san Felipe de Jesús es originario de Siria; biológicamente se considera flor y fruto a la vez, porque la fruta en su interior contiene inflorescencias. La breva carnosa y dulce es su primera floración y se da en el mismo árbol. Las manzanas las asociamos con la tentación de Eva; sin embargo, nada tienen del "fruto del bien y el mal", aunque sí nacieron en el paraíso. Se les considera una fruta atractiva y apasionada. La europea cereza, también roja pero más pequeña, no deja de provocar tentaciones y es excelente en postres, salsas y conservas.

Las misiones de 1614 en Chile son responsables de un gran descubrimiento para el mundo y para la pas-

telería. En efecto, el jesuita Alonso de Ovalle y Manzano, en su *Histórica Relación del Reyno de Chile,*[1] encuentra a ras del suelo unas "frutillas" rojas de extraordinario gusto; posteriormente, el naturalista sueco Carlos Linneo las clasificó como *Fragaria chiloensis* o "fresal chileno".

En 1714 el ingeniero Amédée-François Frézier llevó a la corte del rey Luis XIV de Francia las primeras muestras de plantas de fresas traídas de la zona de Concepción. Las sembraron, crecieron y se reprodujeron en Europa central, más tarde se cultivaron en las islas británicas. Es curioso saber que la fresa, originaria de Chile, llegó a México por Norteamérica, vía Inglaterra, y se hizo muy famosa en Irapuato, donde se sirve con crema.

La moderna hidroponía permite obtener fresas sin tierra y sin contaminación. Las fresas exhiben su color rojo fragante con sus granillos característicos y su tamaño superior al de otras bayas.

En helados, paletas, pasteles, postres y bebidas, la fresa es uno de los tres sabores favoritos del mundo, comparte esta preferencia con dos ingredientes mexicanos: la vainilla y el chocolate.

De Europa llegaron además otras frutillas silvestres verdes, rojas, anaranjadas, amarillas, azules y negras, agrupadas bajo el conjunto de las "bayas", "moras", "frutas del bosque" o "frutas finas".

Son ciertos caprichos de la naturaleza: una presencia fundamental en repostería. Sortijas vegetales inmortalizadas por poetas clásicos como Homero, Ovidio Nasón y Virgilio, quienes las elogian.

Estas frutas elegantes se cultivaron en la Galia Cisalpina y, desde los Alpes, se propagaron a todo el mundo. Durante la Edad Media, hacia el 1400, fue célebre la grosella, *Ribes grossularia,* o "fruta alpina", falsa baya de arbustos espinosos. El *cassissier* o "grosellero negro", *Ribes nigrum,* es indispensable para preparar la *Crème de Cassis.* Pero hablar de bayas es hablar de moras, y hablar de moras es referirnos a una zarza espinosa de poca altura, cuyo fruto es morado. Cada fruto de zarzamora, *Rubus fruticosus,* es como un

---

[1] Ovalle y Manzano, Alonso de, SJ (1603-1651), *Histórica relación del Reyno de Chile,* selecc. y ed. Walter Hanisch, Editorial Universitaria, Santiago de Chile, 1984.

racimo pequeño o un enjambre de bolitas jugosas azules, violáceas, de sabor ácido y textura granulosa. Su misterio encanta a los más diestros cocineros y les apasiona porque con ella pueden elaborar salsas, mermeladas, compotas; así como decorar postres y pasteles.

El frambueso, *Rubus idaeus*, es pariente del grosellero y de la zarzamora. Su nombre proviene del francés *framboise*, como combinación de las voces galas: *brambasi* o zarzamora y *fraise* o fresa. La planta de la frambuesa supera la altura del grosellero y sus tallos no tienen espinas, se diferencia de la zarzamora por ser más compacta, roja, ahuecada y muy suave, mientras que la mora es violácea, granulosa y, al morderla, sus semillitas se meten entre los dientes. La frambuesa tiene mucho sabor y aroma; es acidita, menos delicada y muy refrescante. Ambas se usan solas o mezcladas con crema, y son ideales en repostería para adornar platos o como ingrediente de rellenos.

La mayoría de las moras pertenece al conjunto de las llamadas "moras azules", aunque muchas de ellas no lo sean. Botánicamente pertenecen a la familia *Ericaceae*, y la mayoría son del género *Vaccinium*. Sin embargo, su conocimiento es muy difícil porque existen cerca de 450 especies. Estas moras se encuentran en todo el mundo y crecen tanto en los trópicos como en los altos bosques de pino y encino. Entre ellas están los arándanos y una gama muy grande de "bayas" o "moras", en inglés *berries*. En términos generales podemos decir que son muchas variedades de moras, por lo cual los expertos las clasifican en cuatro grupos: las enanas, de hasta diez centímetros de alto; las bajas, de hasta un metro; las altas, de cuatro metros; y las empantanadas, de cinco metros. Las moras bajas tienden a dar colores azules y negros, de ahí que se les llame "moras azules"; mientras que las más altas adquieren colores rojizos.

Otro tipo de frutillas son los alquenquejes, que están de moda en España; a los mexicanos nos resultan muy similares al miltomate o tomate verde chiquito, tanto en su color como en sus hojas y,

aunque son aciditos, tienen un sabor dulce. Cada día se emplean más estas bayas en platos de las cocinas tradicionales y modernas, sobre todo en zonas como Castilla la Vieja, Cataluña y el País Vasco.

El uso de las frutas es tan variado como ellas mismas, no obstante, tienen usos básicos: las frutas frescas se conservan en refrigeración, las maduras se procesan como jugos, concentrados o néctares, mermeladas, jaleas o ates. Los jugos se pasteurizan, los concentrados, néctares o purés de frutas se mezclan con azúcar. Para los ates, jaleas y mermeladas se utilizan frutas ácidas y ricas en pectina; encontramos, por ejemplo, los de membrillo, guayaba y perón.

Alebrije
lima limón

Este divertido pastel tiene una combinación clásica inmejorable: limón y merengue. Me inspiré para su presentación en un alebrije que compré en Oaxaca.

Pan de vainilla y limón
- 1 pan de vainilla (ver pág. 362; agregar a los ingredientes la ralladura de 1 limón)

Jarabe de lima limón
- ½ taza (120 ml) de jugo de limón
- 4 cucharadas (60 ml) de jugo de lima
- ½ taza (120 ml) de agua
- ¼ de taza (50 g) de azúcar

Crema de limón
- 3 huevos (150 g)
- 7 yemas (140 g)
- ⅔ de taza (160 ml) de jugo de limón
- 1 cucharada (5 g) de ralladura de limón
- ¾ de taza (150 g) de azúcar
- ½ taza (100 g) de mantequilla

Montaje
- 1 receta de merengue francés (ver pág. 374)
- 2 tazas (480 ml) de crema para batir

MANGA PASTELERA CON DUYA LISA Y DELGADA, CHAROLA PARA HORNO CON PAPEL SILICONADO O TAPETE DE SILICÓN.

Por la fragilidad del merengue, es mejor consumir el pastel el mismo día que se prepara; sin embargo, puedes hacer hasta con una semana de anticipación el pan de vainilla y limón, el jarabe de lima limón y la crema de limón, para después montar todo al momento.

Si no es temporada de limas puedes hacer el jarabe únicamente con jugo de limón. También puedes sustituir el jugo de lima por la misma cantidad de jugo de naranja o mandarina para la elaboración tanto del jarabe como de la crema; obtendrás un sabor totalmente distinto.

Pan de vainilla y limón
1. Preparar y hornear el pan de vainilla y limón en un molde de 22 cm de diámetro; dejarlo enfriar y cortarlo en 3 capas del mismo grosor.

Jarabe de lima limón
1. Combinar en un tazón todos los ingredientes hasta que el azúcar se disuelva. Reservar.

Crema de limón
1. Mezclar en una cacerola con un batidor globo todos los ingredientes excepto la mantequilla. Cocinar a fuego bajo sin dejar de batir hasta que la preparación espese.
2. Retirar del fuego, agregar la mantequilla y batir hasta que se incorpore.
3. Verter la crema de limón en un tazón y colocarlo sobre otro más grande con agua y hielos. Mezclar hasta que la crema se enfríe.

Montaje
1. Introducir el merengue francés en la manga con la duya y formar tiras finas y largas en la charola. Hornear a 160 ºC durante 30 minutos o hasta que las tiras de merengue estén firmes, sin que se doren. Romper las tiras en trozos de diferentes tamaños.
2. Mojar la capa inferior del pan de vainilla y limón con la tercera parte del jarabe de lima limón, cubrir la superficie con la mitad de la crema de limón y acomodar encima otra capa de pan. Repetir el procedimiento una vez más y refrigerar durante 2 horas.
3. Batir la crema hasta que forme picos firmes. Cubrir el pan con la crema batida y decorar con los trozos de merengue.

Anaranjado

Simple y exquisito, éste es un panqué con intenso aroma a naranja, perfume de almendras y suave sabor a mantequilla.

Para vestirlo de gala se puede servir con helado de caramelo o especias, o con salsa de frutas rojas.

Una sencilla espolvoreada con azúcar glass es también una decoración muy lucidora.

Se puede conservar a temperatura ambiente en un recipiente hermético hasta por cuatro días; y en congelación, sin el glaseado, hasta por dos meses.

Panqué

- 1¼ tazas (250 g) de mantequilla a temperatura ambiente
- 1⅓ tazas (265 g) de azúcar
- ⅔ de taza (70 g) de almendra en polvo
- 5 huevos (250 g)
- ½ taza (120 ml) de leche
- 1 cucharada (5 g) de ralladura de naranja
- 2½ tazas + 1 cucharada (360 g) de harina
- 1 cucharada (10 g) de polvo para hornear

Glaseado de naranja y decoración

- 2⅔ tazas (320 g) de azúcar glass
- 1 cucharadita (5 ml) de esencia de naranja
- La ralladura de 1 naranja
- 1 clara (30 g)
- La cáscara de 2 naranjas

5 MOLDES DE 13 CM DE DIÁMETRO ENGRASADOS Y ENHARINADOS O 1 MOLDE PARA ROSCA DE 25 CM, ENGRASADO Y ENHARINADO.

Panqué

1. Licuar la mantequilla, el azúcar, la almendra en polvo, los huevos, la leche y la ralladura de naranja.
2. Mezclar en un tazón la harina con el polvo para hornear. Incorporarla a la preparación anterior sin trabajarla demasiado y vaciar esta mezcla en los moldes.
3. Hornear a 180 °C durante 40 minutos o hasta que al introducir un palillo en el centro del panqué, éste salga limpio.

Glaseado de naranja y decoración

1. Mezclar el azúcar glass, la esencia y la ralladura de naranja y la mitad de la clara hasta obtener una consistencia espesa y tersa. Si es necesario, agregar el resto de la clara. Vaciar el glaseado sobre el panqué frío.
2. Cortar tiras largas de las cáscaras de las naranjas y enrollarlas apretándolas en un palillo; soltarlas y colocarlas encima del glaseado.

Blanco
y rojo

- 4 tazas (960 ml) de crema para batir
- 1 cucharada (15 ml) de extracto de vainilla
- ⅔ de taza (80 g) de azúcar glass
- 1 pan de vainilla (ver pág. 362)
- 1 taza (125 g) de fresas partidas por la mitad
- 1 taza (125 g) de fresas rebanadas o una combinación de frutas rojas (zarzamoras, frambuesas, fresas, blueberries)

Las fresas con crema son una combinación simple y perfecta, sobre todo cuando están dulces y jugosas. Este pastel es un favorito para todas las edades.

Es muy importante utilizar crema de muy buena calidad. El porcentaje ideal de grasa para la crema es de 35% y no debe tener grasa vegetal.

Para tener un mejor resultado, es recomendable colocar el tazón en el cual se batirá la crema dentro del congelador, por lo menos una hora antes de usarlo.

Este pastel se conserva en condiciones óptimas hasta dos días después de su preparación.

1. Batir la crema con el extracto de vainilla y el azúcar glass hasta que forme picos firmes.
2. Cortar los bordes del pan de vainilla y partirlo por la mitad a lo ancho. Colocar sobre una capa de pan ⅓ de la crema batida y acomodar verticalmente las fresas partidas por la mitad en los bordes del pan; colocar al centro la mitad de las fresas rebanadas o combinación de frutas. Cubrir con ⅓ más de crema y con la otra capa de pan.
3. Terminar decorando con la crema batida y las frutas restantes.

En la historia...

Las primeras fresas en México se cultivaron a gran escala desde el siglo XIX. A partir de 1880, el horticultor alemán Oscar Droege profesionalizó y difundió su cultivo en la zona de Irapuato. Hoy en día se cultivan en muchas partes del país, incluyendo Michoacán, Baja California y, por supuesto, Guanajuato.

Canasta
con mangos

DIFICULTAD: ♨♨♨♨   RENDIMIENTO: 6 porciones

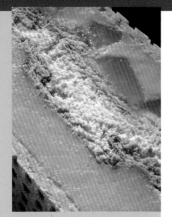

Esta propuesta tiene una presentación muy contemporánea, original y elegante. Al probarlo, todos reconocerán el sabor del tradicional dulce de mango casero.

La pasta blanca de cigarrillo ofrece un acabado profesional.

Si no tienes un molde con relieves, puedes hacer diseños pintados con duya antes de agregar al molde elegido la masa del biscuit.

También puedes montar este postre en una banda de soletas; consulta la página 366.

Pasta blanca de cigarrillo
- ⅓ de taza (70 g) de mantequilla
- ½ taza (60 g) de azúcar glass
- 2 claras (60 g)
- ½ taza (70 g) de harina
- 1 cucharadita (5 ml) de bióxido de titanio líquido

Biscuit de impresión
- 2 huevos (100 g)
- ¼ de taza (65 g) de azúcar invertido
- ¾ de taza + 2 cucharadas (125 g) de harina
- ⅓ de taza (65 g) de azúcar
- 1 cucharadita (2 g) de polvo para hornear
- 3 cucharadas (45 ml) de leche
- ¼ de cucharadita (1 g) de sal
- ½ taza (100 g) de mantequilla fundida, caliente

Crema de mango
- ½ cucharada (4 g) de grenetina en polvo o 2 láminas
- 2½ tazas (580 g) de mangos en almíbar escurridos
- 1 lata (397 g) de leche condensada
- ¾ de taza (180 ml) de crema para batir
- 1½ cucharadas (22.5 g) de azúcar
- 2 mangos de Manila (500 g) sin cáscara ni semilla

Montaje y decoración
- 1 taza (90 g) de galletas de vainilla quebradas
- Azúcar estirado
- Pensamientos comestibles

MOLDE SE SILICÓN PARA BANDA DE IMPRESIÓN CON DISEÑO, PAPEL SILICONADO, CHAROLA PARA HORNO, ARO DE 18 CM DE DIÁMETRO POR 10 DE ALTURA.

Pasta blanca de cigarrillo
1. Acremar la mantequilla con el azúcar glass. Agregar las claras gradualmente sin dejar de batir. Incorporar con movimientos envolventes la harina y el bióxido de titanio.
2. Untar la pasta en el molde de silicón para banda de impresión y reservar.

Biscuit de impresión
1. Mezclar en un procesador todos los ingredientes, uno por uno, siguiendo el orden en el que se enlistan.
2. Dejar reposar durante 24 horas en refrigeración. Al día siguiente, colocar en el molde de silicón para banda de impresión, encima de la pasta blanca de cigarrillo, una capa delgada de la mezcla de biscuit.
3. Hornear a 200 °C durante 10 minutos o hasta que el biscuit esté cocido, pero no dorado. Dejar enfriar y desmoldar sobre papel siliconado.

Crema de mango
1. Hidratar la grenetina, dejarla reposar y fundirla. Licuar los mangos en almíbar con la leche condensada y la grenetina. Reservar.

2. Batir la crema con el azúcar hasta que forme picos firmes. Reservar.
3. Cortar los mangos de Manila en cubos. Reservar.

Montaje y decoración
1. Cortar 2 círculos del biscuit de impresión de 18 centímetros de diámetro y 1 tira de 10 centímetros de ancho y 57 de largo. Colocar el aro sobre la charola, cubrir el fondo con 1 disco de biscuit y forrar las paredes con la tira.
2. Cubrir el disco de biscuit con ⅓ de la crema de mango y colocar encima el resto de los elementos en el siguiente orden: la mitad de las galletas de vainilla quebradas, la crema batida, el resto de las galletas, ⅓ de crema de mango, los cubos de mango y el resto de la crema de mango.
3. Cubrir con el círculo de biscuit restante. Refrigerar durante una noche.
4. Desmoldar el pastel volteándolo sobre un platón, decorar con el azúcar estirado y los pensamientos.

Capricho de merengue y mango

DIFICULTAD: ♠ ♠   **RENDIMIENTO:** 8 porciones

Texturas crujiente y cremosa se combinan para crear un postre de lujo ideal para cualquier evento.

Es recomendable montar los vasos poco antes de servirlos para evitar que el merengue se deshaga.

Merengue con galletas
- 4 claras (120 g)
- 1 ⅓ tazas (265 g) de azúcar
- 1 cucharada (15 ml) de extracto de vainilla
- 1 cucharadita (5 ml) de vinagre blanco
- ½ taza (50 g) de galletas de vainilla molidas toscamente
- 2 cucharadas (20 g) de fécula de maíz
- 1 ⅓ tazas (120 g) de galletas saladas molidas
- 1 ½ tazas (150 g) de nueces picadas

Cremoso de queso
- 2 tazas (380 g) de queso crema
- 1 ⅓ tazas (200 g) de azúcar glass
- 1 cucharadita (5 ml) de extracto de vainilla
- 1 cucharada (15 ml) de jugo de limón
- 1 cucharadita (2 g) de ralladura de limón
- 1 ¼ tazas (300 ml) de crema para batir

Montaje y decoración
- 2 (600 g) mangos petacones no muy maduros
- 8 cuadros de 4 cm de chocolate de leche
- pétalos de flores orgánicas y hojas de menta

CHAROLA PARA HORNEAR CON PAPEL SILICONADO, 8 VASOS DE CRISTAL

Merengue con galletas
1. Batir las claras hasta que estén espumosas, agregar el azúcar y continuar batiendo a punto de picos firmes. Incorporar el extracto de vainilla y el vinagre.
2. Combinar las galletas de vainilla con 1 cucharada de fécula. Hacer lo mismo con las galletas saladas.
3. Separar una cuarta parte de las claras y envolverlas con la mezcla de galletas de vainilla.
4. Envolver el resto de las claras con las galletas saladas y la nuez.
5. Colocar la base de vainilla en la charola y poner encima la de nuez.
6. Hornear a 160 °C durante 20 minutos o hasta que el merengue esté cocido.
7. Dejar enfriar.

Cremoso de queso
1. Batir el queso con el azúcar, el extracto de vainilla, el jugo y la ralladura de limón.
2. Batir la crema a punto de picos firmes y envolverla con la base de queso.

Montaje y decoración
1. Cortar el mango en cubos finos y colocarlos dentro de un vasito con el cremoso de queso y el merengue con galletas.
2. Decorar con 1 cuadro de chocolate, algunos cubitos de mango, pétalos de flores y 1 hoja de menta.

Cocada
con cremoso de ron

Porque en el mar la vida es más sabrosa, este postre costeñito puede cerrar con broche de oro una mariscada o cualquier comida con espíritu tropical.

La receta de la cocada por sí sola es deliciosa; puedes preparar porciones individuales para un coctel, o si estás de gala, cubrirlas con chocolate para un efecto totalmente distinto.

Se puede cubrir también con piña cortada en cubos pequeños.

Cocada

- 2 tazas (400 g) de azúcar
- 1 taza (240 ml) de agua
- 4 tazas (600 g) de coco fresco rallado
- 7 yemas (140 g)
- 2 tazas + 4 cucharaditas (500 ml) de leche
- 1 cucharada (15 ml) de extracto de vainilla

Cremoso de ron

- 1½ cucharadas (12 g) de grenetina en polvo o 6 láminas
- 1¼ tazas (300 ml) de leche
- 4 yemas (80 g)
- ½ taza (100 g) de azúcar
- 1 cucharada (15 ml) de extracto de vainilla
- ¼ de taza (60 ml) de ron añejo
- 1 taza (240 ml) de crema para batir

Decoración

- ¼ de piña cortada en rebanadas muy delgadas

MOLDE CUADRADO DE 18 CM DE LADO POR 5 CM DE ALTURA.

Cocada

1. Hervir el azúcar con el agua hasta que obtenga punto de bola suave, es decir, 110 °C; agregar el coco rallado y reservar.
2. Mezclar las yemas con la leche y el extracto de vainilla. Incorporar esta mezcla a la preparación de coco y cocer a fuego bajo, sin dejar de mover, hasta que todo se espese y forme una masa semisólida.
3. Vaciar la cocada en el molde, presionarla ligeramente para darle forma y hornearla a 150 °C durante 45 minutos o hasta que la superficie esté dorada. Retirar la cocada del horno y dejarla enfriar.

Cremoso de ron

1. Hidratar la grenetina. Hervir la leche y reservarla caliente.
2. Batir las yemas con el azúcar hasta que estén pálidas, agregarles un poco de la leche caliente y mezclar. Incorporar el resto de la leche y cocer a fuego bajo, sin dejar de mover, hasta que la mezcla espese.
3. Agregar el extracto de vainilla y la grenetina; mover hasta que esta última se funda y añadir el ron.
4. Verter la mezcla en un tazón y colocarlo dentro de otro más grande con agua y hielos; mover ocasionalmente hasta que la preparación tenga una consistencia espesa, pero no sólida. Reservar.
5. Batir la crema hasta que forme picos suaves. Incorporarla con movimientos envolventes a la preparación de leche y ron.
6. Vaciar el cremoso de ron sobre la cocada fría y refrigerar hasta que cuaje.

Decoración

1. Desmoldar y decorar con las rebanadas de piña.

Conglomerado
de piña y coco

DIFICULTAD: 🥄🥄   **RENDIMIENTO:** 8 porciones

Éste es un delicioso y cremoso flan de coco y queso. La piña es un perfecto acompañante para el verano o cuando tenemos nostalgia por estar en la playa con una piña colada.

Flan de coco
- 1 taza (240 ml) de leche
- ½ vaina de vainilla abierta por la mitad a lo largo
- 1 taza (190 g) de queso crema
- 4 huevos (200 g)
- 1 lata (397 g) de leche condensada
- 1 taza (120 g) de coco rallado muy finamente, sin azúcar
- 1 cucharada (15 g) de mantequilla suavizada
- ¼ de taza (50 g) de azúcar

Decoración
- ½ piña madura y firme
- ⅓ de taza (40 g) de azúcar glass

MOLDE CIRCULAR DE 22 CM DE DIÁMETRO, CHAROLA PARA HORNO CON PAPEL SILICONADO O TAPETE DE SILICÓN.

Es mejor preparar la decoración de piña en días poco húmedos. Rebana la piña con una mandolina o rebanadora eléctrica para lograr el grosor adecuado.

Otra opción para decorar el flan es cubrirlo con cubos pequeños de piña cubiertos con azúcar o hervidos en un almíbar o jarabe.

El flan se rebana mejor si lo preparas con un día de anticipación y lo refrigeras durante una noche.

Flan de coco

1. Hervir la leche con la vaina de vainilla un par de minutos; retirarla del fuego y dejarla reposar 15 minutos.
2. Agregar a la leche el queso crema y calentar a fuego bajo hasta que el queso se disuelva.
3. Batir los huevos con la leche condensada y agregar esta mezcla a la preparación de leche y queso crema. Finalmente, incorporar el coco rallado y retirar la vaina de vainilla.
4. Engrasar el molde con la mantequilla suavizada y cubrirlo con el azúcar; quitar el exceso.
5. Vaciar la mezcla en el molde y hornearla a 150 °C a baño María durante 1½ horas o hasta que el flan haya cuajado. Retirarlo del horno y dejarlo enfriar.

Decoración

1. Pelar y rebanar la piña muy finamente. Distribuir las rebanadas sobre la charola para horno, espolvorearlas con el azúcar glass y hornearlas a 100 °C durante 2 horas o hasta que se sequen.
2. Al momento de sacar las rebanadas de piña del horno, doblarlas en forma de flor.
3. Acomodar las flores de piña sobre el flan.

Crema bávara
con fresones al tequila

DIFICULTAD: **RENDIMIENTO:** 6 porciones

Uno de los restaurantes más antiguos y de tradición en la Ciudad de México tiene en su carrito de postres esta delicia con perfume de naranja y limón. Está presentado en forma rectangular y decorado con mucha canela. Lo sirven con fresas y zarzamoras.

Es importante sacar este postre del congelador veinte minutos antes de servirlo.

La crema bávara se puede perfumar con diferentes sabores al hervir la leche, entre ellos: canela, té verde, vainilla, anís estrella, jerez o azahar.

Crema bávara

- 2 cucharadas (16 g) de grenetina en polvo u 8 láminas
- 1 taza (240 ml) de leche
- 1 trozo de cáscara de naranja de 15 cm
- 1 trozo de cáscara de limón de 10 cm
- 2 yemas (40 g)
- ¼ de taza (50 g) de azúcar
- 1 cucharadita (5 ml) de esencia de naranja
- 2 tazas (480 ml) de crema para batir
- ¼ de taza (30 g) de azúcar glass
- 1 cucharada (15 ml) de extracto de vainilla

Fresones al tequila

- 1 taza (200 g) de azúcar mascabado
- 4 tazas (500 g) de fresones
- ½ taza (120 ml) de tequila añejo

Montaje y decoración

- Espirales de chocolate blanco (ver pág. 382)
- Frutas rojas
- Hojas de menta
- Canela en polvo

6 MOLDES FLEXIPAN INDIVIDUALES CON FORMA DE FLOR Y CAPACIDAD DE ½ TAZA.

Crema bávara

1. Hidratar la grenetina.
2. Hervir en una cacerola la leche con las cáscaras de naranja y limón. Retirarla del fuego y dejarla reposar 20 minutos para hacer una infusión.
3. Batir las yemas con el azúcar hasta que se esponjen y blanqueen. Agregarles un poco de la leche y batir hasta incorporarla.
4. Verter la mezcla de yemas en la cacerola con el resto de la leche y cocinar a fuego bajo, sin dejar de mover, hasta que espese, cuidando que no hierva. Añadirle la esencia de naranja y retirar del fuego.
5. Agregar la grenetina en la preparación anterior y mezclarla hasta que se disuelva. Colar la mezcla, vertirla en un tazón y colocarlo dentro de otro con agua y hielos; mover ocasionalmente hasta que la mezcla se enfríe y adquiera una consistencia espesa y un poco viscosa. Reservar.
6. Batir la crema con el azúcar glass y el extracto de vainilla hasta que forme picos suaves e incorporarla a la mezcla de yemas y leche. Vaciar en los moldes y congelar por 2 horas o refrigerar por 1 noche.

Fresones al tequila

1. Fundir el azúcar mascabado en un sartén; cuando empiece a caramelizarse, agregar la mitad de los fresones y saltearlos hasta que empiecen a suavizarse.
2. Bañarlos con el tequila añejo y flamear o dejar hervir hasta que el alcohol se haya evaporado. Licuar y mezclar con el resto de los fresones. Dejar enfriar antes de servir.

Montaje y decoración

1. Desmoldar la crema bávara y presentarla en platos individuales acompañada con los fresones al tequila. Decorar con las espirales de chocolate blanco, las frutas rojas y las hojas de menta; espolvorear con un poco de canela.

De mi abuela

Esta receta revive los mejores recuerdos de mi infancia: los banquetes yucatecos domingueros de mi abuela. Mi postre favorito era esta espuma de frutas rojas que se desvanece al probarla, acompañada con una perfumada natilla.

Puedes preparar la natilla hasta con dos días de anticipación y el turrón de fresa, máximo con una hora.

Se pueden omitir las fresas o frambuesas, aunque creo que la combinación de ambas da un balance de dulzura y acidez perfecto.

Natilla

- 2 tazas (480 ml) de leche
- 1 trozo de 8 cm de cáscara de limón
- 2 trozos de 8 cm de cáscara de naranja
- ⅓ de taza (65 g) de azúcar
- 1 vaina de vainilla
- 3 yemas (60 g)
- 1 cucharada (8 g) de fécula de maíz

Turrón de fresa

- 1 clara (30 g)
- 1¼ tazas (250 g) de azúcar
- 1 taza (240 g) de fresas licuadas
- ¼ de taza (60 g) de frambuesas licuadas y coladas

Montaje

- ¼ de taza (30 g) de pistaches picados, sin sal
- 4 vainas de vainilla
- Azúcar candy

4 PLATOS SOPEROS.

Natilla

1. Hervir la leche con las cáscaras de limón y naranja, la mitad del azúcar y la vaina de vainilla abierta por la mitad a lo largo. Retirar del fuego.
2. Batir las yemas con la fécula de maíz y el resto del azúcar hasta que ésta se disuelva casi por completo. Agregar un poco de leche caliente a las yemas sin dejar de batir e incorporar esta mezcla al resto de la leche.
3. Regresar la preparación al fuego y cocinarla a fuego bajo, moviendo continuamente hasta que se espese. Retirarla del fuego y dejarla enfriar.

Turrón de fresa

1. Batir todos los ingredientes con una batidora eléctrica o un batidor globo hasta que aumenten su volumen y espesen.

Montaje

1. Distribuir la natilla en los platos soperos, colocar encima el turrón de fresa y espolvorear los pistaches picados.
2. Decorar con las vainas de vainilla y el azúcar candy.

Frescura

Este postre está inspirado en un postre casero típico de México: el zapote negro con jugo de naranja o mandarina. Ésta es una versión más formal.

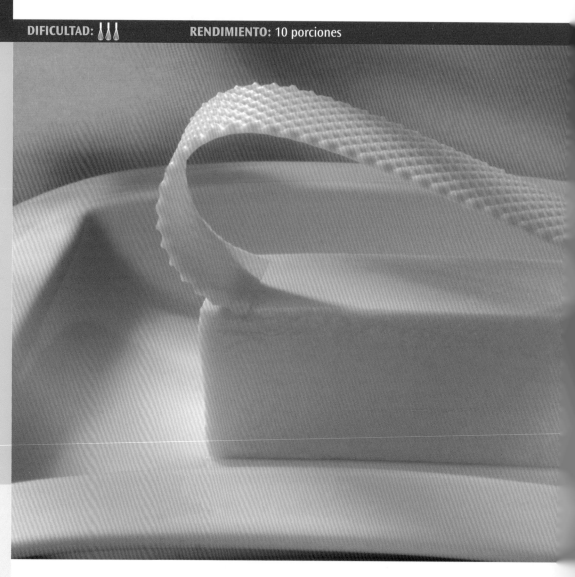

Aprovecha la temporada de mandarinas para hacer un concentrado casero de jugo de mandarina. Para ello, hierve ⅔ de taza de jugo hasta que se reduzca a la mitad, retíralo del fuego y déjalo enfriar. Su sabor será más intenso y dulce. También puedes utilizar concentrado comercial de jugo congelado.

Mousse de mandarina
- 2 cucharadas (16 g) de grenetina en polvo u 8 láminas
- 1⅓ tazas (320 ml) de concentrado de jugo de mandarina a temperatura ambiente
- 1½ tazas (175 g) de merengue italiano (ver pág. 375)
- 1 taza (240 ml) de crema para batir

Sorbete o salsa de zapote negro
- 2 tazas (480 ml) de agua
- 1 taza (200 g) de azúcar
- 3 tazas (700 g) de pulpa de zapote negro maduro
- ½ taza (120 ml) de jugo de mandarina
- 1 cucharadita (2 g) de ralladura de mandarina

Decoración
- ¼ de taza (75 g) de jalea de mandarina
- Decoraciones de chocolate blanco (ver sección Trabajo con chocolate)
- Flores de azahar

MOLDE CUADRADO DE 22 CM, MÁQUINA PARA HELADOS.

Mousse de mandarina

1. Hidratar la grenetina, dejarla reposar y fundirla. Mezclarla con el concentrado de jugo de mandarina e incorporar el merengue italiano con movimientos envolventes.

2. Batir la crema hasta que forme picos suaves y mezclarla con movimientos envolventes con la preparación de mandarina. Es recomendable hacer este paso en un tazón dentro de otro con agua y hielos.

3. Vaciar la preparación en el molde y refrigerarla hasta que cuaje, aproximadamente 2 horas.

Sorbete o salsa de zapote negro

1. Hervir el agua y el azúcar hasta obtener un jarabe ligeramente espeso. Agregar la pulpa de zapote negro, así como el jugo y la ralladura de mandarina.

2. Para obtener un sorbete, congelar la mezcla siguiendo las instrucciones de la máquina para helados. Si lo deseas puedes omitir este paso y servir la mezcla como salsa.

Montaje y decoración

1. Cortar la mousse de mandarina usando un cuchillo caliente, primero a la mitad y después en 5 partes iguales para obtener 10 rebanadas rectangulares.

2. Colocar en platos individuales algunas gotas de la jalea de mandarina y acomodar las rebanadas de mousse encima.

3. Terminar colocando sobre cada rebanada de mousse un poco de sorbete o de salsa de zapote negro, las decoraciones de chocolate blanco y las flores de azahar.

Fruta
cristalizada

- ½ piña
- 1 camote
- 2 chilacayotes
- 4 higos
- 1 pera
- 2 xoconostles
- 2 naranjas de cáscara gruesa
- 10% de cal del peso total de la fruta
- agua (misma cantidad que las frutas)
- azúcar refinada (misma cantidad que las frutas)

Rejilla, pala de madera.

En esta receta las frutas se convierten en bocados suaves con un toque dulce.

1. Lavar y desinfectar las frutas. Pelar la piña y el camote y pesar el total de la fruta para determinar la cantidad de cal, agua y azúcar.
2. Cortar la fruta grande en trozos toscos y las pequeñas dejarlas enteras; picarlas con un tenedor; colocarlas en un recipiente, cubrir con agua y añadir la cal; mezclar bien. Reposar entre 2 y 6 horas, dependiendo del estado de madurez de la fruta (dar mayor tiempo de reposo si no está madura).
3. Enjuagar la fruta con agua perfectamente para eliminar los restos de cal.
4. Calentar el agua y el azúcar. Cuando hierva, agregar la fruta y cocer hasta que el jarabe tenga punto de espejo (106 °C-110 °C).
5. Retirar los trozos de fruta y colocarlos sobre una rejilla. Repetir este paso y el anterior durante 3 días más, una vez cada día.
6. Para el último baño de azúcar, el que aportará el cristalizado, es necesario mover el jarabe con una pala para activar la cristalización. El jarabe comenzará a enturbiarse, y cuando se vea ligeramente blanquecino (punto de paniz), sumergir las frutas una a una; dejar reposar sobre una rejilla durante 24 horas para que se cristalicen por completo.

Para cristalizar naranjas y limones, córtalos por la mitad y extráeles la pulpa. Al jarabe se le puede añadir colorante vegetal.

Fucsia

Un buen pastel tiene varias texturas. En éste, con frambuesas como ingrediente estrella, combino una pasta perfumada con vainilla y un cremoso.

En el mercado hay todo tipo de moldes que nos permiten jugar con formas distintas a las tradicionales. En la foto, el acabado resulta moderno y delicado.

Es mucho más fácil desmoldar el cremoso si se congela durante un par de horas.

Si no tienes un atomizador para chocolate, decora la superficie con toques de chocolate blanco fundido.

Pasta bretonne
- 4 yemas (80 g)
- ¾ de taza (150 g) de azúcar
- ¾ de taza + 2 cucharaditas (160 g) de mantequilla
- 1¾ tazas (245 g) de harina
- 1 cucharada (10 g) de polvo para hornear
- 1 pizca de sal

Cremoso de frambuesa
- 1 cucharada (8 g) de grenetina en polvo o 4 láminas
- 1¾ tazas (420 g) de pulpa de frambuesa azucarada
- 6 yemas (120 g)
- 3 huevos (150 g)
- ½ taza (100 g) de azúcar

Montaje y decoración
- Spray de chocolate blanco (ver sección Trabajo con chocolate)
- 1 macarrón de frambuesa (ver pág. 332)
- Frutas rojas
- Hojas de menta fritas

2 AROS DE 15 CM DE DIÁMETRO Y 2 CM DE ALTURA,
CHAROLA PARA HORNO CON PAPEL SILICONADO,
2 MOLDES DE PLÁSTICO CIRCULARES DE 15 CM DE DIÁMETRO CON DISEÑO.

Pasta bretonne
1. Batir las yemas con el azúcar hasta que se esponjen y blanqueen. Suavizar la mantequilla hasta que tenga consistencia de pomada e incorporarla a las yemas sin dejar de batir.
2. Cernir la harina con el polvo para hornear y la sal e incorporarla con movimientos envolventes a la mezcla de yemas y mantequilla. Refrigerar esta pasta durante 1 hora.
3. Colocar los aros sobre la charola para horno y extender la pasta refrigerada dentro de ellos para formar una capa lisa en el fondo. Hornear a 160 °C hasta que la pasta se dore.

Cremoso de frambuesa
1. Hidratar la grenetina.
2. Mezclar los ingredientes restantes y calentarlos a fuego bajo, moviendo constantemente con un batidor globo, hasta que la mezcla espese. Agregar la grenetina y mezclarla hasta que se funda.
3. Vaciar el cremoso en los moldes de plástico y congelarlo o refrigerarlo hasta que cuaje.

Montaje y decoración
1. Desmoldar los 2 círculos de pasta *bretonne* y acomodar encima los cremosos de frambuesa; pulverizar con el spray de chocolate blanco y decorar con el macarrón de frambuesa, las frutas rojas y las hojas de menta fritas.

Gazpacho
de frutas rojas

DIFICULTAD: **RENDIMIENTO:** 8 porciones

Esta fresca delicia que combina frutos rojos y un sorprendente toque de jitomate, es maravillosa para los días de calor o para una cena en la playa. Actualmente, la línea que separa los ingredientes utilizados en los postres y en la cocina salada es menos evidente; hay que dejar libre la imaginación.

Para lograr tan espectacular presentación, coloca en la base de ocho moldes con forma de cubo de diez cm de lado algunas frutas rojas y llena los moldes con agua. Sumerge en cada cubo un recipiente con capacidad de ¾ de taza, cargado con un peso para que no flote. Congela hasta que se endurezca por completo y retira el recipiente.

También puedes servir el gazpacho en vasos de cristal o en un gran tazón.

Encaje de almendra y tomillo
- ½ taza (100 g) de mantequilla
- 1 cucharada (30 g) de glucosa o jarabe de maíz
- ⅓ de taza (65 g) de azúcar
- ¼ de taza (60 ml) de crema para batir
- 1 taza (120 g) de almendras picadas
- ½ cucharada (5 g) de hojas de tomillo

Gazpacho
- 3 jitomates guaje (250 g) maduros
- El jugo de 1 limón
- ⅔ de taza (160 ml) de jarabe natural
- 10 hojas de menta
- El jugo de 2 toronjas
- 2 tazas (250 g) de fresas
- 2 tazas (250 g) de frambuesas

Decoración
- Ramitas de tomillo
- Frambuesas o blueberries

CHAROLA PARA HORNO CON ANTIADHERENTE, CON PAPEL SILICONADO O CON TAPETE DE SILICÓN.

Encaje de almendra y tomillo
1. Hervir la mantequilla con la glucosa o jarabe de maíz, el azúcar y la crema para batir. Agregar las almendras picadas y cocer a fuego bajo, moviendo hasta que se forme una masa uniforme que no se pegue a la olla.
2. Tomar cucharaditas de la masa y colocarlas sobre la charola; espolvorearles las hojas de tomillo y hornearlas a 170 ºC durante 12 minutos o hasta que se doren.

Gazpacho
1. Sumergir los jitomates en agua hirviendo por 1 minuto, escurrirlos y enfriarlos en agua con hielos. Quitarles la piel y las semillas.
2. Licuar los jitomates con el resto de los ingredientes. Colar y refrigerar hasta el momento de servir.

Decoración
1. Servir el gazpacho decorado con el encaje de almendra y tomillo, ramitas de tomillo y frambuesas o blueberries.

Gelatina
de mango

DIFICULTAD: | **RENDIMIENTO: 16 porciones**

Esta gelatina es deliciosamente cremosa gracias a la cantidad de leche. Es favorita para prepararla con los niños.

Puedes sustituir el mango por mamey, pérsimo, fresa, guanábana, duraznos en almíbar, aguacate, guayaba, etc. Mide cuidadosamente las cantidades.

Salsa de zarzamora
- 3 tazas (500 g) de zarzamoras frescas
- 3 cucharadas (45 g) de azúcar

16 MOLDES INDIVIDUALES CON CAPACIDAD DE ½ TAZA.

Gelatina
- 5 cucharadas (40 g) de grenetina en polvo o 20 láminas
- 2 tazas (480 ml) de leche
- 1 lata (397 g) de leche condensada
- 1 lata (352 ml) de leche evaporada
- 3 tazas (700 g) de pulpa de mango

Salsa de zarzamora
1. Licuar las zarzamoras con el azúcar y, si fuera necesario, con un poco de agua. Colar.

Gelatina
1. Hidratar la grenetina, dejarla reposar y fundirla.
2. Licuar el resto de los ingredientes hasta obtener una mezcla tersa; con el motor de la licuadora encendido, agregar la grenetina.
3. Vaciar la mezcla en los moldes y refrigerarlos hasta que cuajen las gelatinas.
4. Desmoldar las gelatinas y servirlas con la salsa de zarzamora.

EN LA HISTORIA...

LOS MANGOS SON ORIGINARIOS DE LA INDIA Y DEL SUDESTE ASIÁTICO. LLEGARON A NUESTRAS COSTAS COMO PARTE DE LOS TESOROS QUE TRAÍA LA NAO DE CHINA DURANTE LA COLONIA.

Higuera

Este postre siempre causa admiración al llegar a la mesa. A simple vista no causa gran asombro, pero al partirlo, resaltan el color rojo del interior de los higos y el color verde de los pistaches; la salsa le da un toque muy festivo.

Es mejor si preparas este postre la noche anterior a servirlo. Se conserva sólo uno o dos días.

Puedes utilizar cualquier merengue comercial para facilitar la elaboración del postre; calcula alrededor de una taza de merengue triturado.

Si no tienes pasta de pistache, puedes usar pistaches sin sal molidos.

Crema de pistache
- 1½ tazas (360 ml) de crema para batir
- ¼ de taza (55 g) de pasta de pistache
- 2 yemas (40 g)
- ¼ de taza (50 g) de azúcar

Corona de higos
- 36 higos
- 1 receta de merengue francés extendido en una charola con tapete de silicón y horneado (ver pág. 374)
- ¾ de taza (100 g) de pistaches sin sal

MOLDE PARA ROSCA DE 22 CM.

Crema de pistache
1. Calentar en una cacerola la crema para batir con la pasta de pistache.
2. Batir las yemas con el azúcar hasta que se esponjen y blanqueen. Agregar un poco de la crema con pistache y batir hasta que se incorpore. Vaciar toda la mezcla de yemas a la cacerola con el resto de la crema y cocinar a fuego bajo, sin dejar de batir, hasta que se espese. Cuidar que no hierva.
3. Verter la preparación en un tazón y colocarlo sobre otro con agua y hielos; mezclar ocasionalmente hasta que se enfríe. Reservar.

Corona de higos
1. Pelar los higos y colocarlos en el molde para rosca alternando con trozos pequeños de merengue y pistaches. Comprimirlos cuidadosamente usando ambas manos. Cubrir el molde con plástico adherente y refrigerar durante una noche.
2. Al momento de servir, desmoldar la rosca y rebanarla; acompañarla con la crema de pistache.

DIFICULTAD: ♪♪   **RENDIMIENTO:** 10 porciones

En estos vasitos llenos de color encontramos sabores tropicales y muy variadas texturas. El néctar de coco es etéreo y contrasta con el toque ácido del maracuyá.

La presentación en vasitos es perfecta para un coctel, pero puedes servirlo también en un recipiente grande.

Los vasitos se conservan cubiertos hasta cinco días en refrigeración.

Para hacer la leche de coco sin azúcar, licua la pulpa de coco limpia con un poco de agua y cuélala; también la puedes conseguir enlatada en tiendas de ingredientes orientales.

Néctar de coco

- 1 cucharada (8 g) de grenetina en polvo o 4 láminas
- ½ taza (120 ml) de crema para batir
- 3 claras (90 g)
- ½ taza (100 g) de azúcar
- 1 taza + 4 cucharaditas (260 ml) de leche de coco sin azúcar

Montaje

- ½ taza (150 g) de jalea de maracuyá
- 1 receta de bizcocho crocante de coco (ver pág. 364)
- ½ taza (150 g) de brillo frío para pastelería o jalea de maracuyá
- 1 vaina de vainilla
- 5 rebanadas delgadas de coco fresco
- 10 hojas de menta
- 10 flores comestibles

10 VASOS DE VIDRIO DE ½ TAZA DE CAPACIDAD.

Néctar de coco

1. Hidratar la grenetina. Batir la crema hasta que forme picos firmes.
2. Batir las claras con el azúcar hasta que forme picos suaves.
3. Fundir la grenetina y mezclarla con la leche de coco. Incorporarla con movimientos envolventes a la crema batida y después incorporar de la misma forma las claras batidas.

Montaje

1. Colocar en los vasos un poco del néctar de coco, acomodar encima 1 disco de bizcocho crocante de coco y cubrir con una ligera capa de brillo frío o de jalea de maracuyá; terminar de llenar los vasos con un poco más del néctar de coco.
2. Alisar la superficie y refrigerar durante 1 hora como mínimo.
3. Servir y decorar con el interior de la vaina de vainilla, el brillo frío o la jalea de maracuyá, el coco rebanado, las hojas de menta y las flores comestibles.

Macedonia
de frutas

Esta mezcla de frutas perfumadas es tan sencilla que puede ser un postre ligero para todos los días; asimismo, debido a sus sofisticados sabores, es una excelente opción como entrada para un brunch.

- 1½ tazas (360 ml) de agua
- ¾ de taza (150 g) de azúcar
- 2 xoconostles (60 g)
- ½ taza (30 g) de hojas de menta
- 3 carambolas (300 g)
- 2 tunas (300 g)
- 1 kiwi (80 g)
- 1 pitahaya (300 g)

Puedes utilizar cualquier fruta madura pero que al partirla conserve su forma.

Perfuma el jarabe con especias como canela, anís estrella, hinojo, nuez moscada o clavo, según tus preferencias; sólo recuerda colarlo al utilizarlo.

Para obtener un postre más sofisticado, agrégale un toque de coñac, licor de naranja o licor de flor de Jamaica.

1. Hervir el agua con el azúcar durante 5 minutos o hasta obtener un jarabe ligeramente espeso.
2. Pelar los xoconostles y cocerlos en la mitad del jarabe hasta que estén suaves. Retirar del fuego y reservar.
3. Picar finamente la menta e incorporarla al resto del jarabe. Rebanar las carambolas; pelar y rebanar las tunas, el kiwi y la pitahaya.
4. Combinar en un recipiente todas las frutas con el jarabe y dejar reposar en refrigeración hasta el momento de servir.

En la historia...

El nopal tenía un papel fundamental en la vida de los pueblos prehispánicos en México. Entonces, como hoy, se aprovechaban todas sus partes, pero la tuna sigue siendo la consentida. Como dice el dicho popular: "Al nopal lo van a ver no'más cuando tiene tunas".

Natalia

Las frambuesas y el chocolate blanco tienen un contraste de sabor exquisito. Este pastel tiene un nombre con mucha personalidad, como su sabor.

Gelée de frambuesas

- 1½ cucharadas (12 g) de grenetina en polvo o 6 láminas
- 1½ tazas (185 g) de frambuesas
- ¼ de taza (30 g) de azúcar glass

Mousse de chocolate blanco

- 1 cucharada (8 g) de grenetina en polvo o 4 láminas
- 2⅓ tazas (420 g) de chocolate blanco picado finamente
- 1⅔ tazas (250 g) de crema inglesa (ver pág. 372)
- 1⅔ tazas (400 ml) de crema para batir

Montaje y decoración

- ½ receta de merengue francés extendido sobre una charola con tapete de silicón y horneado (ver pág. 374)
- ¼ de taza (50 g) de chocolate oscuro fundido
- 1¼ tazas (155 g) de frambuesas
- Coral de chocolate (ver pág. 378)
- Hojas de menta
- Frambuesas

MOLDE FLEXIPAN PARA DOMOS DE 3 CM, ARO DE 15 CM DE DIÁMETRO Y 10 CM DE ALTURA, CHAROLA PARA HORNO, 1 CÍRCULO DE ACETATO DE 15 CM DE DIÁMETRO Y 1 TIRA DE 48 CM DE LARGO Y 10 DE ALTURA.

Si no tienes el molde flexipan para domos, puedes vaciar la mezcla en un recipiente poco profundo y cortarlo en cuadros; el efecto será igual de espectacular.

Este pastel es mejor si se prepara hasta con dos días de anticipación.

Puedes hacer el gelée con una combinación de frutos rojos.

Gelée de frambuesas

1. Hidratar la grenetina. Moler las frambuesas con el azúcar glass y colar.
2. Fundir la grenetina y mezclarla con el puré de frambuesa, vaciar en el molde de flexipan y congelar.

Mousse de chocolate blanco

1. Hidratar la grenetina. Fundir el chocolate blanco, agregarle la grenetina y mezclar hasta que ésta se funda.
2. Combinar la crema inglesa con el chocolate con grenetina; dejar enfriar hasta que tenga consistencia espesa.
3. Batir la crema hasta que forme picos suaves e incorporarla con movimientos envolventes a la crema con chocolate blanco.

Montaje y decoración

1. Decorar la superficie del merengue con el chocolate oscuro en forma de hilos usando un cono de papel. Dejar que el chocolate endurezca y trocear el merengue.
2. Poner el aro sobre la charola, colocar el círculo de acetato en la base y la tira en las paredes. Acomodar la mitad de los domos de gelée de frambuesa en la base, vaciar ⅓ de la mousse de chocolate blanco y la mitad del merengue troceado y de las frambuesas.
3. Colocar el resto de los domos de gelée cerca de las paredes del domo, ⅓ más de la mousse de chocolate y el merengue y las frambuesas restantes. Cubrir con el resto de la mousse y refrigerar por 3 horas o congelar.
4. Desmoldar el postre y voltearlo para que la base quede hacia arriba. Decorar con el coral de chocolate, las hojas de menta y las frambuesas.

Panqué
de plátano

DIFICULTAD: | **RENDIMIENTO: 12 porciones**

Este panqué es muy popular, pues a todos les gusta. Tiene un apetitoso color oscuro y es muy húmedo. Es perfecto para mandarlo en rebanadas en el lunch de los niños de todas las edades.

Este panqué es ideal para quienes no consumen lácteos; su consistencia es tan rica, que no van a extrañar la mantequilla.

Entre más se oxida el plátano, más oscuro queda el panqué después de ser horneado.

La temperatura del horno es inusualmente baja, lo cual permite que el panqué se cueza sin caramelizarse antes de tiempo. Si usas moldes más pequeños, puedes subir un poco la temperatura del horno.

Este panqué se conserva quince días en refrigeración o se puede congelar hasta por dos meses.

- 1⅔ tazas (380 g) de puré de plátano
- 1 taza +1 cucharada (215 g) de azúcar
- 1 huevo (50 g)
- ¾ de taza + 2 cucharaditas (190 ml) de aceite
- 1 cucharada (15 ml) de extracto de vainilla
- 2½ tazas (350 g) de harina
- 1 cucharadita (4 g) de sal
- 1 cucharadita (4 g) de bicarbonato
- 1 taza (100 g) de nueces troceadas
- ½ taza (60 g) de pasas

- 1 plátano Tabasco (200 g) cortado en rodajas
- Azúcar mascabado para decorar

MOLDE RECTANGULAR DE 11 × 30 CM, ENGRASADO Y ENHARINADO.

1. Mezclar en un tazón con un batidor globo el puré de plátano, el azúcar y el huevo. Incorporar el aceite y el extracto de vainilla.
2. Cernir la harina con la sal y el bicarbonato e incorporarla con movimientos envolventes a la mezcla anterior, alternando con las nueces troceadas y las pasas.
3. Vaciar en el molde, decorar la superficie con las rodajas de plátano y con un poco del azúcar mascabado.
4. Hornear el panqué a 150 °C durante 1½ horas. Sacarlo del horno y dejarlo enfriar antes de desmoldarlo.

EN LA HISTORIA...

LOS PLÁTANOS SON HOY EN DÍA LA FRUTA MÁS CONSUMIDA Y EXPORTADA EN TODO EL MUNDO. CURIOSAMENTE, AUNQUE EN MÉXICO YA SE CULTIVABA EN LA ÉPOCA DE LA COLONIA, NO SE INTRODUJO AL RESTO DE NORTEAMÉRICA Y EUROPA SINO HASTA EL SIGLO XIX.

Pastas
de Laurent y Fidel

DIFICULTAD:    **RENDIMIENTO:** 190 cubos de 3 cm

Esta receta es de dos grandes amigos pasteleros que trabajan en México, todo un homenaje a su habilidad. Los cubitos de colores llenan de vida cualquier charola de petits fours; son un regalo ideal.

Se pueden conservar en un recipiente hermético hasta un mes.

Sustituye las pulpas de frambuesa o de tamarindo con otras pulpas de fruta para experimentar con diversas combinaciones.

Esta receta requiere precisión; pesa los ingredientes cuidadosamente y cuida las temperaturas con un termómetro.

Pastas de frambuesa o tamarindo

- 1¾ tazas (425 g) de pulpa colada de frambuesa o tamarindo azucarada al 10%
- 1¾ tazas (425 g) de pera en almíbar escurrida y licuada
- 1 vaina de vainilla para la pasta de frambuesa o 1 cucharadita (3 g) de chile piquín molido para la de tamarindo

Pastas de chabacano-pasión

- 1 taza (200 g) de pulpa de maracuyá
- 1¼ tazas (300 g) de pulpa de chabacano
- La ralladura de 1 naranja

Para cada pasta

- 3½ tazas (700 g) de azúcar
- 1½ cucharadas (16 g) de pectina amarilla mezclada con 2⅓ cucharadas (35 g) de azúcar
- ½ taza (175 g) de glucosa o jarabe de maíz
- ½ cucharada (7 g) de ácido cítrico disuelto en ½ cucharada (7.5 ml) de agua
- 1 taza (200 g) de azúcar

TERMÓMETRO PARA REPOSTERÍA, CHAROLA CON BORDES ALTOS FORRADA CON PAPEL SILICONADO.

1. Deshacer en una cacerola de fondo grueso la pulpa de frutas y calentarla hasta que alcance 40 °C.

2. Incorporar los 700 g de azúcar en tres tandas y añadir la pectina mezclada con el azúcar.

3. Una vez que hierva, agregar la glucosa o el jarabe de maíz y revolver continuamente para evitar que se pegue; cuando alcance los 99 °C, retirar del fuego.

4. Incorporar el ácido cítrico; añadir el interior de la vaina de vainilla, el chile piquín o la ralladura de naranja, según sea el caso.

5. Vaciar la pasta en la charola, dejarla enfriar y cortarla en cubos de 3 cm. Revolcarlos en azúcar.

Poblanita

Este delicioso postre combina el perfume, la acidez y la dulzura de la guayaba con el sabor del queso crema. Es un gran favorito en los brindis por su presentación juguetona.

Puedes vaciar la mezcla en una charola y cortar cubitos, para presentarlos en capacillos metálicos o blancos.

Si no es temporada de guayabas, prepara el puré con guayabas en almíbar.

También queda delicioso con puré de guanábana.

Mousse de guayaba y queso

- 2½ tazas (475 g) de queso crema
- 1 taza (200 g) de azúcar
- 4 tazas (1 kg) de puré de guayaba
- 1 cucharada (8 g) de grenetina en polvo o 4 láminas
- 1½ tazas (360 ml) de crema para batir
- ¾ de taza (120 g) de ate de guayaba picado

Montaje

- 1 taza (240 ml) de crema para batir
- Hojas de menta
- 4 guayabas (240 g) cortadas en triángulos delgados

MOLDES FLEXIPAN DE 5.5 CM DE DIÁMETRO CON CAPACIDAD DE ¼ DE TAZA, PALITOS DE COLORES PARA PALETA Y PAPEL METÁLICO.

Mousse de guayaba y queso

1. Acremar el queso con el azúcar hasta que se suavice y mezclar con el puré de guayaba.
2. Hidratar la grenetina, dejarla reposar y fundirla; incorporarla a la mezcla de queso con guayaba.
3. Batir la crema hasta que forme picos suaves e incorporarla con movimientos envolventes a la mezcla de queso con guayaba; integrar de la misma forma el ate picado.
4. Vaciar en los moldes y refrigerar hasta que las mousses cuajen.

Montaje

1. Batir la crema hasta que forme picos firmes.
2. Desmoldar las mousses y clavarles los palitos; acomodarlas en el papel metálico y decorarlas con la crema usando una duya. Adornarlas con los triángulos de guayaba y las hojas de menta.

Rollo
de merengue

Este delicioso rollo de merengue es precioso cuando lo decoras con flores y frutos rojos. Aprovecha la fruta de temporada para crear diferentes combinaciones. Sírvelo el mismo día que lo preparas.

El secreto del éxito de este postre está en el batido de las claras. Cuida que tu tazón esté muy limpio, sin rastro de grasa. Por otra parte, moler el azúcar ayuda a garantizar que se disuelva totalmente; de lo contrario, el merengue se separará al hornearlo.

Merengue flexible

- 6 claras (180 g)
- 2 tazas (400 g) de azúcar
- 2 cucharadas (30 ml) de jugo de limón
- 1 cucharada (8 g) de fécula de maíz

Relleno y decoración

- 1½ tazas (360 ml) de crema para batir
- ¼ de taza (30 g) de azúcar glass
- 2 tazas (500 g) de frutas de temporada cortadas en cubos
- Flores comestibles
- Hojas de menta

CHAROLA PARA HORNO DE 20 × 30 CM CON PAPEL SILICONADO ENGRASADO.

Merengue flexible

1. Batir las claras hasta que estén espumosas e incorporar el azúcar gradualmente. Continuar batiendo hasta obtener un merengue firme, sin que quede granuloso.
2. Incorporar el jugo de limón y la fécula de maíz batiendo a velocidad baja.
3. Extender el merengue sobre la charola y hornearlo entre 25 y 30 minutos a 160 °C; el merengue se debe ver seco pero no muy dorado. Sacarlo y dejarlo enfriar en una rejilla.

Relleno y decoración

1. Batir la crema con el azúcar glass hasta que se formen picos suaves.
2. Extender ⅔ de la crema batida sobre el merengue y agregar las frutas.
3. Enrollar y cubrir con la crema batida restante. Decorar el rollo con las flores y las hojas de menta.

Tamayo

Un homenaje a las
coloridas sandías
de Rufino Tamayo
sobre una deliciosa
y sencilla crema
bávara de mamey.

Para formar el diseño de
gotas en la crema bávara
de mamey, utiliza un
molde de plástico con
relieves; se consigue en
tiendas especializadas.
También puedes preparar
la crema bávara de
mamey en cualquier
molde y servirla
acompañada con
el agua de sandía.

Si no es temporada de
mamey puedes usar pulpa
de chabacano, pera,
mango o duraznos en
almíbar.

Crema bávara de mamey
- 1½ tazas (360 ml) de leche
- 5 yemas (100 g)
- ½ taza (100 g) de azúcar
- 3 cucharadas (24 g) de grenetina en polvo o 12 láminas
- 1½ tazas (300 g) de pulpa de mamey
- 2½ tazas (600 ml) de crema para batir
- 2 mameyes frescos (600 g) cortados en rebanadas delgadas

Agua de sandía
- 3⅔ tazas (500 g) de sandía troceada, sin semillas
- ½ taza (100 g) de azúcar
- 4 tazas (960 ml) de agua
- 10 hojas de menta

Montaje
- 3 triángulos de sandía fresca
- ¼ de taza (75 g) de brillo frío para pastelería

MOLDE CUADRADO DE PLÁSTICO DE 22 CM DE LARGO CON RELIEVES.

Crema bávara de mamey

1. Hervir la leche en una cacerola y bajar el fuego al mínimo. Batir las yemas con el azúcar hasta que se esponjen y blanqueen. Mezclarlas con un poco de la leche caliente y vaciarlas a la cacerola; cocinar a fuego bajo sin dejar de batir, hasta que la mezcla se espese. Retirar del fuego y reservar.
2. Hidratar la grenetina, dejarla reposar y mezclarla en la preparación de leche con yemas hasta que se funda.
3. Licuar la preparación de leche y yemas con la pulpa de mamey y vaciarla en un tazón.
4. Batir la crema hasta que forme picos suaves e incorporarla con movimientos envolventes a la mezcla anterior.
5. Vaciar un poco de crema bávara en el molde, cubrirlo con rebanadas de mamey y continuar alternando hasta terminar con crema. Refrigerar por 3 horas o hasta que cuaje.

Agua de sandía

1. Licuar la sandía con el resto de los ingredientes.

Montaje

1. Desmoldar la crema bávara de mamey y llenar los relieves con el agua de sandía, barnizarla con el brillo y acomodar encima los triángulos de sandía. Servirla con el agua restante en vasos pequeños.

Tarta campesina

Esta tarta rústica tiene un rico juego de texturas. Se puede servir con té en una tarde lluviosa, o ¿por qué no?, en el desayuno.

Para sofisticar el sabor puedes sustituir una parte de las manzanas por peras, blueberries o cerezas frescas sin semilla, o secas. Si usas estas frutas frescas, agrega una cucharada más de fécula de maíz.

Pasta sablée
- ⅔ de taza (100 g) de mantequilla fría, cortada en cubos
- 2 tazas (280 g) de harina
- ½ cucharadita (2 g) de sal
- ½ cucharadita (2 g) de azúcar
- ¼ de taza (60 ml) de agua fría

Manzana campesina
- 6 manzanas verdes (1.2 kg)
- ½ taza + 2 cucharaditas (110 g) de azúcar mascabado
- ½ cucharadita (2 g) de sal
- 2 cucharadas (16 g) de fécula de maíz
- 1 cucharadita (3 g) de canela molida
- ½ cucharadita (1.5 g) de nuez moscada molida
- 4 cucharadas (40 g) de mantequilla fundida

Nata de la granja
- 1 taza (150 g) de nata o crema ácida
- 1 cucharadita (3 g) de canela molida
- 1 cucharadita (5 ml) de extracto de vainilla
- ½ cucharadita (2 g) de semillas de anís molidas
- ½ cucharadita (1.5 g) de nuez moscada molida
- 3 cucharadas (45 g) de azúcar

Crumble
- ¼ de taza (35 g) de harina
- ¼ de taza + 1 cucharada (50 g) de mantequilla fría
- ⅓ de taza (67 g) de azúcar mascabado
- ½ taza (45 g) de almendras fileteadas

Montaje
- 1 receta de pasta choux (ver pág. 368)
- Helado de caramelo
- Azúcar glass

MOLDE PARA TARTA DE 20 CM DE DIÁMETRO, CHAROLA ANTIADHERENTE PARA HORNO O CON PAPEL SILICONADO O TAPETE DE SILICÓN, MANGA PASTELERA CON DUYA LISA Y DELGADA.

Pasta sablée
1. Colocar todos los ingredientes en el procesador, excepto el agua; trabajar y agregar el agua paulatinamente hasta lograr una pasta suave y elástica. Si la pasta la preparará a mano, mezclar todos los ingredientes usando las yemas de los dedos hasta obtener una consistencia de arena. Incorporar el agua poco a poco y amasar hasta obtener una pasta tersa.
2. Cualquiera que haya sido el método para elaborar la pasta, refrigerarla durante 2 horas. Extenderla hasta obtener ½ cm de grosor y forrar el molde.

Manzana campesina
1. Pelar las manzanas y cortarlas en cubos. Agregarles los ingredientes restantes y mezclar con las manos. Rellenar el molde con esta mezcla.

Nata de la granja
1. Mezclar todos los ingredientes y reservar.

Crumble y acabado de la tarta
1. Usando las yemas de los dedos, mezclar todos los ingredientes del crumble hasta que tengan consistencia arenosa. Espolvorearlos sobre las manzanas.
2. Hornear la tarta a 180 °C por 30 minutos o hasta que la pasta *sablée* esté dorada.

Montaje
1. Formar figuras de pasta choux sobre la charola usando la manga con duya. Hornearlas a 180 °C hasta que estén doradas.
2. Desmoldar la tarta, ponerle encima el helado y la decoración de choux, y espolvorear con azúcar glass. Acompañar con la nata.

Tarta
de limón

Esta tarta es indispensable para el repertorio de cualquier pastelero. Su sencillez es sorprendente, pero tiene un gran sabor. Puedes prepararla en porciones individuales; para ello, simplemente prepara las tartaletas y rellénalas al momento de servir.

Si nunca has hecho una tarta, te sugiero empezar con ésta.

Cuando hagas preparaciones con limón, es importante considerar que el grado de acidez final varía, así que puedes ajustar el sabor con un poco de azúcar glass.

Esta crema de limón dura hasta seis días en refrigeración.

Puedes sustituir los frutos rojos por tus frutas favoritas. Para una presentación original, decora con merengue italiano y caramelízalo con un soplete.

- ¾ de taza (180 ml) de jugo de limón
- ¾ de taza (150 g) de azúcar
- 3 huevos (150 g)
- 7 yemas (140 g)
- 1 vaina de vainilla
- ½ taza (100 g) de mantequilla a temperatura ambiente
- 1 receta de pasta para tarta (ver pág. 370)
- La ralladura de 3 limones

Decoración
- 1 taza (240 ml) de crema para batir
- ⅓ de taza (40 g) de azúcar glass
- Frutos rojos
- Rodajas de limón caramelizadas

2 MOLDES PARA TARTA DE 20 CM DE DIÁMETRO, MANGA PASTELERA CON DUYA DE PUNTA LISA PARA PÉTALOS.

1. Mezclar en un tazón el jugo de limón, el azúcar, los huevos, las yemas, y el interior de la vaina de vainilla.
2. Calentar la mezcla a baño María batiendo constantemente por 10 minutos, o hasta que se espese. Es importante cuidar la temperatura para que no se caliente demasiado; si es necesario, retirar la mezcla del fuego unos segundos.
3. Cuando esté espesa, dejarla enfriar a temperatura ambiente o sobre un tazón con agua y hielos, moviendo de vez en cuando.
4. Agregarle la mantequilla batiendo enérgicamente en un procesador de alimentos o en una batidora. Cubrir la crema de limón con plástico adherente y refrigerarla hasta que se espese.
5. Extender con un rodillo la pasta para tarta hasta que tenga ½ cm de grosor. Cortar 2 círculos de 25 cm de diámetro y forrar los moldes para tarta.
6. Hornear a 180 °C hasta que las bases estén doradas; retirarlas del horno y dejarlas enfriar.
7. Rellenar las bases de tarta con la crema de limón.

Decoración
1. Batir la crema con el azúcar glass hasta obtener picos firmes. Ponerla en la manga pastelera con duya y hacer una espiral de crema sobre ambas tartas.
2. Decorar con los frutos rojos y las rodajas de limón caramelizadas.

Tarta fina
de mamey

Esta tarta es un verdadero lujo de sabor y elegancia. La tersa base de almendras combina perfecto con el perfume del mamey. Aunque su preparación implica varios pasos, vale la pena cada minuto que se invierte en ella.

- 1 receta de pasta para tarta (ver pág. 370)
- 1 receta de crema pastelera (ver pág. 373)
- 1 receta de frangipane (ver pág. 372)

Montaje
- 3 mameyes maduros (900 g)
- ½ taza (150 g) de brillo frío para pastelería
- Madejas de espirales de chocolate (ver pág. 382)
- Azúcar glass

2 AROS PARA TARTA DE 18 CM DE DIÁMETRO O 1 DE 26 CM.

1. Extender la pasta para tarta con un rodillo hasta obtener ½ cm de grosor y forrar los moldes con la pasta como indican las preparaciones básicas. Refrigerar por 2 horas.
2. Reservar 4 cucharadas de la crema pastelera. Mezclar el resto con el frangipane y rellenar los moldes. Hornear a 180 °C durante 30 minutos o hasta que las tartas estén ligeramente doradas. Retirarlas del horno y dejarlas enfriar.
3. Untar las tartas con la crema pastelera restante.

Montaje

1. Pelar y cortar el mamey a lo largo en rebanadas delgadas. Acomodarlas sobre la superficie de las tartas.
2. Untarlas con el brillo frío y decorarlas con las madejas de chocolate, agregando un toque de azúcar glass.

Si no es temporada de mamey, se puede sustituir por higos, peras cocidas, chabacanos, aguacates o cualquier otra fruta que combine con almendras.

Un excelente sustituto del brillo frío para pastelería es jalea de chabacano. Para utilizarla, agrega a la jalea la misma cantidad de agua y hiérvela hasta que espese para que quede más tersa; es recomendable colarla.

EN LA HISTORIA...

EL FRANGIPANE FUE INVENTADO POR UN PERFUMERO ITALIANO DEL RENACIMIENTO: FRANGIPANI, QUIEN TAMBIÉN CREÓ UN PERFUME CON AROMA DE ALMENDRAS.

Sabor a café

*El café debe ser
caliente como el infierno,
negro como el diablo,
puro como un ángel
y dulce como el amor.*

Charles Maurice de Talleyrand

Existen diversas leyendas relacionadas con el descubrimiento del café. Una de ellas se refiere a un pastor etíope llamado Kaldi, quien en el año 300 d. C. observó un comportamiento extraño en sus cabras cuando ingerían los frutos rojos de un arbusto silvestre, se ponían a bailar y brincar. Kaldi lo comentó a los monjes de un monasterio, quienes sintieron curiosidad y probaron los granos; observaron cómo después de beber una infusión de aquellas cerezas, se mantenían más horas despiertos. Fue así como los monjes comenzaron a tomar la bebida de café cuando habían de pasar la noche en oración.

Y fue en Abisinia donde se empezó a consumir el café como bebida. Cuentan que los abisinios no permitían sacar el café verde para evitar que otros países disfrutaran también de este placer.

En 1615 llegó a Europa el primer envío de café por Venecia. En ese mismo siglo la bebida comenzó a ser popular en algunos países europeos al inaugurarse los famosos "cafés".

En cuanto al cultivo en América, los primeros arbustos aparecen en la Isla de la Martinica en el año de 1720. Esta plantación se llevó a cabo mediante un árbol, obsequio de los holandeses al rey Luis XIV de Francia, quien lo envió a las colonias francesas.

Hacia 1870 el café llegó a México, prácticamente un siglo después de su arribo a tierras francesas, donde inició su auge en 1689.

Orgullosamente, México cuenta con uno de los mejores cafés del mundo. Su variedad arábiga se da en regiones como los estados de Chiapas, Oaxaca, Veracruz, Tabasco y Michoacán, donde hay humedad y altura; y aunque la mayoría lo prefiere "americano", los conocedores beben expresso o árabe.

El café, originario de Abisinia, aparece en Veracruz hacia 1790; poco después se inaugura el primer establecimiento de café en la Ciudad de México. Se trataba de una lechería —establo— ubicada sobre una esquina en la calle de Tacuba. Dicha esquina pronto tomó el nombre de su legendario dueño: "Calle de Manrique" —hoy República de Chile—, ahí mismo el propio Manrique estableció también su destilería.

Con esos dos ingredientes nació el café con leche, una especialidad mexicana. Los primeros parroquianos acudieron al pregón de Manrique, quien con mucho esfuerzo los alentaba a probar la nueva bebida. Sobre las mesitas había un jarro y un quinqué. En el aparador había postres elaborados con leche: chongos, leche quemada, copas romanas, cajetas, arroz con leche, pastel de natas, dulces de limón, nuez o naranja.

Actualmente se sirve el café sin leche, ya que tiene preferencia el llamado "americano", una especie de té que dista mucho del sabor y calidad proclamada por Talleyrand cuando afirma: "El café debe ser caliente como el infierno, negro como el diablo, puro como un ángel y dulce como el amor", características de los extractos y del expresso.

Si tenemos suerte, en algunos lugares tradicionales se sirve el café con leche en vasos gruesos. En una

jarrita de cristal con tapa esmerilada aparece un extracto fuerte y negro. Se vierte la cantidad deseada y, posteriormente, la mesera incorpora la leche hirviendo de las jarras cafeteras con cuello de cisne. Para amortiguar el calor, la cuchara debe mantenerse en el vaso durante el servicio. Esta forma de preparar café es única en el mundo, como lo es también el café de olla.

Pero, ¿qué tiene de mexicano el café de olla? Si lo analizamos, el café es originario de Abisinia, el piloncillo de cañas de azúcar de China, la canela de Sri Lanka, pensemos en la olla; sin embargo, podemos hacerlo en una olla o jarra importada. Con el mundo globalizado, podemos usar agua suiza o francesa. Pues sí, el café de olla es muy mexicano simplemente por

tener un estilo único y original, al igual que ese café con leche, en peligro de extinción.

La pastelería se recrea en el legendario puerto de Moca, de donde salieron al mundo grandes cantidades de granos de café. Los pasteles se hacen con extractos de café y crema para dar ese sabor tan agradable a las pastas.

El café y el cacao tienen muchas cosas en común, especialmente su forma de cultivo bajo la sombra, su clima y su proceso de tostado. En repostería, el café se une al chocolate en fusión incomparable de sabores y aromas.

Los pasteles de Moca son una especialidad de la pastelería y sinónimo de buen gusto y distinción.

Brownie
de café capuchino

Su nombre lo dice todo: este bocadito sublime combina el sabor del chocolate con el del café en un viaje al paraíso.

Los brownies se conservan mejor a temperatura ambiente en una caja hermética; no es conveniente refrigerarlos.

Brownie

- 1½ tazas (240 g) de chocolate con leche, troceado
- 4 cucharadas (60 g) de mantequilla
- 2 huevos (100 g)
- ½ taza (100 g) de azúcar
- ¼ de cucharadita (1 g) de sal
- ½ cucharadita (2 g) de canela molida
- 2 cucharadas (12 g) de café instantáneo
- 2 cucharadas (30 ml) de extracto de vainilla
- ½ taza (70 g) de harina
- 1 taza (120 g) de nueces picadas

Ganache de café

- ½ taza (120 ml) de crema para batir
- ½ taza + 1 cucharada (150 g) de chocolate con leche, picado
- ½ cucharadita (1 g) de café instantáneo

MOLDE CUADRADO DE 20 CM, ENGRASADO Y ENHARINADO.

Brownie

1. Fundir el chocolate con leche a baño María, agregarle la mantequilla y mezclar hasta que se derrita. Retirar del fuego.
2. Incorporar los huevos poco a poco con un batidor globo. Añadir el azúcar, la sal, la canela molida, el café instantáneo, el extracto de vainilla y la harina. Mezclar sin trabajar demasiado hasta obtener una mezcla sin grumos, incorporar las nueces picadas y vaciar la mezcla en el molde.
3. Hornear el brownie a 180 °C durante 30 minutos. Retirarlo del horno y dejarlo enfriar antes de desmoldarlo.

Ganache de café

1. Hervir la crema y agregar el chocolate con leche y el café instantáneo. Mezclar hasta que el ganache tenga una textura lisa y brillante. Retirar del fuego.
2. Dejar reposar en refrigeración durante 3 horas como mínimo para mejorar su consistencia.

Montaje

1. Decorar el brownie con líneas de ganache de café. Refrigerarlo durante 40 minutos y cortarlo en cubos de 4 cm por lado.

Copa helada Becky

DIFICULTAD: ♨♨ RENDIMIENTO: 6 porciones

Este postre está pensado especialmente para los amantes del café, ya que está presente en todos sus componentes: en el helado, en la espuma y en el montaje. Su presentación es suficientemente formal para una cena y muy divertida para los golosos.

Si no tienes tapete de silicón o papel siliconado, puedes poner las avellanas sobre una charola untada generosamente con mantequilla.

Puedes preparar las avellanas garapiñadas y la espuma de café hasta con cuatro días de anticipación; conserva la espuma en refrigeración.

Para hacer el concentrado de café, prepáralo estilo americano calculando 4 cucharadas de café por ½ taza de agua; déjalo reposar durante 30 minutos antes de utilizarlo.

La manteca de cacao del garapiñado ayuda a separar las avellanas; si no la tienes, simplemente sepáralas con un tenedor al ponerlas a enfriar.

Avellanas garapiñadas
- ¾ de taza (100 g) de avellanas peladas
- ½ taza (100 g) de azúcar
- ½ cucharada (10 g) de manteca de cacao en polvo

6 COPAS PARA POSTRE, TAPETE O PAPEL SILICONADO.

Espuma de café
- ½ cucharada (4 g) de grenetina en polvo o 2 láminas
- 6 yemas (120 g)
- ¾ de taza (150 g) de azúcar
- ½ taza (120 ml) de concentrado de café o exprés fuerte
- 1½ tazas (360 ml) de crema para batir

Montaje
- 6 bolas de helado de vainilla
- 6 bolas de helado de café
- 1½ tazas (360 ml) de café exprés, caliente o frío
- ¾ de taza (180 ml) de licor de café
- 3 macarrones de leche, troceados (opcional)
- Decoraciones de chocolate con hoja de relieve (ver pág. 382)

Avellanas garapiñadas
1. Colocar las avellanas en un sartén de fondo grueso con el azúcar y ¼ de taza de agua.
2. Calentar a fuego alto, moviendo continuamente, hasta que se caramelicen.
3. Agregar la manteca de cacao y mezclar hasta que todo esté integrado; vaciar las avellanas sobre el tapete o papel siliconado, separarlas y dejarlas enfriar.

Espuma de café
1. Hidratar la grenetina.
2. Batir las yemas con el azúcar a baño María hasta que hayan duplicado su volumen.
3. Retirar las yemas del fuego, agregar el concentrado de café o el café exprés y la grenetina; mezclar hasta que esta última se funda y dejar enfriar a temperatura ambiente.
4. Batir la crema hasta que forme picos suaves. Incorporarla a la preparación de café con movimientos envolventes y refrigerar.

Montaje
1. Colocar una bola de helado de vainilla y una de café en cada copa. Agregar un poco de espuma de café, algunas avellanas garapiñadas y bañar con el café exprés y el licor de café.
2. Espolvorear los macarrones de leche troceados y terminar con las decoraciones de chocolate. Servir de inmediato.

EN LA HISTORIA...

EL CAFÉ SE POPULARIZÓ EN EUROPA HASTA FINALES DEL SIGLO XVII, AL MISMO TIEMPO QUE LOS PASTELEROS LO EMPEZARON A INCLUIR EN SUS PREPARACIONES. ALGUNOS ESPECIALISTAS EN CONFITERÍA FRANCESA OFRECÍAN DULCES CON SABOR A CAFÉ CON LECHE PARA CURAR EL DOLOR DE CABEZA.

Éclairs
Coatepec

DIFICULTAD: **RENDIMIENTO:** *20 éclairs*

Favoritos indispensables en toda pastelería, estos *éclairs* son un juego de texturas que desaparecen de un bocado. La pasta choux y la cobertura de chocolate son crujientes, mientras que el relleno es cremoso y con intenso aroma a café. La cobertura de chocolate decorada los viste de gala para cualquier ocasión.

Para hacer *éclairs* de chocolate, elabora una pasta choux de chocolate sustituyendo una tercera parte de la harina por cocoa y hornea siguiendo el mismo procedimiento; para el relleno, sustituye el café instantáneo por 200 gramos de chocolate fundido.

En la sección de trabajo con chocolate explico el uso de los transfers. Se consiguen con relativa facilidad y le dan un toque especial a tus decoraciones de chocolate.

Crema pastelera de café
- 4 tazas + 2 cucharadas (1 ℓ) de leche
- 1½ tazas (300 g) de azúcar
- 1 vaina de vainilla
- 10 yemas (200 g)
- ¾ de taza + 2 cucharadas (100 g) de fécula de maíz
- 3 cucharadas (45 ml) de licor de café de Coatepec
- 1 cucharada (15 ml) de extracto de vainilla
- 1 cucharada (4 g) de café instantáneo
- ½ taza (100 g) de mantequilla a temperatura ambiente

Éclairs
- 1 receta de pasta choux (ver pág. 368)
- 1 huevo (50 g) batido
- c/s de crema batida para pegar los transfers de chocolate
- 20 decoraciones de transfers de chocolate (ver pág. 383)

CHAROLA PARA HORNO CON PAPEL SILICONADO O TAPETE DE SILICÓN, MANGA PASTELERA, DUYAS LISAS DE 0.5 CM Y 2 CM DE DIÁMETRO.

Crema pastelera de café

1. Hervir la leche con la mitad del azúcar y el interior de la vaina de vainilla. Batir las yemas con el resto del azúcar y la fécula de maíz hasta que estén pálidas y espesas. Incorporarles la leche poco a poco.
2. Regresar la mezcla al fuego y cocinar, sin dejar de batir, hasta que espese.
3. Añadir el licor de café, el extracto de vainilla y el café instantáneo. Cubrir la crema con plástico adherente para que no se forme una nata en la superficie y dejarla enfriar.
4. Cuando esté tibia, batirla con la mantequilla hasta que esté tersa y refrigerarla.

Éclairs

1. Preparar la pasta choux y vaciarla en la manga con la duya lisa de 2 cm de diámetro.
2. Formar sobre la charola 20 barras de 7 cm de largo y barnizarlas con el huevo batido.
3. Hornearlas a 200 °C hasta que estén doradas. Sacarlas del horno y dejarlas enfriar.
4. Con la duya de 0.5 cm, rellenar los *éclairs* con la crema pastelera de café. Ponerles en la superficie un poco de la crema batida, pegar encima el transfer de chocolate y servir.

EN LA HISTORIA...

EL NOMBRE DE *ÉCLAIR* QUIERE DECIR LITERALMENTE, RELÁMPAGO. EL GRAN CHEF PASTELERO ANTONIN CARÊME FUE EL PRIMERO EN CREAR ESTA DELICIA, QUE ERA ORIGINALMENTE DE CARAMELO. SU NOMBRE SUGIERE QUE SE DEBE COMER DE UN SOLO BOCADO, COMO "RELÁMPAGO".

Nevado
de café

Una bebida de moda que me recuerda los coloridos raspados de los mercados. El efecto refrescante es el mismo y su consistencia muy cremosa y rica.

Para obtener un sabor totalmente diferente puedes agregar, ya sea a la copa o al momento de licuar, un par de cucharadas de salsa espesa de caramelo (ver pág. 166) o de ganache de chocolate.

- 1 taza (240 ml) de crema para batir
- 1 taza (240 ml) de leche
- ½ taza (120 ml) de caramelo líquido o ½ taza (100 g) de azúcar mascabado
- 4 cucharadas (24 g) de café instantáneo o ⅔ de taza (160 ml) de café exprés
- 3 tazas de cubos de hielo
- ½ taza (100 g) de azúcar
- 1 cucharada (15 ml) de extracto de vainilla

1. Licuar todos los ingredientes hasta que el hielo esté muy fino. Servir de inmediato.

Preparación y conservación del café

Para lograr la extracción óptima del sabor al preparar café, el agua y café molido deben utilizarse en la proporción correcta, es decir: de 1 a 2 cucharadas de café por 1 taza de agua. Si se deja reposar poco tiempo, el resultado será una bebida ácida y con poco cuerpo; en cambio, si se deja demasiado tiempo, tendrá notas amargas.

Para hacer café fuerte o concentrado es mejor usar mayor cantidad de café molido (4 cucharadas por 1 taza de agua aproximadamente) que dejarlo mucho tiempo en contacto con el agua caliente. Existen varios métodos para preparar café; sin importar cuál sea el que elijas, asegúrate de utilizar siempre granos de café recién molidos, agua fresca inodora e insabora y nunca dejar que hierva.

El café debe conservarse en un recipiente hermético, que no permita la entrada de la luz ni de oxígeno, en un lugar fresco y seco. Los aromas y el sabor del café comienzan a deteriorarse después de 6 meses cuando se conservan en grano, y en el caso del café molido, sus propiedades se pierden en cuestión de semanas.

Pastelito
de café de olla

DIFICULTAD: 🥄🥄   **RENDIMIENTO: 8 porciones**

El café de olla, con su perfume de canela y piloncillo, es muy tradicional en México; combiné su sabor con el gran clásico italiano: el tiramisú.

Puedes utilizar soletas comerciales para armar el postre.

El café de olla se puede sustituir por un café exprés muy cargado para hacer un tiramisú tradicional.

Para una presentación más casual, puedes armar el postre en un recipiente de vidrio en lugar de montar porciones individuales.

El pastelito sabrá mejor si se consume uno o dos días después de su preparación. Se puede congelar hasta por dos meses en un recipiente profundo.

Café de olla
- ½ cono (100 g) de piloncillo de 10 cm, picado
- 1 raja (5 g) de canela de 10 cm
- 1¾ tazas (420 ml) de café exprés

Crema suave de queso
- 1 cucharada (8 g) de grenetina en polvo o 4 láminas
- 2 tazas (380 g) de queso crema
- 2 cucharadas (30 ml) de extracto de vainilla
- 5 yemas (100g)
- ½ taza (100 g) de azúcar
- 1¼ tazas (300 ml) de crema para batir

Decoración y montaje
- ½ taza (100 g) de pasta de cacao, fundida
- 6 láminas chicas (75 g) de pasta phylo
- 24 soletas (ver pág. 366)
- ¼ de taza (25 g) de cocoa
- 2 cucharadas (16 g) de canela molida

MANGA PASTELERA CON DUYA LISA DE 1.5 CM, MARCO DE SERIGRAFÍA, CHAROLA CON PAPEL SILICONADO O TAPETE DE SILICÓN.

Café de olla
1. Hervir en ½ taza de agua el piloncillo con la raja de canela. Mezclar hasta que el piloncillo se disuelva y agregar el café exprés. Retirar del fuego y reservar.

Crema suave de queso
1. Hidratar la grenetina. Batir el queso crema con el extracto de vainilla, las yemas y la mitad del azúcar. Fundir la grenetina e incorporarla.
2. Batir la crema con el resto del azúcar hasta que forme picos suaves, e incorporarla a la mezcla de queso y yemas con movimientos envolventes.
3. Refrigerar la crema durante 2 horas y vaciarla en la manga con duya.

Decoración y montaje
1. Usar el marco de serigrafía para elaborar un diseño con la pasta de cacao sobre las láminas de pasta phylo. Hornear las láminas en la charola a 180 °C hasta que estén doradas.
2. Colocar en un plato 2 soletas y mojarlas generosamente con el café de olla. Ponerles encima una capa de crema suave de queso de unos 3 cm de grosor y espolvorear con un poco de cocoa y canela molida.
3. Acomodar encima otra soleta y poner un poco más de la crema suave de queso. Decorar con un trozo de pasta phylo y espolvorear un poco de cocoa y canela molida.
4. Servir el café restante a un lado.

Prehispánico

DIFICULTAD: 🥄🥄🥄🥄   **RENDIMIENTO:** 12 porciones

Con este pastel gané un concurso en México. Tiene una crema suave de chocolate, y en el interior una rosca crujiente de pasta choux rellena.

Las incrustaciones de grenetina permiten lograr una presentación de concurso; si no tienes moldes de policarbonato, puedes obviar este paso.

El condensado de chocolate con leche es delicioso por sí solo, puedes vaciarlo en un molde de rosca o de panqué, y tendrás un postre muy sencillo y fácil de preparar, pero con un increíble sabor.

Molde e incrustaciones de grenetina
- 3 tazas (720 ml) de agua
- 3 tazas (600 g) de azúcar
- 1½ tazas (200 g) de grenetina en polvo
- Aceite vegetal
- Chocolate temperado, a temperatura ambiente (ver pág. 377)

Rosca y crema de licor de café
- 1 receta de pasta choux (ver pág. 368)
- 1 huevo (50 g) batido
- ¾ de taza (120 g) de avellanas picadas
- 1½ tazas (360 ml) de crema para batir
- ½ taza (100 g) de azúcar
- 1 cucharada (15 ml) de extracto de vainilla
- 4 cucharadas (60 ml) de licor de café

Condensado de chocolate con leche
- 2¾ tazas (660 ml) de crema para batir
- ¾ de taza (180 ml) de leche
- 4⅔ tazas (750 g) de chocolate con leche, troceado

Decoración
- Spray de chocolate con leche (ver pág. 378)
- ½ taza (100 g) de ganache de chocolate oscuro (ver pág. 379)

Figura prehispánica de 10 cm, moldes de policarbonato de diferentes formas, charola para horno engrasada y enharinada, manga pastelera con duya grande y lisa, molde circular de 24 cm de diámetro y 5 cm de altura.

Molde e incrustaciones de grenetina
1. Hervir el agua y agregar gradualmente el azúcar alternando con la grenetina; mezclar hasta que se disuelvan.
2. Untar la figura prehispánica con aceite y colocarla dentro de un recipiente; puedes pegarla al fondo del mismo con un poco de plastilina. Verter suficiente mezcla de grenetina hasta cubrirla por completo; reservar el resto de la mezcla y refrigerar hasta que cuaje. Cuando esté firme, desmoldar y cortar la pieza de gelatina por la mitad de manera vertical, rodeando la figura prehispánica; retirar la figura y volver a unir las 2 mitades de gelatina con ligas.
3. Para obtener la figura prehispánica de chocolate, vaciar dentro del molde de gelatina el chocolate temperado y dejar reposar hasta que endurezca por completo. Retirar las ligas y abrir el molde.
4. Para formar las incrustaciones, llenar los moldes de policarbonato con la mezcla de grenetina restante. Refrigerar hasta que cuajen.

Rosca y crema de licor de café
1. Formar en la charola para horno una rosca de 14 cm de diámetro de pasta choux, usando la manga y la duya.
2. Barnizarla con el huevo batido y espolvorearle las avellanas. Hornearla a 200 ºC hasta que esponje y esté muy dorada.

3. Al momento de montar el pastel, batir la crema con el resto de los ingredientes hasta que forme picos firmes. Abrir la rosca por la mitad, rellenarla con la crema de licor de café y taparla.

Condensado de chocolate con leche
1. Hervir ¾ de taza de la crema para batir con la leche. Retirar del fuego, agregar el chocolate troceado y mover hasta que se funda; si es necesario, calentarlo más.
2. Cuando la mezcla esté a temperatura ambiente, batir la crema restante hasta que forme picos firmes e incorporarla a la mezcla con movimientos envolventes.

Montaje y decoración
1. Colocar las incrustaciones de grenetina en el interior del molde circular, a los lados y en la base. Cubrir el fondo con una capa del condensado de chocolate y refrigerar 20 minutos para que se endurezca.
2. Acomodar encima la rosca rellena y cubrir con el resto del condensado de chocolate. Refrigerar o congelar de preferencia durante una noche.
3. Desmoldar y retirar las incrustaciones de grenetina. Rociar el postre con el spray de chocolate y decorar con la figura prehispánica y el ganache de chocolate oscuro.

Valentino

Nueces de macadamia, chocolate, caramelo y café: una combinación de sabores compleja y muy exitosa. Es especialmente elegante si lo preparas en porciones individuales.

Si no tienes pasta de cacao, puedes hacer el biscuit con chocolate amargo al 70%.

Me gusta usar chocolate no temperado en la decoración del pastel para cortarlo más fácilmente.

Para hacer un jarabe de café casero, hierve 1½ tazas de agua con la misma cantidad de azúcar y deja reducir a la mitad hasta obtener un almíbar espeso; retira del fuego y agrega ¼ de taza de café exprés.

Biscuit de chocolate y almendra
- 1 taza (220 g) de pasta de almendra
- ⅔ de taza (130 g) de azúcar
- 5 yemas (100 g)
- 1 huevo (50 g)
- 4 claras (120 g)
- ¼ de taza (50 g) de mantequilla
- ⅓ de taza (50 g) de pasta de cacao, troceada
- ½ taza (70 g) de harina
- ⅓ de taza (30 g) de cocoa

Mousse de chocolate al caramelo
- ⅓ de taza (65 g) de azúcar
- 3½ tazas (840 ml) de crema para batir
- 2 yemas (40 g)
- 1¼ tazas (225 g) de chocolate oscuro picado

Decoración y montaje
- 2¼ tazas (450 g) de chocolate oscuro fundido
- 1½ tazas (300 g) de chocolate con leche, fundido
- 1 taza (240 ml) de jarabe de café, comercial
- ¾ de taza (100 g) de nueces de macadamia garapiñadas (ver pág. 162)
- 4½ tazas (450 g) de cocoa

CHAROLA PARA HORNO CON TAPETE DE SILICÓN O PAPEL SILICONADO, ARO DE 12 CM DE DIÁMETRO Y 10 CM DE ALTO, 2 DISCOS DE ACETATO O PLÁSTICO DE 12 CM DE DIÁMETRO Y 1 TIRA DE 38 CM DE LARGO Y 10 CM DE ANCHO, HERRAMIENTAS MINIATURA DE METAL.

Biscuit de chocolate y almendra

1. Batir la pasta de almendra con la mitad del azúcar, las yemas y el huevo hasta obtener una mezcla homogénea. Batir las claras a punto de turrón con el azúcar restante.

2. Fundir la mantequilla con la pasta de cacao y dejarlas enfriar. Incorporarles una tercera parte de las claras batidas con movimientos envolventes.

3. Cernirles encima la harina y la cocoa e incorporar de manera envolvente las claras restantes y la mezcla de pasta de almendra y huevo. Vaciar en la charola y hornear a 180 ºC durante 15 minutos. Retirar el biscuit del horno, dejarlo enfriar y cortar 4 discos de 11 cm de diámetro.

Mousse de chocolate al caramelo

1. Caramelizar el azúcar en una cacerola. Hervir la taza de crema para batir y mezclarla con el caramelo cuidadosamente.

2. Mezclar las yemas con la mitad del caramelo e incorporarlo al resto del caramelo en la cacerola, cocinar a fuego bajo, moviendo hasta que espese. Verter esta preparación sobre el chocolate picado, mezclar y dejar enfriar a temperatura ambiente.

3. Trabajar la mezcla de chocolate con caramelo con una batidora de mano hasta obtener una preparación tersa. Batir la crema restante hasta que forme picos suaves e incorporarla al chocolate con caramelo con movimientos envolventes.

Decoración y montaje

1. Colocar sobre una charola los discos de acetato o plástico y la tira; trazar encima algunas rayas con el chocolate oscuro. Dejar enfriar y extenderles encima una capa de chocolate con leche. Dejar enfriar hasta que estén firmes pero todavía maleables. Retirar los acetatos. Acomodar uno de los discos y la tira de plástico en el interior del aro y refrigerar.

2. Colocar el aro en la charola; poner al fondo un disco de biscuit de chocolate y almendra, embeberlo con un poco de jarabe de café, cubrirlo con ⅓ de la mousse de chocolate al caramelo, espolvorear un poco de nueces garapiñadas y colocar encima otro disco de biscuit. Repetir este paso 2 veces más y cubrir con el disco con chocolate restante.

3. Colocar la cocoa en un recipiente y comprimirla; formar en ella un molde de cada herramienta, presionando bien cada una de ellas, y retirarlas. Llenar los espacios formados por las herramientas con chocolate oscuro fundido; cuando empiece a endurecerse cubrirlo con cocoa.

4. Desmoldar el pastel y decorarlo con las herramientas de chocolate.

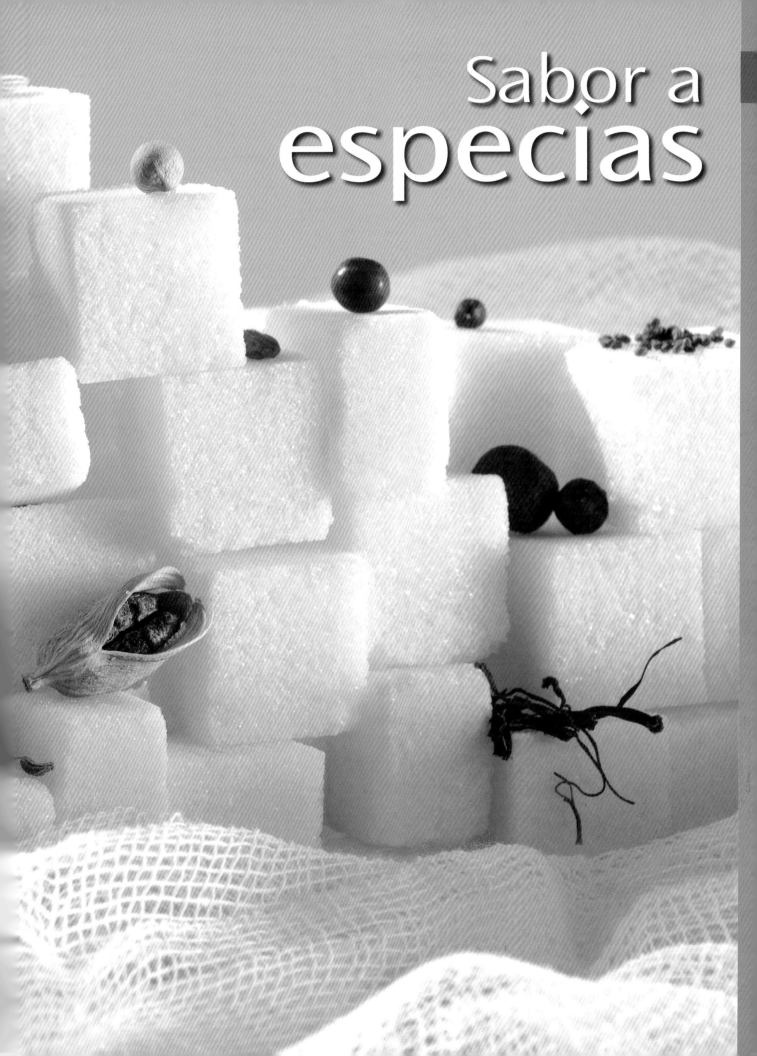

Sabor a
especias

¿Zan ca iuhqui noyaz
in compopoiuh xóchitl?
¿Quen conchihuaz noyollo?
¡Ma nel xóchitl ma nel cuicatl!

¿Se irá tan solo mi corazón
como las flores que fueron pereciendo?
¿Cómo lo hará mi corazón?
¡Al menos flores, al menos cantos!

Netzahualcóyotl

Pasteles y postres de flores y cantos

El *tlamatimine* o filósofo azteca encuentra la sabiduría *in xóchitl, in cuicatl*: en la flor y el canto, porque la flor hecha canción se traduce en movimiento del alma, del espíritu y de la lengua. En la flor y el canto radica la poesía.

El ornato del mundo y la naturaleza son fuente de aromas melódicos, sabores armoniosos, texturas exuberantes, delicias de amor y de frescura, mensajes de paz y anhelo elevados al infinito.

Los pétalos comunican la historia del viento, de la tierra, del agua. La flor es pensamiento, solidaridad, admiración, coqueteo, galantería, madrigal, piropo, caricia, beso, fuego apasionado o desdén, dolor, tristeza, requiebro y capricho colorido. Las flores emergen de la tierra como estrellas y se sumergen en el laberinto de la vida donde lucen dichosas en episodios de éxito, amor, dolor y muerte.

La cocina se engalana con botones, pistilos, pétalos y flores; su presencia es delicadeza, casi intangible de instantes y eternidades. Los utensilios los reciben con entusiasmo y la poesía culinaria los transforma en antojos: sopas, cremas, salsas, moles, adobos, guisos, postres, pasteles, guarniciones y adornos de mil colores.

En la cocina indígena surgen los tonos amarillos de la flor de calabaza, indispensable en quesadillas, sopas y salsas; los izotes de las yucas primaverales; los rojos *tzompantli* o colorines encendidos en lenguas de fuego; los cabuches de biznaga para platillos de postín; las verdes inflorescencias del huauzontle se capean y bañan en moles.

Otros platillos se hacen con las flores del chile y las de frijol, las de nopal o de maguey. Todas se guisan, se aderezan, sirven de rellenos, se gozan, se disfrutan, se recrean.

Nuestras flores conviven con aquellas traídas de lejos. Los azahares perfuman los panes de muerto tradicionales, y muchos no perciben la presencia de las flores en los platillos, como los botones de la alcachofa y los pistilos del azafrán de las paellas. Más inusuales son los jarabes de rosas o jazmines fragantes y los elíxires aromáticos; asimismo, las violetas perfumadas en cremas de amor o en ratafías y brebajes, aunque también se pueden hacer sopas y salsas de violetas o pensamientos.

Las recetas medievales mencionaban los claveles refiriéndose al clavo, porque se claveteaba y se decían "recetas de clavel". En el siglo XIX mexicano se llevaban a cabo al pie de la letra y en lugar de usar clavo, usaban el clavel. Como recetas curiosas aparecieron los crisantemos rellenos de escamoles, atractivos y exuberantes; las sopas de malva medievales y las ensaladas de nardos.

Como postre, aparecieron los gallitos de palo del sol o *cocuite*, las flores de palma en almíbar, las buganvilias y flores de garambullo; también la flor de Jamaica –de origen indio– en infusiones para jarabes, aguas frescas, arropes o *coulis*, las salsas francesas más antiguas, simples y útiles.

Los aromas de las selvas evocan la condimentación prehispánica, donde el nombre *xóchitl* se aplica a flores aromáticas y a especias. Así encontramos el *cacaloxóchitl*, "florecitas de mayo" o "flores de cacao", cuyo aroma se parece al chocolate. Se menciona el *tilxóchitl* tierno, cuya traducción literal es "flor negra", aunque no es flor sino fruto de vainilla; además está el *xocoxóchitl* o "flor agria", que en realidad es la pimienta de Tabasco, muy conocida como pimienta gorda. El *mecatlxóchitl* o "flor de mecate" es la hoja santa, conocido también como momo, tlanepa o acuyo, delicioso condimento en pescados, carnes y tamales. Por último, tenemos el *hueynacaztle* u "orejuela", una especie extinta. Esa condimentación aparece en la preparación del cacao espumado, la bebida de los dioses.

Aunque Cristóbal Colón descubrió América en búsqueda de especias, solamente se llevó chiles, vainilla y pimienta de Tabasco, pero trajo al Nuevo Mundo todas las especias necesarias para nuestra cocina. Así, la canela de Sri Lanka es favorita de los mexicanos desde el siglo XVI, el comino de Turquestán, la semilla de cilantro de Babilonia, el anís de Egipto, la nuez moscada, la flor de macís y el clavo de las Islas Molucas; la mostaza, la cúrcuma, el cardamomo, el azafrán y la pimienta negra entera o blanca pelada de la India. Otras especias son la semilla de alcaravea de Armenia, hierbas mediterráneas como el romero, el laurel, el tomillo, el perejil, el orégano, el hinojo, la salvia y la mejorana; así como el toronjil, la menta, la hierbabuena, la albahaca y la ruda.

Aun en la actualidad, la vainilla continúa siendo la preferida en pasteles y postres, y es característica de los helados y rompopes, de las manzanas en caramelo y de los malvaviscos. La canela es su competidora, se utiliza en dulces como los moños navideños, en nueces encaneladas, en las manzanas al horno, el arroz con leche, las compotas de frutas y en los almíbares de diferentes frutas. En la pastelería no puede faltar la canela en tartas y panes calientes como los rollos o en infinidad de galletas. Aunque la pimienta de Tabasco es la reina de las especias para la pastelería, se complementa con los aromas del clavo, la flor de macís y la nuez moscada. Una de la aplicaciones más características de estas especias es en el navideño *Fruit cake*, donde los aromas de las selvas evocan una temporada de elegancia y de fiesta. Algo similar sucede con el jengibre, cuyas galletas y casitas deleitan a los niños en el invierno y la Navidad. El anís es característico de las mieles de azúcar o piloncillo para rociar buñuelos o merengues, además de su extraordinario uso en panes como cocoles o semitas, y compite con la flor de azahar de los panes de muerto. La menta fresca y su hermana la hierbabuena deleitan con su aroma las bases de azúcar y los chocolates elegantes. La pimienta negra cobra más importancia por su uso en dulces y postres, moda sofisticada de las nuevas tendencias gastronómicas. Con todas las hierbas frescas se hacen infusiones o se mezclan con flores de té para lograr los más diversos aromas difundidos en una taza delicada y elegante.

He aquí el ramillete de nuestra gastronomía. Hoy nos congratulamos con una probada de aquellos platillos que integran las recetas hechas *in xóchitl, in cuicatl,* en la flor y el canto...

Despertar

Toda la casa se llena con el aroma de estos rollitos de canela cuando se están horneando. No hay nada mejor que comerlos recién hechos, pues están suavecitos y con un dulce perfume a canela y mantequilla.

Puedes preparar la masa la noche anterior y refrigerarla. A la mañana siguiente, forma los rollos, deja que aumenten su volumen y hornéalos.

Otra opción consiste en formar los rollos, guardarlos en bolsas de plástico resellables y congelarlos. Posteriormente podrás descongelarlos en el refrigerador y hornearlos después de que hayan aumentado su volumen.

Base de levadura
- 1 cucharada (15 g) de azúcar
- 3 cucharadas (30 g) de levadura en polvo
- ½ taza (120 ml) de agua tibia

Masa
- 4 tazas (560 g) de harina
- 1 huevo (50 g)
- ¾ de taza (180 ml) de leche tibia
- ½ taza (100 g) de azúcar
- 1 cucharadita (4 g) de sal
- ½ taza (100 g) de mantequilla cortada en trozos pequeños, a temperatura ambiente

Relleno
- ½ taza (100 g) de mantequilla cortada en trozos pequeños, a temperatura ambiente
- 1½ tazas (300 g) de azúcar mascabado
- ½ taza (50 g) de azúcar
- 2 cucharadas (16 g) de canela molida

Glaseado
- 1 taza (120 g) de azúcar glass
- 2 cucharadas (30 ml) de agua
- 1 cucharada (15 ml) de extracto de vainilla

MOLDE DE 22 CM DE DIÁMETRO, ENGRASADO Y ENHARINADO.

Base de levadura
1. Disolver el azúcar y la levadura en el agua tibia. Dejar reposar por 10 minutos; si no hace espuma, descartar la levadura y volver a empezar.

Masa
1. Hacer una fuente con la harina y poner al centro el huevo, la levadura disuelta, la leche tibia, el azúcar y la sal. Incorporar poco a poco los ingredientes y mezclar hasta obtener una masa uniforme.
2. Agregar uno a uno los trozos de mantequilla, amasando hasta incorporarlos.
3. Trabajar la masa golpeándola sobre la mesa, estirándola y doblándola sobre sí misma; al principio estará pegajosa, pero no es recomendable agregar más harina.
4. Poner la masa en un tazón y cubrirla con un paño húmedo. Dejarla reposar durante 1 hora o hasta que duplique su tamaño.
5. Colocar la masa en una superficie enharinada y amasarla ligeramente. Extenderla con un rodillo hasta formar un rectángulo de 40 × 25 cm y de 1 cm de grosor.

Relleno
1. Esparcir todos los ingredientes sobre el rectángulo de masa. Enrollarlo a lo largo, sobre sí mismo, y cortarlo en rebanadas de 4 cm de grosor.
2. Acomodar las rebanadas en el molde dejando un espacio entre ellas, cubrirlas con un paño húmedo y dejarlas crecer al doble de su tamaño.
3. Hornear los roles a 180 °C durante 30 minutos, o hasta que estén cocidos y dorados. Si se empiezan a dorar y todavía no están cocidos, cubrirlos con papel aluminio antes de continuar con la cocción.

Glaseado
1. Mezclar poco a poco el azúcar glass con el agua y el extracto de vainilla; agregar más agua si fuera necesario.
2. Glasear los rollos al salir del horno, mientras aún están calientes.

El conejo
y su zanahoria

DIFICULTAD: **RENDIMIENTO:** 8 porciones

Éste es uno de mis pasteles consentidos, así como una forma divertida de comer zanahoria. Me gusta poner muchas capas de delicioso betún para que siempre haya mucho en cada bocado.

Con esta masa puedes preparar panquecitos y decorarlos con el betún de queso; a los niños les encantará.

Se puede hacer el pan hasta con una semana de anticipación y conservarlo en un recipiente hermético. También se puede congelar hasta por tres meses.

Pan de zanahoria
- 1 taza (240 ml) de aceite
- 4 huevos (200 g)
- 2 cucharadas (30 ml) de extracto de vainilla
- 3¾ tazas (300 g) de zanahoria rallada
- ¼ de taza (20 g) de coco seco sin azúcar
- ½ taza (100 g) de piña en almíbar picada finamente
- 2 tazas (280 g) de harina
- 1 cucharada (10 g) de polvo para hornear
- 1 cucharadita (4 g) de bicarbonato
- 1 cucharada (8 g) de canela molida
- 1½ tazas (300 g) de azúcar
- 1½ tazas (180 g) de nueces picadas

Betún de queso
- 4 tazas (760 g) de queso crema
- ¼ de taza (50 g) de mantequilla
- 1 cucharada (5 g) de ralladura de naranja
- 2 cucharadas (30 ml) de extracto de vainilla
- 1 vaina de vainilla
- 3 tazas (350 g) de azúcar glass

Montaje
- 1 nido de chocolate (ver pág. 381)
- 1 huevo de chocolate (ver sección de Trabajo con chocolate)
- ½ taza (50 g) de nueces troceadas

MOLDE DE 19 CM DE DIÁMETRO Y 6 CM DE ALTURA, ENGRASADO Y ENHARINADO, MANGA PASTELERA CON DUYA GRANDE Y LISA.

Pan de zanahoria

1. Mezclar con un batidor globo el aceite, los huevos, el extracto de vainilla, la zanahoria rallada, el coco seco y la piña picada.
2. Combinar en un tazón la harina, el polvo para hornear, el bicarbonato, la canela molida, el azúcar y las nueces picadas.
3. Combinar ligeramente ambas preparaciones y vaciar en el molde. Hornear el pan a 180 ºC durante 1 hora o hasta que al insertar en el centro del pan un palillo, éste salga limpio. Retirar el pan del horno y dejarlo enfriar.

Betún de queso

1. Suavizar el queso crema con la mantequilla utilizando una batidora eléctrica.
2. Agregar la ralladura de naranja y el extracto y el interior de la vaina de vainilla. Incorporar el azúcar glass gradualmente, batiendo hasta que el betún quede terso.

Montaje

1. Cortar el pan de manera horizontal en 4 capas del mismo grosor.
2. Colocar el betún en la manga pastelera con duya. Cubrir una capa de pan con pequeñas esferas de betún de queso, colocar encima otra capa de pan y repetir la operación 2 veces más.
3. Cubrir la última capa de pan con betún. Poner en el centro del pastel el nido y el huevo de chocolate y decorar con las nueces troceadas.

EN LA HISTORIA...

ESTE PASTEL TIENE SU ORIGEN EN LA EDAD MEDIA CUANDO EL AZÚCAR NO ERA ABUNDANTE Y LAS ZANAHORIAS SE USABAN PARA ENDULZAR POSTRES. SE POPULARIZÓ EN INGLATERRA DURANTE LA SEGUNDA GUERRA MUNDIAL Y MÁS TARDE EN ESTADOS UNIDOS.

Galletas
de avena y blueberries

DIFICULTAD: RENDIMIENTO: 14 galletas

Estas galletas son ideales para llevar en la lonchera. Para chicos y grandes, son deliciosas por igual.

- ½ taza + 1 cucharada (120 g) de mantequilla a temperatura ambiente
- 1¼ tazas (250 g) de azúcar mascabado
- ½ cucharadita (2 g) de sal
- 2 huevos (100 g)
- 1 cucharada (15 ml) de leche
- 1¾ tazas + 1 cucharadita (250 g) de harina
- ½ cucharadita (1 g) de polvo para hornear
- ¼ de cucharadita (1 g) de bicarbonato
- 1⅓ tazas (150 g) de avena
- 1 taza (165 g) de blueberries o 1 taza (100 g) de arándanos deshidratados
- 1 taza (160 g) de chocolate blanco troceado

CHAROLA PARA HORNO ANTIADHERENTE
O CON PAPEL SILICONADO O
TAPETE DE SILICÓN.

1. Acremar la mantequilla con el azúcar mascabado hasta que esté pálida y esponjosa. Agregar la sal, los huevos y la leche. Batir hasta que estén integrados.
2. Incorporar el resto de los ingredientes con movimientos envolventes.
3. Colocar cucharadas de la masa en la charola, separadas algunos cm entre ellas. Hornear las galletas a 170 °C durante 20 minutos o hasta que estén ligeramente doradas. Sacarlas del horno y dejarlas enfriar.

Galletas
de Navidad

DIFICULTAD: 🥄🥄   RENDIMIENTO: 1 kg de galletas

Es muy divertido dar rienda suelta a la imaginación con las galletas de Navidad. Prepararlas puede darnos muchas tardes de diversión. Son un regalo espectacular hecho con mucho cariño.

Si lo deseas, perfuma las galletas con especias, ralladuras de cítricos o esencia de almendra.

Puedes congelar la masa hasta por tres meses. Las galletas se conservan en cajas herméticas hasta por tres semanas.

Galletas
- 1½ tazas (300 g) de mantequilla a temperatura ambiente
- ¾ de taza + 1 cucharada (100 g) de azúcar glass
- 2 cucharadas (30 ml) de extracto de vainilla
- 1 taza (110 g) de fécula de maíz
- 1¾ tazas (240 g) de harina

Merengue y decoración
- 4 tazas + 2 cucharadas (500 g) de azúcar glass
- 2 cucharadas (20 g) de merengue en polvo o 1 clara (30 g)
- ¼ de taza (60 ml) de jugo de limón
- ½ taza (120 ml) de agua caliente
- Colorantes, azúcar de colores, y grageas plateadas

CHAROLAS PARA HORNO ENGRASADAS Y ENHARINADAS O CON PAPEL SILICONADO O TAPETE DE SILICÓN, MANGAS PASTELERAS Y DUYAS CON DIFERENTES PUNTAS.

Galletas

1. Batir la mantequilla con el azúcar y el extracto de vainilla hasta que esté pálida y esponjosa. Combinar la fécula de maíz con la harina e incorporarlas a la mantequilla. Trabajar lo menos posible hasta obtener una masa. Introducirla en una bolsa de plástico y refrigerarla durante 2 horas.
2. Extender la pasta en una superficie enharinada hasta que tenga 5 mm de grosor y cortar figuras. Acomodarlas en la charola y hornearlas a 160 °C durante 15 minutos o hasta que estén cocidas pero no doradas.

Merengue y decoración

1. Mezclar en una batidora eléctrica con el batidor globo el azúcar glass con el merengue en polvo; agregar poco a poco el jugo de limón y el agua caliente hasta que obtenga la consistencia deseada. Si se usa una clara en lugar del merengue en polvo, se deberá seguir el mismo procedimiento y omitir el agua caliente.
2. Para hacer figuras con duya el merengue debe estar espeso. En cambio, si desea glasear las galletas, debe tener una consistencia similar a la clara de un huevo. El glaseado se puede dividir en varias partes y agregar agua (para hacerlo menos espeso) y colorante según su elección.
3. Decorar las galletas con el merengue, las azúcares de colores y las grageas. Agregar detalles con un pincel y pintura vegetal. Dejar que las galletas se sequen durante una noche antes de empacarlas.

Helado
de vainilla

La verdadera habilidad de un pastelero se evidencia en las recetas más sencillas. Esta cremosa y ligera preparación es la base para un gran número de combinaciones, desde especias, frutas, frutos secos y semillas, hasta café y caramelo.

Para perfumar el helado con otras especias, deberás agregarlas a la mezcla de leche con crema junto con la vainilla, dejarla hervir y colarla.

Para agregar frutos secos o trozos pequeños de chocolate, incorpóralos cuando el helado tenga una consistencia muy espesa, antes de introducirlo al congelador.

La buena consistencia y sabor de un helado dependerán de la buena elección de ingredientes. Te sugiero usar leche entera y crema para batir de la mejor calidad.

Base
- 1 taza (240 ml) de leche
- 1 taza (240 ml) de crema para batir
- 1 vaina de vainilla abierta por la mitad a lo largo
- 3 yemas (60 g)
- ½ taza (100 g) de azúcar
- 1 pizca de sal
- 1 cucharadita (5 ml) de extracto de vainilla
- ½ cucharada (10 g) de jarabe de maíz

MÁQUINA PARA HELADOS.

Base

1. Hervir en una cacerola la leche con la crema y la vaina de vainilla. Retirarla del fuego y dejarla entibiar.
2. Batir las yemas con el azúcar hasta que estén pálidas y espesas. Incorporar un poco de la mezcla de leche y crema batiendo enérgicamente. Verter esta preparación en la cacerola con el resto de la leche y mezclar.
3. Regresar la cacerola al fuego y cocinar a fuego bajo sin hervir, moviendo constantemente, hasta que la preparación espese y cubra el dorso de una cuchara. Agregar el resto de los ingredientes, mezclar y retirar del fuego.
4. Dejar enfriar y refrigerar de preferencia una noche. Turbinar el helado siguiendo las instrucciones de la máquina para helados y congelar.

Variantes
Helado de café

1. Agregar ¼ de taza (20 g) de café molido y 2 cucharaditas (4 g) de café instantáneo una vez que haya hervido la mezcla de leche y crema.

Helado de caramelo

1. Reducir la cantidad de azúcar de la mezcla de base a 1 cucharada.
2. Preparar un caramelo con ¾ de taza (150 g) de azúcar, 1 taza (240 ml) de agua y 1 cucharadita (5 ml) de vinagre. Mezclar la leche con el caramelo y 5 cucharadas (30 g) de leche en polvo antes de hervirla.

Helado de chocolate

1. Hervir la mezcla de leche y crema e incorporar 3 cucharadas (45 g) de miel de abeja y 2 cucharadas (10 g) de cocoa.
2. Una vez que esta mezcla se haya entibiado, agregar ¾ de taza (150 g) de chocolate oscuro fundido.

Helado de especias

1. Hervir la mezcla de leche y crema con 1 raja de canela de 5 cm, 2 clavos de olor, 3 pimientas gordas, 1 anís estrella, 1 pizca de nuez moscada y 1 pizca de jengibre molido.

Magdalenas
de mandarina

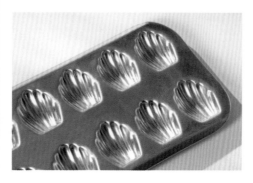

MOLDES PARA MAGDALENA DE SILICÓN O METÁLICOS ENGRASADOS Y ENHARINADOS, MANGA PASTELERA CON DUYA LISA.

Muchos litros de tinta se han derramado escribiendo sobre las *madeleines*. Estos bocaditos perfumados sin duda inspiran alegría, y tal vez algunas páginas.

- 2 tazas (400 g) de mantequilla
- 6 huevos (300 g)
- 1⅓ tazas (265 g) de azúcar
- ⅔ de taza (160 ml) de leche
- 4 cucharadas (60 g) de miel de azahar
- 1 vaina de vainilla o 1 cucharada (15 ml) de extracto de vainilla
- 1 cucharadita (2 g) de ralladura de mandarina
- ½ cucharadita (1.5 g) de nuez moscada molida
- 2¾ tazas + 1 cucharada (400 g) de harina
- ½ cucharada (5 g) de polvo para hornear

1. Calentar la mantequilla en un sartén hasta que tenga color avellana. Retirarla del fuego, dejarla enfriar y colarla.

2. Mezclar con un batidor globo los huevos, el azúcar, la leche, la miel de azahar, el interior de la vaina de vainilla o el extracto, la ralladura de mandarina y la nuez moscada. Cernirles encima la harina y el polvo para hornear, mezclar e incorporar la mantequilla derretida. Refrigerar durante una noche.

3. Introducir la mezcla en la manga y llenar los moldes hasta cubrir ¾ partes de su capacidad. Dejar reposar la masa en refrigeración durante 2 horas o hasta un día.

4. Colocar los moldes en la parte baja del horno y hornear a 200 °C durante 15 minutos o hasta que las Magdalenas estén ligeramente doradas. Sacarlas del horno y dejarlas enfriar.

Puedes perfumar las Magdalenas con la ralladura de cualquier cítrico.

Es mejor comer las Magdalenas el mismo día que las preparas para disfrutar al máximo de su textura esponjosa y fresca; aunque se pueden conservar en un recipiente hermético hasta una semana.

Para elaborar la miel de azahar, hierve una taza de agua con una taza de azúcar y dos cucharadas de flores de azahar hasta obtener un jarabe espeso; cuélalo y déjalo enfriar.

EN LA HISTORIA...

HAY MUCHAS LEYENDAS SOBRE EL ORIGEN DE LAS MAGDALENAS; ALGUNAS DATAN DE LA EDAD MEDIA, CUANDO SE MOLDEABAN PASTELITOS EN FORMA DE CONCHAS EN LAS RUTAS DE PEREGRINOS, AUNQUE EL PUEBLO DE COMMERCY, EN FRANCIA, SE ADJUDICA SU CREACIÓN.

UN BOCADO DE MAGDALENA ARRANCÓ LA INSPIRACIÓN PARA REVIVIR LA INFANCIA DE MARCEL PROUST, QUIEN LAS INMORTALIZÓ EN SU OBRA "EN BUSCA DEL TIEMPO PERDIDO".

Panqué
de vainilla

DIFICULTAD: **RENDIMIENTO:** 12 porciones

Un suave poema de panqué que se desbarata en la boca, dedicado a la vainilla, la especia por excelencia de la pastelería.

Para una aromática y sorprendente combinación, agrega a la masa dos cucharadas de flor de manzanilla o de lavanda molidas. Ideal para servir con té.

Se puede conservar hasta por una semana en un recipiente hermético.

- 4 tazas (560 g) de harina
- 1¼ cucharadas (12.5 g) de polvo para hornear
- 1½ tazas (300 g) de mantequilla
- 1¾ tazas (350 g) de azúcar
- 5 huevos (250 g)
- 1 taza (240 ml) de leche
- 1 cucharada (15 ml) de extracto de vainilla
- 1 vaina de vainilla

MOLDE RECTANGULAR DE 24 X 14 CM, ENGRASADO Y ENHARINADO.

1. Cernir la harina con el polvo para hornear. Reservar.
2. Acremar la mantequilla con el azúcar durante 20 minutos o hasta que esté pálida y esponjosa.
3. Incorporar los huevos uno por uno, sin dejar de batir.
4. Añadir la harina alternando con la leche, el extracto y el interior de la vaina de vainilla.
5. Vaciar en el molde y hornear el panqué a 180 °C durante 40 minutos o hasta que esté cocido y ligeramente dorado. Sacarlo del horno y dejarlo enfriar por 15 minutos antes de desmoldarlo.

Pie de manzana
doña Martha

DIFICULTAD: **RENDIMIENTO:** 4 porciones

Como muchas niñas que se inician en la cocina con sus madres, éste fue el primer postre que hice con ella. Inunda la casa y el corazón con su aroma. Tal vez así se comience una vocación.

Para un toque más contemporáneo utiliza una combinación de peras y manzanas.

Si te sobra pasta, puedes hacer con ella galletas o formar figuritas y pegarlas con huevo al *pie*.

Coloca el molde sobre una charola de horno forrada con papel aluminio para evitar ensuciar el horno, ya que generalmente el líquido hierve al cocinarse.

Si ya se doró la pasta y el relleno todavía no está suficientemente cocido, cubre el *pie* con papel aluminio y continúa con la cocción.

Pasta quebrada
- 1½ tazas (250 g) de mantequilla fría cortada en cubos pequeños
- 4 tazas (560 g) de harina
- ½ taza (120 ml) de agua

Relleno de manzana
- 8 manzanas verdes (1.6 kg)
- 1 taza (200 g) de azúcar
- ½ taza (100 g) de azúcar mascabado
- 2 cucharadas (16 g) de canela molida
- ⅔ de taza (100 g) de mantequilla fría cortada en cubos pequeños
- 2 cucharadas (20 g) de harina

Decoración
- 1 huevo (50 g) batido
- Azúcar

MOLDE PARA *PIE* DE 18 CM DE DIÁMETRO Y 3.5 CM DE ALTURA.

Pasta quebrada

1. Colocar en un procesador de alimentos los cubos de mantequilla y la harina y trabajar hasta que obtenga una consistencia de arena. Agregar el agua y seguir trabajando hasta que se integren bien los ingredientes y se forme una bola. (La pasta se puede trabajar a mano amasando la harina y la mantequilla con las yemas de los dedos).
2. Cubrir la pasta con plástico adherente y refrigerar durante 1 hora.
3. Enharinar una superficie plana, extender la pasta con un rodillo y forrar la base y las paredes del molde. Estirar el resto de la pasta y cortarla en tiras de 2 cm de ancho. Conservar el molde y las tiras en refrigeración hasta el momento de hornear.

Relleno de manzana

1. Pelar las manzanas, descorazonarlas y cortarlas en rebanadas delgadas.
2. Distribuir las rebanadas de manzana en la base del molde, alternando con el resto de los ingredientes; el relleno debe quedar alto.
3. Cubrir el relleno con las tiras de pasta, entretejiéndolas. Barnizarlas con el huevo batido y espolvorear encima el azúcar.
4. Hornear el *pie* a 180 °C durante 45 minutos o hasta que esté ligeramente dorado.

Tartaleta de peras y flores de Jamaica

DIFICULTAD: ♦♦   RENDIMIENTO: 6 porciones

Estas delicadas tartaletas de almendra están coronadas con peras cocidas en vino tinto, con el toque misterioso de la flor de Jamaica; son una joya.

Las peras por sí solas son un postre digno de una celebración: ¡sírvelas con helado!

Si deseas hacer las tartaletas con las peras crudas, pélalas y rebánalas justo antes de acomodarlas sobre el frangipane y hornéalas de inmediato para evitar que se oxiden. Quedarán también deliciosas.

Peras con flor de Jamaica

- 4 tazas (960 ml) de agua
- 1½ tazas (360 ml) de vino tinto
- 2½ tazas (500 g) de azúcar
- 2 tazas (80 g) de flores de Jamaica
- 3 peras (500 g)

Montaje

- 1 receta de pasta para tarta (ver pág. 370)
- 1 receta de frangipane (ver pág. 372)
- Helado de especias (ver pág.108)
- Flores de Jamaica
- Decoraciones de caramelo (ver pág. 384)

6 MOLDES PARA TARTALETA DE 12 CM DE DIÁMETRO.

Peras con flor de Jamaica

1. Hervir el agua, el vino tinto, el azúcar y las flores de Jamaica hasta obtener un almíbar ligeramente espeso. Retirarlo del fuego y colarlo.
2. Pelar las peras y partirlas por la mitad a lo largo; quitarles el centro con una cuchara parisienne.
3. Cocinar las peras a fuego bajo en el almíbar de vino con flores de Jamaica hasta que estén suaves, pero que no se deshagan. Retirarlas del fuego y dejarlas enfriar dentro del almíbar.

Montaje

1. Extender la pasta para tarta en una superficie enharinada hasta que tenga un grosor de 5 mm, y forrar los moldes para tartaletas.
2. Rellenar las tartaletas con frangipane. Cortar las peras en rebanadas delgadas y acomodar 4 o 5 rebanadas encima de cada tartaleta, en forma de abanico.
3. Hornear las tartaletas a 180 °C hasta que estén cocidas y la pasta dorada.
4. Hervir el almíbar de vino con flores de Jamaica hasta que espese.
5. Al momento de servir, barnizar las peras con un poco del almíbar. Colocar las tartaletas en platos y acompañarlas con el helado de especias, las flores de Jamaica y las decoraciones de caramelo; decorar los platos con algunos puntos de almíbar.

5.3

4

5.1

5.2

2

3

5.2

Un regalo
de galletas

DIFICULTAD: 🥄🥄   **RENDIMIENTO:** 1 kg de galletas de cada receta

No hay regalo que se dé con más orgullo y que transmita más amor que una canastita de galletas hechas en casa. Estas recetas son realmente fáciles de hacer. Disfrutar una tarde horneándolas es la primera parte del placer.

Agrega a cualquiera de estas masas tus especias favoritas; calcula una cucharada de especias molidas para empezar, y después ajusta la cantidad al gusto.

Puedes reducir la cantidad de ingredientes a la mitad o a una cuarta parte si deseas obtener menor cantidad de galletas. Todas las masas, excepto las de los crujientes, pueden congelarse hasta por seis meses.

Una vez horneadas, las galletas se conservan en recipientes herméticos hasta por dos semanas.

Salvo en el caso de los polvorones, es mejor que al salir del horno dejes enfriar las galletas en una rejilla para que no sigan cocinándose.

1 Crujientes de nueces y coco

- 5 claras (150 g)
- 2 tazas + 1 cucharada (250 g) de azúcar glass
- 3⅓ tazas (265 g) de coco rallado, seco
- 2¼ tazas (270 g) de almendras picadas
- 3 tazas (360 g) de nueces picadas

1. Batir las claras a punto de turrón agregando el azúcar glass en tres tandas.
2. Incorporar con movimientos envolventes el coco rallado, así como las almendras y las nueces picadas.
3. Colocar cucharadas de la mezcla en las charolas, separadas ligeramente unas de otras. Hornear las galletas a 160 °C durante 20 minutos o hasta que se desprendan fácilmente de la charola, pero que no estén doradas.

2 Discos de chocolate

- 1 taza + 1 cucharada (220 g) de mantequilla
- ½ taza +2 cucharaditas (110 g) de azúcar mascabado
- 1¾ tazas + 1 cucharadita (250 g) de harina
- ½ taza + 2 cucharadas (60 g) de cocoa
- ½ taza (100 g) de azúcar cristal o granulada

1. Acremar la mantequilla con el azúcar mascabado. Combinar la harina con la cocoa e incorporarlas a la mantequilla con movimientos envolventes hasta obtener una masa.
2. Formar un cilindro con la masa, cubrirlo con plástico adherente y refrigerarlo durante 1 hora.
3. Revolcar el cilindro en el azúcar cristal o granulada y rebanar en discos de 1 cm de grosor. Hornear las galletas a 160 °C durante 15 minutos o hasta que se desprendan fácilmente de la charola, pero que no estén doradas.

CHAROLAS PARA HORNO ENGRASADAS Y ENHARINADAS O CON ANTIADHERENTE.

▶ 3 Galletas de crema de cacahuate

- 1¾ tazas +2 cucharadas (375 g) de mantequilla
- 1 taza (200 g) de azúcar
- 2 yemas (40 g)
- 2 cucharadas (30 ml) de extracto de vainilla
- ½ taza + 2 cucharadas (150 g) de crema de cacahuate
- 4 tazas (550 g) de harina
- ½ taza (60 g) de cacahuates sin sal, picados

1. Acremar la mantequilla con el azúcar. Agregar las yemas, el extracto de vainilla, la crema de cacahuate y mezclar hasta obtener una preparación homogénea. Incorporar finalmente la harina y los cacahuates picados; mezclar de nuevo hasta obtener una masa.
2. Envolver la masa con plástico adherente y refrigerarla durante 3 horas. Formar bolitas y colocarlas en las charolas.
3. Hornear las galletas a 160 ºC durante 20 minutos o hasta que se desprendan fácilmente de la charola, pero que no estén doradas.

▶ 4 Polvorones

- 2½ tazas (540 g) de mantequilla clarificada
- 3 tazas (350 g) de azúcar glass
- 5 tazas (700 g) de harina
- Azúcar glass

1. Acremar la mantequilla con el azúcar glass hasta obtener una mezcla pálida y tersa. Agregar la harina y mezclar de nuevo hasta obtener una masa.
2. Formar bolitas con la masa, colocarlas sobre las charolas y hornearlas a 160 °C durante 10 minutos. Retirar las galletas del horno y espolvorearlas generosamente con azúcar glass mientras están calientes; dejarlas enfriar antes de despegarlas de la charola.

▶ 5 Galletas de vainilla

- ¾ tazas +2 cucharadas (375 g) de mantequilla
- 1 taza (200 g) de azúcar
- 2 yemas (40 g)
- 2 cucharadas (30 ml) de extracto de vainilla
- 3½ tazas +1 cucharada (500 g) de harina

1. Acremar la mantequilla con el azúcar hasta obtener una mezcla pálida y tersa. Agregar las yemas y el extracto de vainilla y batir hasta que se hayan incorporado. Añadir la harina y continuar batiendo, sin trabajar demasiado, hasta obtener una masa. Cubrir la masa con plástico adherente y refrigerar por 3 horas.
2. Extender la masa en una superficie enharinada hasta que tenga un grosor de 5 mm. Cortarla de la forma deseada y hornear las galletas a 160 ºC durante 15 minutos o hasta que se desprendan fácilmente de la charola, pero que no estén doradas.

▶ 5.1 Galletas de canela

- 1 receta de masa de galletas de vainilla
- 1 cucharada (8 g) de canela molida
- ½ taza (100 g) de azúcar

1. Preparar la masa de las galletas de vainilla agregando con las yemas 1 cucharada de canela molida. Formar un cilindro con la masa, cubrirlo con plástico adherente y refrigerar.
2. Mezclar el azúcar con la canela molida restante y revolcar en ella el cilindro; rebanarlo en discos de 1 cm de grosor y hornear igual que las galletas de vainilla.

▶ 5.2 Galletas de limón o naranja

- 2 claras (60 g)
- ⅓ de taza (80 ml) de jugo de limón o naranja
- 7½ tazas (900 g) de azúcar glass
- 1 receta de masa de galletas de vainilla
- 2 cucharaditas (4 g) de ralladura limón o naranja

1. Combinar las claras con el jugo de limón o naranja y cernirles el azúcar gradualmente. Mezclar hasta obtener un glaseado de consistencia uniforme y reservarlo.
2. Preparar la masa de las galletas de vainilla agregando con las yemas la ralladura de naranja o limón.
3. Seguir el mismo procedimiento de las galletas de vainilla.
4. Glasear las galletas frías y dejarlas secar durante una noche.

▶ 5.3 Galletas con mermelada

- 1 receta de masa de galletas de vainilla
- ⅔ de taza + 1 cucharada (110 g) de azúcar glass
- ¾ de taza (225 g) de jalea o mermelada de pétalos de rosa

1. Extender la masa de vainilla previamente refrigerada y cortarla con un cortador para galleta circular. Extraer de la mitad de las galletas un círculo pequeño en el centro.
2. Hornear las galletas, y en cuanto estén cocidas, espolvorear los discos que tienen el orificio con suficiente azúcar glass. Untar los discos restantes con la jalea o mermelada de pétalos de rosa y cubrirlas con los discos espolvoreados con azúcar glass.

Una casita
de piloncillo

Una nueva tradición para hacer con los niños durante la época navideña. Así se construyen los cálidos recuerdos.

Galleta de piloncillo

- 1½ conos (300 g) de piloncillo de 10 cm
- ½ taza + 2 cucharadas (150 ml) de agua
- ½ taza (100 g) de mantequilla
- 4 cucharadas (60 g) de azúcar mascabado
- ½ cucharadita (2 g) de sal
- ½ cucharadita (1 g) de jengibre en polvo
- 1 huevo (50 g)
- 2½ tazas + 1 cucharada (360 g) de harina

Glaseado real

- 3¾ tazas (450 g) de azúcar glass
- 2 cucharadas (20 g) de merengue en polvo o 1 clara (30 g)
- 2 cucharadas (30 ml) de jugo de limón
- ¼ de taza (60 ml) de agua caliente

Montaje y decoración

- Dulces, cereales, colorantes y polvo de oro al gusto

Moldes o trozos de cartón

- Para el techo, 1 rectángulo de 14 × 11 cm (hacer 2 por casita)
- Para las paredes laterales, 1 rectángulo de 10 × 8.5 cm (hacer 2 por casita)
- Para la pared trasera y delantera, 1 rectángulo de 12 cm de base y 8 cm de alto, con un triángulo arriba; en total 15 cm de altura (hacer 2 por casita)

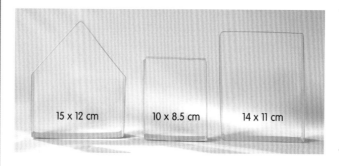

15 x 12 cm   10 x 8.5 cm   14 x 11 cm

CHAROLAS PARA HORNO ENGRASADAS Y ENHARINADAS O CON PAPEL SILICONADO O TAPETE DE SILICÓN, DUYAS CON DIFERENTES PUNTAS, MOLDES O TROZOS DE CARTÓN QUE SIRVAN DE GUÍA PARA CORTAR LAS GALLETAS.

Si vas a hacer la casita con ayuda de niños, te sugiero armarla y que ellos la decoren a su gusto.
Si deseas un acabado más profesional, es mejor si se decora cada parte de forma individual, se dejan secar una noche y se arma la casita al día siguiente.

Galleta de piloncillo

1. Hervir el piloncillo con el agua hasta que se reduzca y queden ⅔ de taza de miel espesa.
2. Acremar la mantequilla y agregar el azúcar mascabado, la sal y el jengibre; batir hasta que el azúcar se disuelva. Añadir el huevo, batir de nuevo hasta obtener una mezcla tersa e incorporar la miel de piloncillo.
3. Añadir la harina, amasar ligeramente y refrigerar la masa por 3 horas.
4. Extender la masa en una mesa enharinada hasta que tenga 7 mm de grosor y cortarla con la ayuda de los moldes o los trozos de cartón. Hornear las piezas a 180 °C durante 20 minutos o hasta que estén ligeramente doradas.

Glaseado real

1. Mezclar en una batidora eléctrica con el batidor globo el azúcar glass, el merengue en polvo o la clara y el jugo de limón; agregar poco a poco el agua caliente, sin dejar de batir, hasta obtener la consistencia deseada. (Si utiliza clara de huevo no necesitará agregar el agua caliente).

Montaje y decoración

1. Colocar un poco de glaseado en las orillas laterales de las 4 paredes y pegarlas entre ellas para formar la estructura de la casita. Dejar secar hasta que quede estable. Colocar un poco de glaseado en la orilla de los triángulos de las paredes trasera y delantera y poner encima el techo. Decorar la casita al gusto utilizando el glaseado como pegamento.

Sabor a queso y yogurt

*Qué sabroso el pan y el queso
cuando lo venden en rancho;
pero es más sabroso un beso
debajo de un sombrero ancho.*

Antonio Zúñiga, compositor vernáculo,
canción "El sombrero ancho".

Los diferentes derivados de la leche juegan un papel imprescindible en la repostería. Siempre fueron festivos los pasteles de nata de la abuela, donde harina, azúcar y huevos se mezclan con las natas de la leche hervida.

Sin embargo, la tecnología moderna facilitó a las amas de casa el uso directo de la leche mediante los envases de cartón. En el siglo xx, durante décadas, la leche llegaba a las casas en botellas, era necesario vaciarla y devolver los envases limpios. Entonces se hervía y diariamente teníamos el deleite de las natas para untarlas en pan.

La crema se obtiene al centrifugar la leche tibia, la grasa flota y se separa del líquido. Esa crema bien fría se puede batir con azúcar glass para obtener la famosa crema Chantilly, cuyas cubiertas realzan notablemente los pasteles. La calidad de esa crema debe ser de primera, cuando la leche no adquiere rasgos de acidez. Al batir la crema helada se forman partículas de aire atrapadas en la masa láctea hasta aumentar su volumen y esponjar su textura. Además, sirve para formar, sobre los postres y pasteles, los pompones con formas caprichosas como rizos, rayas, estrellas y pétalos. Combinada con café se hace moca; y con chocolate, ganache.

Las bacterias acidifican la leche y producen las leches ácidas, también conocidas como leches búlgaras, porque se hicieron en la zona de los Balcanes, cerca de Bulgaria. Entre los productos más conocidos está el yogurt, cada día más utilizado en postres por su capacidad de mezclarse e integrar sabores dulces y salados.

Como joyas en escaparate se ven los quesos tradicionales. Los buenos anfitriones saben que "una comida sin queso es como una mujer muy bella, pero tuerta", como decía Brillant-Savarín. Y un buen queso es la diferencia entre una comida mediocre y un banquete.

La cocina se hace con quesos, ya que los platillos requieren diferentes sabores, texturas y colores. Aunque el queso cottage se consume con las ensaladas de frutas, algunos prefieren desmoronar con los dedos un auténtico Cotija o un chiapaneco de Pijijiapan.

El queso Ramonetti, de Ensenada, Baja California, muestra su elegancia envuelta en una corteza marmórea con delicadas inflexiones rubias y tonalidades verdosas. Su consistencia es cremosa, su fragancia intensa y su gusto fuerte. Este queso, si bien es excelente por sí mismo o acompañado con algún vinillo de la región, también se utiliza en la preparación de ensaladas y con frutas como membrillos, peras, manzanas, higos y hasta dátiles. Cuando se funde se derriten los aromas para bañar diferentes alimentos. Con la leche de cabra también se hacen quesos, son ideales para preparar una tarta o un tamal dulce relleno con queso de cenizas.

El queso de Ocosingo es un verdadero poema porque se trata de un queso crema envuelto en una capa de queso estirado. Con la costra dura se mantiene su frescura y textura. Para un deleite fuera de serie, basta con abrir el queso y empaparlo con miel. Además se puede disfrutar de un queso fresco ligeramente caliente, acompañado de frutas como mangos, duraznos o capulines.

Los quesos madurados, o también llamados afinados, requieren la presencia de microorganismos para su desarrollo. Algunos producen ligera acidez en la leche y son capaces de hacer que las masas se fundan, como es el caso de los ingleses de *cheddar,* los manchegos españoles o el americano Monterrey Jack; otros producen mayor acidez y son capaces de texturizar las proteínas. Tal es el caso de los italianos *mozzarella, cacciocavallo, provola,* provolone y aun el famoso parmesano, que además se deja madurar por años. El *mozzarella* es el favorito de las pizzas, y en repostería se aprovecha para transformar la pizza salada en delicado postre con rodajas de manzana y canela.

Los "ojos" de los quesos son los llamados agujeros del ratón, que en realidad se logran con la producción de gases de ciertas bacterias lácticas. Cuando las masas son grandes, los ojos son grandes también, en las masas chicas los "ojos" son chicos. Tal es el caso de los de grandes formatos suizos como el emmental o *sbrinz,* el famoso de *gruyère,* o los pequeños de Holanda como los *gouda* o edam. Estos quesos, por su sabor fuerte y definido, contrastan muy bien con los postres y las frutas como uvas, cerezas, duraznos o chabacanos.

Otras bacterias crecen sobre las superficies de los quesos dándoles colores anaranjados y produciendo enzimas capaces de suavizar las masas y de transformar las grasas y azúcares. Se trata de quesos franceses como el *port-salut,* el *saint-paulin,* y del belga *pont-l'évêque.*

Entre los quesos mexicanos madurados están los de Chihuahua y el llamado "manchego". Si se trata de fundir el queso sobre la superficie de un postre caliente recurrimos a estos quesos.

Los hongos en los quesos producen suavidad y aromas fuertes. Tal es el caso de los *camembert, vendôme, brie de Melum, coloumiers,* de corteza enmohecida, o los *stilton,* gorgonzola, roquefort, *bleu d'Auvergne,* y otros de masas veteadas. Éstos, por sí mismos, son ideales para postres acompañados de vinos de postre como el *sauternes* o el Oporto, y por supuesto con frutas.

Algunos quesos son especiales para la pastelería. Tal es el caso del queso pastelero, cuya producción es escasa o rara en muchos países. Se trata de un queso sin sal, de uso inmediato, especial para el pastelero. Cuando ese queso no se encuentra, se sustituye por los quesos crema y doble crema; debido a su textura y sabor son excelentes en los famosos pasteles de queso, cuya variedad es infinita. Los italianos usan el queso mascarpone, un triple crema de leche de búfala de agua. Es el queso del famoso tiramisú, un postre moderno de la región del Véneto.

Hablando de quesos y postres, no hay nada más mexicano que un ate de membrillo, guayaba o perón con una rebanada de queso Chihuahua. Sin embargo, esa mezcla de frutas dulces con queso se logra a través de las compotas, donde los sabores de los quesos se pueden alternar con mangos, duraznos, higos o manzanas en almíbar.

Un capítulo aparte es el requesón, producto de la cocción del suero de la leche; se trata de proteínas solubles como las globulinas y la lactoalbúmina. Una vez separadas las cuajadas de la leche se calienta el suero, se agrega bicarbonato para espumar y en la espuma se recoge el requesón. Éste es favorito para los pasteles, o bien, combina con los higos en almíbar para contrastar sabores y colores, además de ser un excelente postre bañado con jarabe de piloncillo.

Blintzes
de queso y blueberry

Ésta es una versión actual, rápida y fácil de un postre originario de Europa del este. Es sumamente versátil; es el cierre perfecto para una cena o el plato fuerte de un brunch.

Puedes preparar la mezcla de crema y las crepas hasta con cuatro días de anticipación. Fríe los blintzes justo antes de servirlos para disfrutarlos calientes y crujientes.

- 2 tazas (400 g) de queso crema
- ½ taza (200 g) de leche condensada
- 1 cucharadita (2 g) de ralladura de limón o naranja
- 18 crepas dulces (ver pág. 367)
- ½ taza (100 g) de mantequilla

Decoración
- 1 taza (300 g) de mermelada de blueberry
- ½ taza (120 ml) de jugo de naranja
- ½ taza (60 g) de azúcar glass
- Hojas de menta

1. Mezclar el queso crema, la leche condensada y la ralladura de limón o naranja en un procesador de alimentos o en la licuadora.
2. Rellenar las crepas generosamente con la mezcla de queso y enrollarlas. Refrigerar los blintzes hasta el momento de servirlos.
3. Calentar la mantequilla en un sartén y freír los blintzes hasta que estén ligeramente dorados.

Decoración
1. Hervir la mermelada de blueberry con el jugo de naranja.
2. Servir 3 blintzes en cada plato y bañarlos con la mermelada caliente. Decorarlos con el azúcar glass y las hojas de menta.

Crujientes
de ate con requesón

Por separado, los componentes de este postre son muy sencillos, pero reunidos forman una verdadera delicia.

La pasta para *won ton* se consigue en tiendas de productos orientales.

Puedes armar los crujientes de pasta *won ton* y conservarlos en congelación dentro de bolsas resellables hasta por cuatro meses. Posteriormente, deberás descongelarlos y freírlos al momento de servirlos.

Puedes rellenarlos también con un poco de ganache de chocolate y frutas.

Crujientes

- 1⅓ tazas (250 g) de queso crema
- 1 taza (120 g) de azúcar glass
- 1 yema (20 g)
- ¼ de taza (50 g) de requesón
- ½ taza (120 ml) de crema para batir
- 18 láminas de pasta para *won ton*
- 1⅓ tazas (215 g) de ate de perón picado finamente
- Aceite de maíz para freír

Salsa de chocolate blanco y té limón

- 1 taza (240 ml) de crema para batir
- 2 ramas de té limón
- ¾ de taza (120 g) de chocolate blanco troceado

Montaje

- 1 cucharada (5 g) de polvo de flor de buganvilia
- ½ taza (80 g) de cubos pequeños de ate de diferentes colores

Crujientes

1. Acremar el queso crema con el azúcar glass, la yema y el requesón.
2. Batir la crema hasta que forme picos suaves e incorporarla a la mezcla anterior con movimientos envolventes.
3. Rellenar las láminas de pasta para *won ton* con la crema de quesos y el ate picado. Barnizar los bordes de la pasta con un poco de agua, doblarlos de la forma deseada y presionar las orillas para sellarlos. Refrigerarlos durante 30 minutos.
4. Calentar el aceite y freír los crujientes hasta que estén dorados. Retirarlos del aceite y dejarlos escurrir sobre papel absorbente.

Salsa de chocolate blanco y té limón

1. Hervir la crema para batir con el té limón. Colarla caliente sobre el chocolate blanco y mezclarla hasta obtener una salsa tersa.

Montaje

1. Colocar en platos un poco de la salsa de chocolate blanco y té limón y acomodar 3 crujientes por plato; decorar con los cubos de ate y espolvorear el polvo de flor de buganvilia.

Flan
de queso

Los flanes son los postres favoritos de los mexicanos: los sirven en todas las casas, loncherías y restaurantes de manteles largos en diferentes versiones. Se pueden elaborar de queso, estilo napolitano, de naranja, de limón, etc. Éste es mi favorito porque es terso como ninguno.

Refrigéralo durante una noche para poder desmoldarlo con mayor facilidad.

Caramelo
- ½ taza (100 g) de azúcar
- 2 cucharadas (30 ml) de agua

Flan
- 1 lata (397 g) de leche condensada
- 1 lata (352 ml) de leche evaporada
- 4 huevos (200 g)
- 1½ tazas (285 g) de queso crema
- 1 cucharada (15 ml) de extracto de vainilla

MOLDE DE 25 CM DE DIÁMETRO Y 7 CM DE ALTURA, RECIPIENTE MÁS GRANDE QUE EL MOLDE (REFRACTARIO O CHAROLA CON BORDES ALTOS) PARA BAÑO MARÍA, PAPEL ALUMINIO.

Caramelo
1. Fundir el azúcar con el agua en una sartén de fondo grueso. Calentar el caramelo moviendo el sartén de manera circular, sin utilizar ninguna cuchara, hasta que tenga color ámbar claro.
2. Verter el caramelo en el molde y girarlo ligeramente para cubrir el fondo. Hay que tener mucho cuidado porque se calentará el molde, y el caramelo causa graves quemaduras. Reservar.

Flan
1. Licuar todos los ingredientes durante 1 minuto o hasta que obtenga una mezcla tersa; colarla y verterla en el molde sobre el caramelo. Colocarlo dentro de la charola y cubrirlo con papel aluminio.
2. Introducir la charola con el flan en el horno y vaciar sobre la charola agua hirviendo hasta cubrir la mitad del molde. El papel aluminio no debe tocar el agua.
3. Hornear el flan a 150 °C durante 1 hora o hasta que al mover el molde el flan tenga la consistencia de una gelatina cuajada. Retirarlo del horno y dejarlo enfriar sobre una rejilla.
4. Desmoldar el flan y bañarlo con el caramelo; si se queda algo de caramelo pegado al molde, agregarle un poco de agua y calentarlo en la estufa para desprenderlo.

Gelatina
de jocoque

DIFICULTAD: | **RENDIMIENTO:** 10 porciones

Gelatina de jocoque
- 3 cucharadas (24 g) de grenetina en polvo o 12 láminas
- 1¾ tazas (420 ml) de crema para batir
- 2⅔ tazas (490 g) de jocoque
- 1 cucharadita (2 g) de ralladura de limón
- ¾ de taza (150 g) de azúcar

Salsa de mango
- 4 mangos de Manila (1 kg)
- 3 cucharadas (45 g) de azúcar

Montaje
- Mango de Manila cortado en tiras delgadas
- Hojas de menta

Una versión original y acidita de un gran favorito casero.

10 MOLDES FLEXIPAN EN FORMA DE PIRÁMIDE.

Gelatina de jocoque

1. Hidratar la grenetina.
2. Licuar la crema para batir con el jocoque, la ralladura de limón y el azúcar.
3. Fundir la grenetina en el microondas, y con el motor de la licuadora encendido, incorporarla a la mezcla de crema con jocoque.
4. Vaciar la preparación en los moldes y refrigerarlos durante 4 horas o hasta que la gelatina haya cuajado por completo.

Salsa de mango

1. Licuar la pulpa de los mangos con el azúcar.

Montaje

1. Desmoldar las gelatinas y servirlas con las tiras de mango, las hojas de menta y la salsa de mango.

Usa un sustituto de azúcar para obtener un delicioso postre bajo en calorías, pero con mucho sabor.

En lugar de jocoque puedes utilizar yogur natural sin azúcar.

Entibiar la crema antes de licuarla con el resto de los ingredientes garantiza que la grenetina no forme grumos.

Higos
con queso mascarpone

Estas elegantes copitas tienen una combinación de sabores realmente sorprendente. El toque del vinagre balsámico es una grata sorpresa.

Puedes sustituir el queso mascarpone con crema de rancho; son muy similares en textura y sabor.

Crema de queso

- 2 cucharadas (30 g) de mantequilla suavizada
- ¾ de taza (140 g) de queso crema
- ½ cucharadita (1 g) de ralladura de naranja
- 1 cucharadita (5 ml) de extracto de vainilla
- ½ vaina de vainilla
- ⅔ de taza (80 g) de azúcar glass
- ⅓ de taza (60 g) de queso mascarpone

Higos con reducción de balsámico

- ½ taza (120 ml) de vinagre balsámico
- ½ taza (100 g) de azúcar mascabado
- 3 cucharadas (45 g) de azúcar
- 2 cucharadas (30 g) de mantequilla
- 16 higos partidos por la mitad

Montaje y decoración

- Hojas de menta
- 12 soletas (ver pág. 366)

---

4 COPAS GRANDES.

Crema de queso

1. Acremar la mantequilla con el queso crema y batir hasta obtener una mezcla tersa.
2. Incorporar la ralladura de naranja, el extracto y el interior de la vaina de vainilla. Añadir el azúcar gradualmente y batir hasta obtener una mezcla uniforme y sin grumos.
3. Incorporar el queso mascarpone con movimientos envolventes. Reservar.

Higos con reducción de balsámico

1. Hervir el vinagre balsámico con el azúcar mascabado hasta obtener un jarabe espeso. Retirarlo del fuego y reservar.
2. Fundir en un sartén el azúcar con la mantequilla y calentar la preparación hasta que tenga un color ámbar claro. Agregar los higos y saltearlos por 1 minuto, sólo lo suficiente para calentarlos.

Montaje y decoración.

1. Acomodar los higos dentro de las copas y formar capas alternando con la crema de queso y el jarabe de vinagre balsámico.
2. Decorar con las hojas de menta y acompañar con las soletas.

Panqué
de nata

En México se acostumbraba, sobre todo en los ranchos y las haciendas, comer la nata de la leche untada en un bolillo con azúcar. Se disfrutaba tanto que la cocinera de la casa siempre la reservaba para quien fuera su consentido.

Se necesita mucha leche entera de muy alta calidad para producir un poco de nata; afortunadamente, se consigue envasada en algunos supermercados.

Aprovecha esta receta para disfrutarla en el desayuno, la cena, o incluso como postre en la comida. No olvides acompañar el panqué con la compota de capulín o con un poco de helado de yogur. Si no es temporada de capulines, puedes sustituirlos por blueberries.

Panqué de nata

- 2½ tazas (350 g) de harina
- ½ cucharadita (2 g) de bicarbonato
- ½ cucharadita (1 g) de polvo para hornear
- ¾ de taza (150 g) de mantequilla
- 1 taza (200 g) de azúcar
- 1 cucharada (15 ml) de extracto de vainilla
- 1½ cucharaditas (3 g) de ralladura de naranja
- 3 huevos (150 g)
- ⅔ de taza (150 g) de nata o crema ácida

Compota de capulín

- ¾ de taza (150 g) de azúcar
- 1 taza (240 ml) de agua
- 2 tazas (250 g) de capulines

Decoración

- 1 anís estrella
- 1 raja de canela
- 1 nuez moscada

MOLDE DE MADERA DE 16.5 CM DE DIÁMETRO POR 12 CM DE ALTURA FORRADO CON PAPEL DE ESTRAZA, O MOLDE PARA PANQUÉ RECTANGULAR ENGRASADO Y ENHARINADO.

Panqué de nata

1. Cernir la harina con el bicarbonato y el polvo para hornear. Reservar.
2. Acremar la mantequilla. Agregar el azúcar gradualmente sin dejar de batir, hasta que la mezcla esté pálida y ligera.
3. Añadir el extracto de vainilla y la ralladura de naranja.
4. Incorporar los huevos uno a uno, batiendo antes de añadir el siguiente, para que se mezclen perfectamente. Agregar finalmente la nata o la crema ácida.
5. Integrar con movimientos envolventes la mezcla de harina; procurar no batir demasiado.
6. Vaciar en el molde y hornear a 180 °C durante 30 minutos, o hasta que al insertar un palillo de madera en el centro del panqué, éste salga limpio. Si llegara a dorarse antes de estar cocido, cubrir con papel aluminio y continuar la cocción.

Compota de capulín

1. Hervir todos los ingredientes hasta obtener un jarabe espeso y que la fruta esté suave. Retirar del fuego y dejar enfriar.

Decoración

1. Colocar las especias sobre el panqué y envolverlo dentro de una bolsa de celofán. Acompañarlo con la compota de capulín.

Pastel de queso
con calabaza

DIFICULTAD: 🥄🥄   RENDIMIENTO: 6 porciones

La calabaza en tacha tradicionalmente se sirve acompañada con nata o crema de rancho. La combinación con el pastel de queso surgió naturalmente de esta idea.

Puedes preparar la calabaza en tacha hasta con cuatro días de anticipación y consumirla sin el pastel; es un complemento muy interesante para la *crème brûlée*.

Calabaza en tacha
- 4½ tazas (600 g) de calabaza de Castilla cortada en trozos pequeños
- 1 raja (5 g) de canela de 10 cm
- 1 cono (200 g) de piloncillo de 10 cm
- 2 tazas (480 ml) de agua

Costra de canela
- 1½ tazas (135 g) de galletas de canela integrales, molidas
- ⅓ de taza (70 g) de mantequilla fundida

Pastel de queso
- 1 cucharada (8 g) de grenetina en polvo o 4 láminas
- 2⅔ tazas (507 g) de queso crema
- 1½ tazas (300 g) de azúcar
- 2 huevos (100 g)
- 2 cucharadas (30 ml) de extracto de vainilla
- 1½ tazas (290 g) de crema ácida

Montaje
- Decoraciones de azúcar con pepitas (ver pág. 384)

6 MOLDES CUADRADOS DE 12 CM POR LADO Y 7 CM DE ALTURA, DE PREFERENCIA DESMONTABLES.

Calabaza en tacha
1. Hervir todos los ingredientes a fuego bajo hasta que la calabaza esté suave. Agregar más agua si se evapora toda antes de terminar la cocción.
2. Machacar la pulpa de la calabaza con un tenedor hasta hacerla puré y reservarla. Reservar el líquido de la cocción.

Costra de canela
1. Mezclar las galletas de canela molidas con la mantequilla fundida. Distribuir la mezcla en la base de los moldes y presionarla para obtener una costra firme.
2. Hornear la costra a 120 ºC durante 10 minutos. Sacarla del horno y dejarla enfriar.

Pastel de queso
1. Hidratar la grenetina.
2. Acremar el queso crema con el azúcar. Agregar los huevos, el extracto de vainilla y la crema ácida; batir hasta que se incorporen bien los ingredientes.

3. Fundir la grenetina e incorporarla a la mezcla de queso y crema.
4. Colocar sobre la costra de canela un poco de la mezcla de queso, cubrirla con el puré de calabaza en tacha y cubrir con el resto de la mezcla de queso.
5. Hornear los pasteles a 120 ºC durante 40 minutos o hasta que se sientan firmes pero que no estén dorados. Sacarlos del horno y dejarlos enfriar.
6. Refrigerar los pasteles hasta que estén firmes.

Montaje
1. Reducir el líquido de la cocción de la calabaza hasta obtener un jarabe espeso.
2. Desmoldar los pasteles y servirlos con el jarabe y las decoraciones de azúcar con pepitas.

EN LA HISTORIA...

LOS TRABAJADORES DE LOS INGENIOS COLOCABAN SUS CALABAZAS CON PEQUEÑAS PERFORACIONES EN LAS TACHAS O GRANDES OLLAS DONDE HERVÍA EL JUGO DE CAÑA PARA HACER EL PILONCILLO. AL FINAL DEL DÍA DISFRUTABAN EL SABROSO RESULTADO.

Pastel de queso
New York

La quintaesencia del pastel de queso: cremoso, terso, con costra crujiente y perfumada. Es una tela en blanco para que le agregues tus sabores favoritos.

Costra de vainilla
- 2 tazas (180 g) de galletas de vainilla molidas
- ½ taza (100 g) de mantequilla fundida

Pastel de queso
- 4 tazas (760 g) de queso crema
- 1⅓ tazas (265 g) de azúcar
- 1 cucharada (5 g) de ralladura de naranja
- 1 cucharada (5 g) de ralladura de limón
- 2 cucharadas (30 ml) de jugo de limón
- 1 cucharada (15 ml) de extracto de vainilla
- 3 huevos (150 g)
- 1 yema (20 g)
- ¼ de taza (50 g) de crema ácida
- 2 cucharadas (16 g) de fécula de maíz

Molde desmontable de 25 cm de diámetro por 6 cm de altura.

Costra de vainilla
1. Mezclar las galletas de vainilla molidas con la mantequilla fundida. Colocar la mezcla en el molde y presionarla hasta cubrir todo el fondo y obtener una costra firme.
2. Hornear la costra a 120 ºC durante 10 minutos. Sacarla del horno y dejarla enfriar.

Pastel de queso
1. Acremar el queso con el azúcar. Añadir las ralladuras de cítricos, el jugo de limón y el extracto de vainilla.
2. Incorporar los huevos y la yema uno por uno, sin dejar de batir. Mezclar la crema ácida con la fécula de maíz, añadirla a la mezcla y batir hasta que se incorpore.
3. Vaciar el relleno en el molde y hornear el pastel a 120 °C durante 1 hora, o hasta que se sienta firme, pero que no se dore. Sacarlo del horno, dejarlo enfriar y refrigerarlo toda una noche antes de servir.

A este relleno base le puedes agregar blueberries, frambuesas, chocolate blanco rallado, nueces, almendras, frutos secos o puré de chabacano.

Duplica la receta de la costra de galletas si deseas cubrir con ella también las paredes del molde.

Pastel de queso
y guanábana

DIFICULTAD: 🥄🥄   **RENDIMIENTO:** 8 porciones

El toque ácido de la guanábana complementa de maravilla el pastel de queso; el fondo neutro acentúa el perfume de esta deliciosa fruta.

Si no encuentras guanábana, puedes usar puré de guayaba fresca o en almíbar.

Costra de vainilla
- 1½ tazas (135 g) de galletas de vainilla molidas
- ⅓ de taza (70 g) de mantequilla fundida

Pastel de queso con guanábana
- 1 cucharada (8 g) de grenetina en polvo o 4 láminas
- 2⅔ tazas (507 g) de queso crema
- 1½ tazas (300 g) de azúcar
- 2 huevos (100 g)
- 2 cucharadas (30 ml) de extracto de vainilla
- 1½ tazas (290 g) de crema ácida
- 1 taza (235 g) de pulpa de guanábana

Decoración
- ½ taza (150 g) de brillo frío para pastelería o jalea de chabacano
- ¼ de taza (75 g) de jalea de blueberries
- 1 hoja de árbol de naranjo
- 1 frambuesa

MOLDE DESMONTABLE DE 19.5 CM DE DIÁMETRO POR 6 CM DE ALTURA.

Costra de vainilla
1. Mezclar las galletas de vainilla molidas con la mantequilla fundida. Colocar la mezcla en el molde y presionarla hasta cubrir todo el fondo y obtener una costra firme
2. Hornear la costra a 120 °C durante 10 minutos. Sacarla del horno y dejarla enfriar.

Pastel de queso con guanábana
1. Hidratar la grenetina.
2. Acremar el queso con el azúcar. Agregar los huevos, el extracto de vainilla y la crema ácida; batir hasta obtener una preparación homogénea y tersa.
3. Fundir la grenetina y mezclarla con la pulpa de guanábana. Agregarla a la mezcla de queso y batir hasta incorporar.
4. Vaciar el relleno en el molde y hornear el pastel a 100 °C durante 2 horas o hasta que se sienta firme sin que haya dorado. Sacarlo del horno, dejarlo enfriar y refrigerarlo toda una noche.

Decoración
1. Desmoldar el pastel, barnizarlo con el brillo frío o la jalea de chabacano y ponerle encima algunos puntos de la jalea de blueberry. Terminar de decorar con la hoja de naranjo y la frambuesa.

Pastelito
bombón

DIFICULTAD: ⬧⬧   RENDIMIENTO: 8 porciones

Éste es un bombón de pastel de queso, con un toque inesperado en el chocolate y dulce de leche.

Este pastel se hornea a una temperatura inferior a la de otros pasteles de queso, con el objetivo de lograr la consistencia perfecta y evitar que la temperatura afecte al chocolate y al dulce de leche.

Puedes agregarle un poco de puré de plátano para variar los sabores.

Costra de chocolate
- 1¾ tazas (160 g) de galletas de chocolate sin relleno, molidas
- ½ taza (100 g) de mantequilla fundida

MOLDE DESMONTABLE DE 19.5 CM DE DIÁMETRO Y 6 CM DE ALTURA.

Pastel de queso y chocolate
- 2⅔ tazas (507 g) de queso crema
- 1 taza (200 g) de azúcar
- 1 cucharada (15 ml) de extracto de vainilla
- 2 huevos (100 g)
- 1 taza (240 ml) de crema ácida
- ½ taza (80 g) de chocolate oscuro troceado
- ½ taza (80 g) de chocolate blanco troceado
- 1 taza (325 g) de dulce de leche
- 1 taza (100 g) de nueces troceadas

Decoración
- 1 receta de ganache de chocolate blanco, tibio (ver pág. 379)
- 1 receta de ganache de chocolate oscuro, tibio (ver pág. 379)
- 1 placa de chocolate (ver pág. 383) decorada con nuez y dulce de leche

Costra de chocolate

1. Colocar las galletas de chocolate molidas en el molde y mezclarlas con la mantequilla fundida; presionarlas con los dedos hasta formar una base delgada en el fondo y un pequeño borde lateral.
2. Hornear la costra durante 10 minutos a 170 °C. Sacarla del horno y dejarla enfriar.

Pastel de queso y chocolate

1. Acremar en una batidora eléctrica el queso crema con el azúcar y el extracto de vainilla.
2. Agregar los huevos uno por uno, sin dejar de batir, e incorporar la crema ácida; batir hasta obtener una mezcla tersa y homogénea.
3. Fundir los chocolates. Dividir la mezcla de queso en 2 partes y agregar a 1 parte el chocolate blanco y a la otra el chocolate oscuro.
4. Vaciar en el molde, de forma alternada, cucharones de ambas mezclas, cucharadas de dulce de leche y nueces troceadas.
5. Hornear el pastel a 120 °C durante 90 minutos, o hasta que se sienta casi firme en el centro. Sacarlo del horno, dejarlo enfriar y refrigerarlo por una noche.

Decoración

1. Desmoldar el pastel y vaciarle encima el ganache de chocolate blanco, poco a poco; dejar que escurra hasta cubrir toda la superficie; decorar con algunas líneas del ganache de chocolate oscuro. Acompañar con la placa de chocolate con nuez y dulce de leche.

Quesos y compota de tejocote

Una deliciosa forma de cerrar una comida es con un generoso platón de diversos quesos. Los acompaño con diferentes compotas para dar ese toque dulce que los complementa tan bien. Claro que, para los de apetito serio, también puede ser un plato más antes del postre.

Los quesos combinan muy bien con compotas de frutas como chabacanos, cerezas, membrillos, higos, dátiles, jitomates, peras, y otras. La técnica para elaborar cualquiera de ellas es similar; incluso le puedes agregar algunas nueces o almendras tostadas.

Al cortar los quesos es importante respetar su forma y textura para que los comensales puedan disfrutar sus características.

Compota de tejocote
- 500 g de tejocotes
- 1 taza (200 g) de azúcar
- 2½ tazas (600 ml) de agua
- 1 raja (5 g) de canela de 10 cm

Crujientes de pan
- 1 baguette de 20 cm
- Aceite de oliva

Montaje
- Quesos al gusto
- Almendras, nueces, aceitunas, uvas y frutas secas y semillas, al gusto

CHAROLA PARA HORNO, REBANADORA ELÉCTRICA.

Compota de tejocote
1. Blanquear y pelar los tejocotes. Calentar el azúcar con el agua y, cuando hierva, agregar los tejocotes y la raja de canela. Cocer a fuego bajo moviendo ocasionalmente hasta que la fruta esté suave y se puedan retirar las semillas.
2. Retirar los tejocotes del fuego, retirarles las semillas y dejarlos enfriar.

Crujientes de pan
1. Rebanar la baguette a lo largo con una rebanadora eléctrica. Barnizar cada rebanada con el aceite de oliva.
2. Hornear las rebanadas de pan a 150 ºC, hasta que se sequen y estén crujientes, sin que se doren.

Montaje
1. Cortar los quesos y servirlos con la compota de tejocote, los crujientes de pan y las frutas frescas y las semillas.

Para esta propuesta existe una selección de quesos mexicanos. Hoy en día se elaboran productos artesanales con leche de primera calidad y por expertos apasionados. Entre ellos están:

a. *Queso de bola de Ocosingo, Chiapas*
Es una bola con exterior firme. El interior, según el añejamiento, puede ser desde cremoso hasta seco; tiene una marcada nota ácida y perfumada muy agradable. Es similar al queso corazón de mantequilla que también se produce en ese estado.

b. *Queso Cotija*
Éste es uno de los quesos más arraigados en nuestra tradición. Actualmente se está haciendo un magnífico esfuerzo por darle la denominación de origen, muy merecida por su importancia histórica y económica. El queso auténtico de Cotija, producido artesanalmente en la Sierra de Jal-Mich, tiene un color cremoso y un rico y complejo sabor, además de una textura inmejorable. Vale la pena buscarlo.

c. *Queso Ramonetti*
De Ensenada, una propuesta de nueva generación. Con más de cien años de experiencia en la producción de quesos, la cuarta generación de la familia del mismo nombre lanzó recientemente un nuevo queso con estilo artesanal europeo y la mejor leche de la zona. El queso Ramonetti es añejado en una cava especial. En su punto perfecto de maduración es cremoso, penetrante y exquisito.

Tarta
de queso de cabra

DIFICULTAD: ♨♨♨   RENDIMIENTO: 12 porciones

El sabor ácido del chabacano es perfecto para ser combinado con el queso de cabra. La costra de nueces le da un contraste muy agradable.

Sin la jalea, esta tarta es ideal como plato fuerte para un brunch o una cena ligera.

La manteca de cacao sirve para separar con mayor facilidad las nueces garapiñadas; si no la encuentras, puedes omitirla.

Puedes sustituir el sorbete de chabacano por una salsa: sigue el mismo procedimiento de elaboración que el sorbete, omitiendo el turbinado en la máquina para helados, y ajusta la consistencia con un poco de agua.

Relleno de queso de cabra
- 1 taza (150 g) de queso de cabra
- 1½ tazas (285 g) de queso crema
- ½ taza (100 g) de azúcar
- 1 cucharada (15 ml) de extracto de vainilla
- 2 huevos (100 g)

Costra de nuez
- 1⅓ tazas (190 g) de harina
- ¼ de taza (50 g) de azúcar
- ½ taza (100 g) de mantequilla
- 2 huevos (100 g)
- 2 cucharadas (30 ml) de agua helada
- 1 taza (120 g) de nueces picadas finamente

Nueces garapiñadas
- 1 taza (110 g) de nueces
- ¼ de taza (50 g) de azúcar
- 1 cucharada (15 ml) de agua
- 1 cucharadita (3 g) de canela molida
- 1 cucharada (15 ml) de extracto de vainilla
- ½ cucharada (10 g) de manteca de cacao

MOLDE PARA TARTA DE 28 × 18 CM, CHAROLA CON PAPEL SILICONADO O TAPETE DE SILICÓN, MÁQUINA PARA HELADOS.

Sorbete de chabacano
- ½ taza (50 g) de orejones de chabacano
- 1½ tazas (360 ml) de agua
- ⅔ de taza (130 g) de azúcar
- 2 tazas (500 g) de pulpa de chabacano

Montaje
- ½ taza (150 g) de jalea de chabacano
- ½ taza (120 g) de crema batida
- 2 cucharadas (20 g) de azúcar glass
- Espirales de chocolate oscuro (ver pág. 382)

Relleno de queso de cabra
1. Mezclar todos los ingredientes en una batidora eléctrica con la pala. Reservar.

Costra de nuez
1. Mezclar en un procesador todos los ingredientes, excepto las nueces picadas, hasta obtener una bola de masa. Incorporar las nueces y refrigerar la masa durante 30 minutos.
2. Extender la masa con un rodillo hasta que tenga un grosor de 5 milímetros; forrar con ella el molde y picar toda la superficie con un tenedor.
3. Hornear la costra de nuez a 170 °C durante 15 minutos o hasta que esté cocida, pero no dorada.
4. Vaciar el relleno de queso en la costra de nuez y hornear a 170 °C durante 30 minutos o hasta que esté ligeramente dorada.

Nueces garapiñadas
1. Mezclar en una cacerola las nueces, el azúcar, el agua, la canela molida y el extracto de vainilla.
2. Calentar hasta que el azúcar se caramelice, moviendo constantemente. Añadir la manteca de cacao y mezclar hasta que se funda. Extender las nueces garapiñadas sobre la charola para que se enfríen. Separar las nueces y reservarlas.

Sorbete de chabacano
1. Picar los orejones. Hervir el agua con el azúcar hasta obtener un jarabe espeso. Retirar del fuego e incorporar los orejones y la pulpa de chabacano; mezclar y dejar enfriar.
2. Elaborar el sorbete siguiendo las instrucciones de la máquina para helados y congelar.

Montaje
1. Barnizar la tarta con jalea de chabacano. Decorarla con la crema batida, las nueces garapiñadas, el azúcar glass y las espirales de chocolate. Acompañarla con el sorbete de chabacano.

Sabor a
caramelo

La pastelería se recrea en la dulzura. Los primeros dulzores fueron de miel, como lo constata un dibujo rupestre en la Gruta de la Araña, España. En la mitología griega, Melisa, sacerdotisa de Atenea, producía un dulce fluido llamado *mel*, cuyo nombre fue en su honor. Desde entonces la miel es ofrenda y tributo. El fruto de las abejas se combinó con platillos dulces y salados, el vino y el cacao se endulzaron. Se fabricaron pastas, pastillas y pasteles; se hicieron mezclas con frutas molidas; surgieron en el México prehispánico los *tzoalli*, hoy conocidos como "alegrías", hechos de amaranto y miel; los árabes desarrollaron los turrones y los mazapanes, y los recién casados disfrutaron su "luna de miel".

Otras mieles también se usaron, especialmente el aguamiel concentrado o miel de maguey para bañar los frutos prehispánicos y acentuar su sabor.

El azúcar blanco está presente en las pastelerías, viaja en cascadas con su crujiente granulosidad y sonido alegre. Cae en los tazones de repostería donde hermana a la mantequilla con el huevo y después la harina. El azúcar es la vida del pastel y de los dulces: alma y estructura. Gracias al azúcar disfrutamos su dulzor y la firmeza de las piezas. Su presencia es la dulzura esperada y motivo de júbilo y de fiesta.

Sácara le llamaron en la India los artífices del genio y del "ingenio". Lo crearon prieto, moreno y blanco. Con el jugo de caña concentrado se hicieron las panelas o piloncillos, obscuros, trigueños o blancos, además de espumas, azucarillos y mascabados. El jugo de las cañas de azúcar chinas se convertía en una nueva forma de endulzar.

Cortés sembró cañas de azúcar en la zona de los Tuxtlas y creó en Cuernavaca los primeros ingenios de la América continental. Desde entonces prosperaron las haciendas cañeras de gran tradición y se desarrollaron los trapiches. Las haciendas recolectaban las cañas y las llevaban al batey o patio de recepción, posteriormente pasaban a los molinos para extraer el jugo o guarapo. Este líquido rico en fibra y azúcar se evapora para obtener un jarabe obscuro de alta concentración. Al agitarse se unen los cristales y se aclara un poco; entonces colocan esa pasta en moldes de madera de dos piezas, donde fraguan los conos trigueños de piloncillo.

Los antiguos ingenios usaron filtros, ollas achatadas o tachas para evaporar el líquido de la molienda, amén de vasos, ollas, cazos y batidores, espumaderas y coladeras. Las costras pegadas a las *taxas* u ollas de cocción se llamaron *mascarabas*, de donde surgió el apellido del azúcar prieto "mascabado". Las mieles más filtradas y traba-

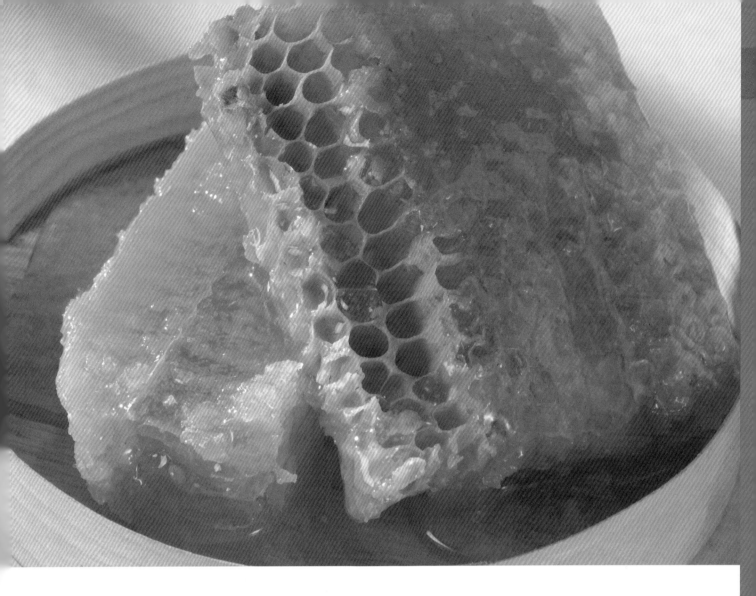

jadas se hicieron cristales blancos y les llamaron azúcar refinado. Los jarabes parcialmente purificados se transformaron en azúcar moreno. El azúcar muy molido se hizo impalpable y blanquísimo para espolvorear sobre bizcochos y postres. Se llamó con diferentes nombres: azúcar impalpable, azúcar de flor y azúcar en polvo. En inglés *confectionery sugar* o *ice sugar*, y en México la conocemos como azúcar glass.

Los pasteleros y reposteros usan mezclas de azúcar con glucosa. Cuando las concentraciones de los jarabes son muy altas, el azúcar tiende a formar cristales. Un poco de glucosa ayuda a evitar el choque de los granos disueltos y a mejorar la calidad de almíbares y soluciones saturadas. El azúcar es altamente cristalizable y estructural, mientras que la glucosa es humectante y difícil de cristalizar.

Si al azúcar normal se le pone un ácido como limón o vinagre cambia su estructura, porque la sacarosa químicamente es la unión de la glucosa con la fructosa. Cuando la sacarosa entra en contacto con un ácido se rompe en sus moléculas componentes. A esa mezcla se la llama azúcar invertido, porque, curiosamente, al observarse a través de un polarímetro se invierte su polaridad; es decir, gira la luz al lado izquierdo. Por esta propiedad, el azúcar invertido es más dulce y humectante, y algunas veces puede sustituir a la glucosa.

Hoy en día, las dietas para bajar de peso han desarrollado diferentes edulcorantes artificiales. Uno de ellos es el isomalt, se usó primero como edulcorante artificial, pero se incrementó su uso en pastelería porque basta con fundirlo a no más de 150 °C en un horno de microondas, dejarlo enfriar entre 60 y 80 °C para manejarlo con las manos y realizar esculturas y obras artísticas.

El isomalt se fabrica en dos etapas. Primeramente, se hace reaccionar el azúcar de remolacha y se transforma en isomaltulosa. La isomaltulosa entonces se somete a un proceso de hidrogenación; el resultado es una molécula doble de un sorbitol y un manitol complejos. Los adornos hechos con isomalt pueden ser transparentes y diáfanos. Se pueden hacer figuras o se puede soplar como vidrio. Por ello los confiteros y pasteleros modernos usan día con día el isomalt.

Caja crujiente
de caramelo

DIFICULTAD: 🥄🥄🥄   **RENDIMIENTO:** 1 caja de caramelo para 4 porciones

Éste es uno de los pasteles que causa sorpresa al llegar a la mesa. Sírvelo al centro en una reunión informal; será divertido partirlo y atacarlo con la cuchara todos al mismo tiempo.

Puedes variar el tamaño y forma de la caja a tu gusto, así como rellenarla con todo tipo de preparaciones, desde frutas con crema hasta la moderna espuma aquí propuesta.

El sifón permite que la espuma de caramelo tenga una textura ligera; lo puedes comprar en tiendas especializadas en productos para cocina y repostería. En caso de no conseguirlo, puedes preparar la base de crema y caramelo utilizando únicamente la mitad de la crema; bate el resto por separado y mezcla ambas preparaciones con movimientos envolventes.

Si no consigues isomalt, calienta la misma cantidad de azúcar hasta que tenga color ámbar claro y trabájala de la misma manera.

Caja de caramelo
- ¾ de taza (150 g) de mantequilla
- 1 taza (120 g) de azúcar glass
- 2 cucharadas (40 g) de glucosa o jarabe de maíz
- ¾ de taza (105 g) de harina
- ½ taza (100 g) de isomalt

Espuma de caramelo
- ½ cucharada (4 g) de grenetina en polvo o 2 láminas
- 1 taza (200 g) de azúcar
- 3 tazas (720 ml) de crema para batir
- 1 vaina de vainilla
- 8 yemas (160 g)

Montaje y decoración
- ½ taza (100 g) de isomalt
- 2 plátanos Tabasco (400 g) rebanados
- ⅓ de taza (50 g) de cacahuates tostados

CHAROLA CON PAPEL SILICONADO O TAPETE DE SILICÓN, SIFÓN CON 2 CARGAS.

Caja de caramelo

1. Acremar la mantequilla con el azúcar glass y agregar la glucosa o el jarabe de maíz y la harina. Extender esta preparación en la charola encima del papel siliconado o el tapete de silicón y hornearlo a 170 °C durante 15 minutos o hasta que esté dorado.
2. Sacar el caramelo del horno y cortarlo inmediatamente en 6 cuadrados de 12 cm por lado.
3. Fundir el isomalt y utilizarlo para pegar las 4 paredes y 1 base para formar un cubo sin tapa. Reservar.

Espuma de caramelo

1. Hidratar la grenetina.
2. Calentar la mitad del azúcar en un sartén hasta obtener un caramelo.
3. Hervir en una cacerola la crema para batir con la vaina de vainilla abierta por la mitad; incorporarle el caramelo y calentarlo hasta que se funda.
4. Batir las yemas con el azúcar restante hasta que estén pálidas y esponjosas. Mezclarlas con un poco de la crema con caramelo y añadirlas a la cacerola con el resto de la crema con caramelo; cocinar a fuego bajo moviendo continuamente hasta que espese.
5. Añadir la grenetina a la base de crema con caramelo. Mezclar hasta que se funda, colar y dejar enfriar.
6. Verter la mezcla en el sifón y cargarlo con las 2 cargas de gas.

Montaje y decoración

1. Fundir el isomalt y hacerlo pelo de ángel (ver pág. 384). Formar una esfera.
2. Rellenar el cubo alternando la espuma de caramelo con los plátanos rebanados y los cacahuates tostados.
3. Tapar el cubo con el cuadro de caramelo restante y decorarlo con la esfera de pelo de ángel.

Cremas
planchadas

DIFICULTAD: 🥄🥄   **RENDIMIENTO:** 4 porciones

Antes de utilizar el soplete como utensilio de cocina, se calentaban planchas de metal en el rescoldo para lograr la costra crujiente de caramelo, de ahí el nombre que recibe este postre que aparece en muchos recetarios antiguos.

Puedes usar azúcar mascabado para caramelizar las cremas; obtendrás un color más intenso.

Puedes conservar las bases de crema durante tres días en refrigeración y caramelizarlas al momento de servirlas.

Base de crema planchada
- 2 tazas (480 ml) de crema para batir
- 1 vaina de vainilla
- 5 yemas (100 g)
- 1 taza (200 g) de azúcar

Variantes
Crema planchada de cacahuate
- Sustituir en la base 2 cucharadas (30 g) del azúcar por ⅓ de taza (80 g) de crema de cacahuate.

Crema planchada de mamey
- Incorporar a la base ½ taza (100 g) de pulpa de mamey.

Crema planchada de pistache
- Incorporar a la base 4 cucharadas (60 g) de pasta de pistache o pistaches molidos finamente.

Crema planchada de cajeta
- Sustituir en la base 2 cucharadas (30 g) del azúcar por 2 cucharadas (40 g) de cajeta.

---

4 MOLDES INDIVIDUALES CON CAPACIDAD DE ½ TAZA,

CHAROLA PROFUNDA PARA HORNO, SOPLETE.

1. Colocar la crema para batir en una cacerola; abrir la vaina de vainilla por la mitad a lo largo, raspar el interior y agregarlo junto con la vaina a la crema. Hervir durante 10 minutos, retirar del fuego, dejar enfriar y refrigerar de preferencia durante una noche.

2. Batir las yemas con la mitad del azúcar e incorporarlas a la crema (agregar en este momento los ingredientes extra). Vaciar la preparación en los moldes.

3. Poner los moldes en la charola e introducirla en el horno. Llenarla con suficiente agua hirviendo, de forma que cubra los moldes hasta la mitad de su altura. Hornear las cremas a 150 ºC durante 40 minutos o hasta que tengan consistencia de gelatinas y el centro esté suave. Retirarlas del horno, dejarlas enfriar y refrigerarlas durante 2 horas.

4. Cubrir la superficie de las cremas con el azúcar restante y caramelizarlas con un soplete. Dejarlas reposar unos minutos antes de servirlas.

Crème brûlée

DIFICULTAD: ▲▲   RENDIMIENTO: 4 porciones

Una *crème brûlée* bien hecha es un triunfo de la técnica. Sus ingredientes son muy simples y su elaboración lo es aún más, pero hay que cuidar pequeñas sutilezas para lograr la consistencia cremosa perfecta con una cubierta crujiente y dorada.

A esta base puedes agregar especias; ralladuras de cítricos; frutas frescas como fresas, frambuesas y zarzamoras; manzanas caramelizadas, calabaza en tacha e incluso hay chefs que le agregan cubitos de foie gras. Es una base neutra para dar rienda suelta a tu imaginación.

- 2 tazas (480 ml) de crema para batir
- 1 vaina de vainilla
- 5 yemas (100 g)
- 1 taza (200 g) de azúcar

4 MOLDES INDIVIDUALES CON CAPACIDAD DE ½ TAZA, CHAROLA PROFUNDA PARA HORNO, SOPLETE.

1. Colocar la crema para batir en una cacerola; abrir la vaina de vainilla por la mitad a lo largo, raspar el interior y agregarlo junto con la vaina a la crema. Hervirla durante 10 minutos, retirarla del fuego, dejarla enfriar y refrigerarla, de preferencia durante una noche.

2. Batir las yemas con la mitad del azúcar e incorporarlas a la crema. Colar la preparación y distribuirla en los moldes.

3. Poner los moldes en la charola e introducirla en el horno. Llenarla con suficiente agua hirviendo, de forma que cubra los moldes hasta la mitad de su altura. Hornear las *crèmes brûlées* a 150 ºC durante 40 minutos o hasta que tengan consistencia de gelatinas y el centro esté suave. Retirarlas del horno, dejarlas enfriar y refrigerarlas durante 2 horas.

4. Cubrir la superficie de las *crèmes brûlées* con el azúcar restante y caramelizarlas con un soplete. Dejarlas reposar durante unos minutos antes de servirlas.

Garapiñados

En algunas plazas de provincia, sobre todo en las tardes de fin de semana, se alcanza a oler el aroma de nueces o cacahuates garapiñándose en enormes cazos de cobre. Es una fiesta para los sentidos.

Puedes conservarlos hasta por tres semanas en un recipiente hermético.

Para un toque diferente, agrégales al final un poco de chile molido.

La manteca de cacao ayuda a que se separen mejor las nueces, aunque no es indispensable.

- 1 taza (200 g) de azúcar
- ¼ de taza (60 ml) de agua
- 1 cucharada (15 ml) de extracto de vainilla
- 1 cucharadita (3 g) de canela molida
- 2 tazas (280 g) de nueces, cacahuates, almendras, pistaches o avellanas
- 3 cucharadas (30 g) de manteca de cacao pulverizada

CHAROLA CON PAPEL SILICONADO O TAPETE DE SILICÓN.

1. Calentar en un sartén grande el azúcar con el agua, el extracto de vainilla, la canela molida y las nueces.
2. Mover continuamente hasta que tenga textura arenosa. Subir el fuego y seguir moviendo hasta que el azúcar se funda y empiece a tomar color ámbar.
3. Incorporar la manteca de cacao y vaciar las semillas garapiñadas en la charola. Separarlas antes de que se enfríen.

Gelatina
de cajeta

Éste es uno de los postres caseros que encanta a niños y adultos por igual.

Si no tienes tiempo de hacer la gelatina en capas, prepara ambas mezclas y déjalas cuajar por separado en dos moldes cuadrados con capacidad de un litro. Corta cada gelatina en cubos pequeños al momento de servirlas y combínalas en copas.

Puedes preparar una gelatina para adultos agregando a la base de leche ½ taza de ron añejo; su sabor complementa muy bien con la cajeta.

Se conserva en refrigeración hasta por una semana.

Gelatina de cajeta
- 2 cucharadas (16 g) de grenetina en polvo u 8 láminas
- 2 tazas (480 ml) de leche
- ¾ de taza (225 g) de cajeta
- 2 cucharadas (30 ml) de extracto de vainilla
- ½ taza (120 ml) de leche evaporada

Gelatina de vainilla
- 2 cucharadas (16 g) de grenetina en polvo u 8 láminas
- 1 taza (240 ml) de leche
- 2 cucharadas (30 ml) de extracto de vainilla
- 1 taza (240 ml) de leche evaporada
- 1 lata (397 g) de leche condensada

Montaje
- 1 taza (120 g) de nueces picadas

---

8 MOLDES DE 7 CM DE DIÁMETRO O CON CAPACIDAD DE ¾ DE TAZA.

Gelatina de cajeta

1. Hidratar la grenetina.
2. Hervir la leche, agregarle el resto de los ingredientes y la grenetina, y mover hasta disolver la cajeta y la grenetina. Retirar la mezcla del fuego y dejarla enfriar a temperatura ambiente.

Gelatina de vainilla

1. Hidratar la grenetina.
2. Hervir la leche, agregarle el resto de los ingredientes y la grenetina, y mover hasta disolver la leche condensada y la grenetina. Retirar la mezcla del fuego y dejarla enfriar a temperatura ambiente.

Montaje

1. Verter en los moldes 1 cm de gelatina de cajeta. Refrigerarla hasta que se sienta firme.
2. Agregar 1 cm de la gelatina de vainilla y refrigerar nuevamente. Repetir la operación hasta que se llenen los moldes. (Si las mezclas se pusieran firmes antes de terminar el montaje, fundirlas a baño María.)
3. Desmoldar las gelatinas y servirlas con las nueces picadas.

Júpiter

Esta tarta, en la que danzan el sabor del chocolate y del cacahuate, está dedicada al niño que llevamos dentro. Su presentación es para manteles largos, pero su sabor arranca sonrisas y recuerdos de cuando todo era más simple.

La decoración de chocolate es un bonito complemento, sin embargo, para una presentación más sencilla, puedes raspar un trozo de chocolate oscuro o con leche, usando un pelador de papas o un cuchillo filoso.

Tartaletas
- 1 receta de pasta para tarta (ver pág. 370)

Salsa espesa de caramelo
- ½ taza (100 g) de azúcar
- ⅔ de taza (160 ml) de crema para batir
- 3 cucharadas (45 g) de mantequilla
- ¾ de taza (180 ml) de leche

Relleno de chocolate con cacahuate
- ½ taza (100 g) de mantequilla
- 1 taza (180 g) de chocolate oscuro picado
- 2 yemas (40 g)
- 1 huevo (50 g)
- 2 cucharadas (30 g) de azúcar
- ⅓ de taza + 1 cucharada (100 g) de crema de cacahuate
- ½ taza (70 g) de cacahuates pelados con sal

Decoración
- Holanes de chocolate (ver pág. 380)
- ¼ de taza (30 g) de azúcar glass

---

8 MOLDES PARA TARTALETA DE 12 CM DE DIÁMETRO.

Tartaletas

1. Extender la pasta y forrar los moldes. Refrigerarlos durante 1 hora.
2. Picar con un tenedor la base de cada tartaleta y hornearlas a 180 ºC durante 10 minutos o hasta que la pasta esté cocida, pero no dorada. Retirar las tartaletas del horno y dejarlas enfriar.

Salsa espesa de caramelo

1. Fundir el azúcar en una cacerola pequeña hasta que tenga color ámbar. Calentar la crema para batir e incorporarla cuidadosamente. Cocinar a fuego bajo hasta que se disuelva el caramelo.
2. Añadir la mantequilla, retirar del fuego, mezclar y dejar enfriar.
3. Reservar ½ taza (120 ml) de la salsa de caramelo para el relleno. Hervir el resto con la leche hasta que tenga consistencia tersa y espesa; retirar del fuego y dejar enfriar.

Relleno de chocolate con cacahuate

1. Fundir la mantequilla con el chocolate y dejarlos entibiar.
2. Batir las yemas y el huevo con el azúcar hasta que se esponjen y blanqueen. Incorporar la mezcla de mantequilla con chocolate con movimientos envolventes. Reservar.
3. Combinar la crema de cacahuate con los cacahuates y la salsa de caramelo reservada. Distribuir esta mezcla en el fondo de las tartas.
4. Verter la mezcla de chocolate en cada tarta y hornearlas a 170 °C durante 10 minutos o hasta que estén doradas. Retirarlas del horno y dejarlas enfriar.

Decoración

1. Decorar las tartaletas con los holanes de chocolate y espolvorearlas con el azúcar glass. Acompañarlas con la salsa espesa de caramelo.

Merengón

DIFICULTAD: ⎪   **RENDIMIENTO:** 8 porciones

También conocido como flan blanco, el merengón era un postre muy popular en los años 50 en México, aunque su origen es mucho más antiguo. Combinado con fruta, es un tesoro que bien vale redescubrir.

La forma de hornearlo es poco convencional pero crucial. Síguela cuidadosamente para obtener un buen resultado.

Sirve el merengón con mangos rebanados o fresas.

En el caramelo del molde puedes colocar almendras fileteadas para obtener una presentación más formal.

Caramelo
- 1½ tazas (300 g) de azúcar

Salsa de vainilla
- 6 yemas (120 g)
- ⅔ de taza (130 g) de azúcar
- 1 taza (240 ml) de crema para batir
- 1½ tazas (360 ml) de leche

- 1 vaina de vainilla
- 1 cucharada (15 ml) de extracto de vainilla

Merengón
- 12 claras (360 g)
- ½ cucharadita (2 g) de cremor tártaro
- 1¾ tazas (350 g) de azúcar

MOLDE PARA ROSCA DE 25 CM DE DIÁMETRO Y 8 CM DE PROFUNDIDAD.

Caramelo

1. Calentar el azúcar a fuego alto hasta que tenga color ámbar claro.
2. Vaciar el caramelo en el molde y moverlo cuidadosamente para cubrir el fondo. Reservar.

Salsa de vainilla

1. Batir las yemas con la mitad del azúcar hasta que estén pálidas y esponjosas. Reservar.
2. Hervir la crema para batir y la leche con el resto del azúcar y la vaina de vainilla abierta por la mitad a lo largo.
3. Combinar las yemas batidas con un poco de la mezcla de crema y leche caliente y añadirlas a la cacerola. Cocinar a fuego bajo, sin dejar de mover, hasta que la preparación espese.
4. Agregar el extracto de vainilla y colar la salsa. Vertirla en un tazón colocado sobre otro más grande con agua y hielos para enfriarla rápidamente.

Merengón

1. Calentar el horno a temperatura máxima.
2. Batir las claras hasta que estén espumosas. Añadirles el cremor tártaro y continuar batiendo hasta que las burbujas de aire se vean más pequeñas.

3. Incorporar la mitad del azúcar y batir hasta que la mezcla espese.
4. Añadir el resto del azúcar y batir hasta que se vea brillante y, al tomar un poco de la mezcla con los dedos, ya no se sientan los cristales de azúcar.
5. Vaciar la mezcla en el molde con caramelo y alisar la superficie.
6. Introducir el molde en el horno y apagarlo. Dejar cocer sin abrir la puerta hasta que el horno se haya enfriado por completo.
7. Desmoldar el merengón y servirlo con la salsa de vainilla.

Palanqueta
de semillas

DIFICULTAD: 🥄🥄🥄   RENDIMIENTO: 30 porciones

Todas las canastas de dulces mexicanos se visten de gala con las palanquetas. Mi favorita es ésta, que combina muchos tipos de semillas y nueces.

Si te gusta un sabor más auténtico, sustituye la mitad del azúcar por piloncillo; las palanquetas serán un poco menos crujientes pero deliciosas.

- 1 taza (350 ml) de jarabe de maíz
- 4 tazas (800 g) de azúcar
- ¾ de taza (180 ml) de agua
- ½ cucharadita (2 g) de sal
- ⅓ de taza (70 g) de mantequilla
- 3 tazas (420 g) de frutos secos y semillas mezclados (nueces, piñones, almendras, cacahuates, ajonjolí, pepitas, semillas de girasol y pistaches)
- 2 cucharadas (30 ml) de extracto de vainilla

CHAROLAS ENGRASADAS O CON PAPEL SILICONADO O TAPETE DE SILICÓN.

1. Hervir en una cacerola grande el jarabe de maíz, el azúcar, el agua, la sal y la mantequilla.
2. Incorporar los frutos secos y las semillas, y cocinar a fuego alto, moviendo hasta que el jarabe espese y tenga color ámbar claro. Retirar del fuego.
3. Añadir el extracto de vainilla y vaciar sobre las charolas. Dejar enfriar hasta que se endurezca y cortar 30 porciones.

EN LA HISTORIA...

LAS CALABAZAS ESTABAN ENTRE LOS CULTIVOS PRINCIPALES DE LOS AZTECAS. SE CONSUMÍAN ENTONCES, COMO HOY, SUS FLORES, SUS GUÍAS TIERNAS Y, POR SUPUESTO, SUS SEMILLAS.

París-Brest

Hay ciertas combinaciones de sabores, que sin importar el paso del tiempo, permanecen como favoritas en el gusto de la gente. El mejor ejemplo son las almendras y el caramelo, que se usan para hacer la deliciosa pasta de praliné que le da sabor a este clásico postre.

Conserva la pasta praliné en un contenedor hermético, de preferencia en refrigeración. La podrás aprovechar para un sinfín de preparaciones como gelatinas, rellenos, salsas o helados, aunque también es simplemente una delicia untada en un pedazo crujiente de pan. Para dar sabor y textura a tus postres, al momento de moler los ingredientes, puedes dejar la preparación con textura de polvo fino, en lugar de molerla hasta obtener una pasta. Puedes conseguir la pasta praliné en tiendas de materias primas para repostería.

Es importante que sirvas los París-Brest tan pronto los hayas terminado de preparar. Así conservarás la pasta choux crujiente y el centro cremoso.

Pasta praliné
- ¾ de taza (150 g) de azúcar
- 3 cucharadas (45 ml) de agua
- 1½ tazas (210 g) de almendras con piel o avellanas sin piel

Choux y relleno
- 1 receta de pasta choux (ver pág. 368)
- 2 tazas de crema pastelera (ver pág. 373)
- ½ taza (100 g) de mantequilla suavizada
- ⅓ de taza + 1 cucharada (100 g) de pasta praliné
- Avellanas o almendras caramelizadas, para decorar

TAPETE DE SILICÓN, MANGA PASTELERA CON DUYA LISA, CHAROLAS PARA HORNO ENGRASADAS Y ENHARINADAS.

Pasta praliné

1. Colocar en un sartén el azúcar con el agua y calentarlos a fuego medio, hasta que alcancen una temperatura de 121 °C o un poco arriba de punto bola suave.

2. Agregar las almendras o avellanas y cocerlas sin dejar de mover hasta que se caramelicen. (En un inicio se verán arenosas e irán tomando color gradualmente.)

3. Retirar del fuego y extenderlas en un tapete de silicón. Dejar enfriar.

4. Moler todo en un procesador hasta obtener una pasta tersa y uniforme. Reservar.

Choux y relleno

1. Introducir la pasta choux en la manga pastelera con duya y formar sobre las charolas 8 círculos de 12 cm de diámetro.

2. Hornearlos a 200 °C hasta que estén dorados y crujientes. Retirarlos del horno y reservarlos.

3. Combinar la crema pastelera con la mantequilla y la pasta praliné. Refrigerar hasta que espese.

4. Cubrir los círculos de choux con la crema de praliné y decorar la superficie con avellanas o almendras caramelizadas.

EN LA HISTORIA...

ESTE CLÁSICO DE LA PASTELERÍA FRANCESA FUE INVENTADO PARA CELEBRAR UNA CARRERA CICLISTA CREADA EN 1891 QUE CONSISTÍA EN UN RECORRIDO PARÍS-BREST-PARÍS. LA FORMA TRADICIONAL DEL PARÍS-BREST ES DE UNA RUEDA, Y EN OCASIONES, EL RELLENO DE CREMA PASTELERA DE PRALINÉ SE COLOCA FORMANDO LÍNEAS MUY DELGADAS PARA SIMULAR LOS RAYOS DE LA LLANTA DE UNA BICICLETA.

Triángulo de praliné

DIFICULTAD: ♨♨♨　　**RENDIMIENTO:** 10 porciones

El praliné es una elegante combinación de almendras y caramelo. Se elabora desde la Edad Media. Es crujiente y muy rico, ideal para combinar con chocolate.

Para hacer el praliné molido, sigue el procedimiento de la página 172; al momento de moler los ingredientes déjalos con una textura de polvo fino y no los muelas del todo.

Pan de chocolate sin harina
- ½ taza (90 g) de chocolate oscuro picado
- 2 cucharadas (30 g) de mantequilla
- 4 yemas (80 g)
- 2 cucharadas (30 ml) de extracto de vainilla
- 4 claras (120 g)
- ½ taza (60 g) de azúcar glass
- ½ taza + 2 cucharadas (70 g) de fécula de maíz

Mousse de chocolate con leche
- ½ taza (120 ml) de leche
- 1¾ tazas (420 ml) de crema para batir
- 2½ tazas (450 g) de chocolate con leche picado

Mousse de praliné
- ⅔ de taza (130 g) de crema pastelera (ver pág. 373)
- ⅓ de taza (70 g) de praliné molido finamente
- 1 taza (240 ml) de crema para batir

Montaje y decoración
- 1 receta de ganache de chocolate oscuro (ver pág. 379)
- Tabletas de chocolate con leche y chocolate obscuro (ver pág. 379)
- Espirales de chocolate oscuro (ver pág. 382)
- 6 nueces y avellanas garapiñadas (ver pág. 162)
- Hoja de oro

MOLDE RECTANGULAR DE 13 × 20 CM ENGRASADO Y ENHARINADO; MOLDE CON FORMA DE PRISMA TRIANGULAR DE 40 CM DE LARGO, 8 CM DE ALTO Y 6.5 CM DE ANCHO, FORRADO CON ACETATO.

Pan de chocolate sin harina
1. Fundir el chocolate con la mantequilla. Agregar las yemas, mezclar e incorporar el extracto de vainilla.
2. Batir las claras con el azúcar glass a punto de turrón.
3. Mezclar con movimientos envolventes ⅓ de las claras batidas con la mezcla de chocolate. Incorporar de la misma forma la fécula de maíz y el resto de las claras.
4. Extender la mezcla en el molde rectangular y hornear a 180 °C durante 15 minutos o hasta que el pan esté cocido. Reservar.

Mousse de chocolate con leche
1. Hervir la leche con ¾ de taza (180 ml) de crema para batir. Agregar el chocolate picado y mezclar hasta que se funda (calentar la mezcla de leche y crema un poco más en caso de ser necesario). Dejar enfriar a temperatura ambiente.
2. Batir la crema restante hasta que forme picos suaves e incorporarla con movimientos envolventes a la mezcla de chocolate.

Mousse de praliné
1. Combinar la crema pastelera con el praliné molido.
2. Batir la crema hasta que forme picos firmes e incorporarla con movimientos envolventes a la mezcla de crema pastelera y praliné.

Montaje y decoración
1. Vaciar la mitad de la mousse de chocolate con leche en el molde con forma de prisma triangular. Cubrir con la mousse de praliné e incorporar el resto de la mousse de chocolate.
2. Cortar el pan de chocolate en 2 tiras de 6.5 × 20 cm y cubrir con ellas la base del molde. Congelar durante 2 horas.
3. Desmoldar y cubrir el prisma triangular con el ganache de chocolate fundido. Decorar con las tabletas y las espirales de chocolate, las nueces y avellanas garapiñadas y la hoja de oro.

sabor a
chocolate

*Ni amor reanudado
ni chocolate recalentado.*

Dicho popular

La región sureste de México recuerda al paraíso, donde la tierra, el clima y las tupidas selvas acogen una vegetación y fauna singular. Aquí, en tiempos remotos, se esparcieron las semillas de una planta esterculiácea. Un arbusto de sólo diez metros de altura: el cacao, refugiado del sol bajo la sombra de una vegetación exuberante, florece para producir frutos ovoides amarillentos, anaranjados o verdosos, surcados a lo largo de su entorno por huecos profundos.

Gracias a un jarro maya hallado en Río Azul, al noreste de Guatemala, conocemos el año 460 a.C. como el nacimiento de la ancestral costumbre maya de preparar el chocolate. Desde aquellos tiempos, los indígenas prehispánicos cultivaron el cacao protegido bajo la sombra de un árbol "madre", el cacahuananche o madre del cacao, *Gliricidia sepium*.

Cuando maduran las vainas, verdes, amarillas, anaranjadas, se cosechan y abren. En su interior, una capa blanca de mucílago envuelve, a manera de regalo, una mazorca con cerca de veinte semillas grandes, cada una forrada por una cascarilla protectora. Los mayas fueron los primeros en utilizarlas. Asoleaban los granos de cacao empapados de su pasta para fermentarlos y obscurecerlos. Entonces los secaban y molían con maíz para preparar una masa. La desleían en agua y surge su refresco cotidiano: el *chakaw-ha'* o bebida caliente (del maya *chakaw*, o caliente; y *ha'*, líquido). Es caliente no porque se consuma así, sino porque es un alimento desarrollado en el árbol y está cerca del cielo. Para los mayas, la concepción cósmica lo ubica como alimento masculino, caliente y seco, a diferencia de las raíces y tubérculos cercanos al inframundo donde los seres son femeninos, húmedos y fríos.

Entre las deidades prehispánicas del cacao aparecen Ek-chuah, un dios maya, negro y narigón; el mismo dios pero mexica es Yacatecuhtli, mercader y peregrino; y Kukulcán (en maya) o Quetzalcóatl (en náhuatl), el mismo que aparece en el *Tonalámatl* o "Libro de los días". Ce Ácatl Topiltzin Quetzalcóatl es el maestro de las ciencias y las artes, el más sabio de los dioses. Enseñaba arte pictórico, astrología y agricultura. Conocía los ciclos agrícolas con gran precisión porque trabajó como jardinero del

paraíso, de donde robó los granos y la fórmula mágica de la bebida de los dioses para dársela a los hombres.

Quetzalcóatl sembró las semillas y creció un arbusto. Luego les proporcionó su alimento y vestido. A Tláloc le pidió la lluvia, y a Xochiquétzal sus flores. Con el tiempo dio frutos y Quetzalcóatl cosechó las vainas, las seleccionó y limpió; extrajo las mazorcas llenas de semillas, las fermentó, las secó, las tostó y las peló. Después, con la ayuda de las mujeres, las molió en un metate caliente de tanta fricción. Extrajo un licor oscuro y les enseñó a mezclarlo con maíz y luego con agua; después, para espumarlo, puso una jícara en el suelo y desde lo alto vertió el contenido de otra. A la bebida de los dioses la llamó *Atlaquetzalli* o "agua preciosa" y se la ofreció a los *tlatoanis*, sacerdotes y nobles.

La tomaban fermentada y ácida. Más tarde se mezcló con *tilxóchitl* o vainilla, *mecatlxóchitl* u hoja santa, *cacaloxóchitl* o flor de mayo, *hueynacazte* u orejuela y *xocoxóchitl*, la pimienta de Tabasco; también se mezcló con *chilli* y especias de la región, como achiote, *pixtle* o hueso de mamey, miel de abeja y miel de maguey.

Durante el siglo XVIII, al conocer la leyenda de Quetzalcóatl, el naturalista sueco Carlos Linneo lo clasificó como *Theobroma cacao* (de *theos*, dios en griego, y *bromatos*, alimento en latín). De esta forma, el cacao conservó su esencia de "alimento de los dioses". Además, los nahuas consideraron de origen divino el *cacahuacahuitl* o árbol del cacao, sus frutos, semillas y, por supuesto, a la bebida preparada con ellas. Aunque en tiempos de la Conquista se usaba la palabra "cacao" para la bebida espumada, pronto apareció el vocablo "chocolate", del náhuatl *xocoatl*. Algunos autores señalan su origen en la onomatopeya del acto de girar con las manos el molinillo para batir y espumar la bebida "choco, choco"; sin embargo, el molinillo es un invento posterior a la Conquista y de influencias asiáticas.

Etimológicamente se han encontrado significados mayas y nahuas. Según el náhuatl, *xocoatl* proviene de *cacahuatl* o *cocoa*, vocablos con los que se designa el grano de cacao, o de *xoco*, agrio; o *xocolia*, agriar, y de *atl*, agua. Es decir, "bebida de cacao" o bien "bebida agria", nombre que coincide tanto en el proceso del cacao

178 Sabor a chocolate

cuando se fermenta, como en la preparación del *pozol*, bebida prehispánica y actual, hecha a base de maíz y cacao.

Cabe destacar que la palabra "chocolate" ha mantenido sus raíces en todos los idiomas. En maya *chokola'k*, y en maya moderno *chacuá*; en popoluca de Sayula, *chiculutl*; en zapoteca del Istmo, *xualdi*. Sin embargo, en lenguas extranjeras se usa la raíz náhuatl. Así, en lengua inglesa y francesa se dice *chocolat*; *cioccolata* o *ciocolatto* en italiano; *schokolade* en alemán; *chocolade* en sueco, *czekolada* en polaco; *csokoláde* en ruso; *xocolatu* en catalán.

Los mexicas establecieron todo un sistema monetario con base en la semilla o grano de cacao: un *countle* eran 400 semillas, el *xiquipil* tenía 20 *countles*, es decir 8 000 semillas. Una carga tenía tres *xiquipiles*, o sea, 24 000 granos de cacao. Todas las semillas de cacao fueron valiosas, pero "las buenas" eran valiosísimas.

A la llegada de los españoles el cacao se mezcló con azúcar y canela. Y de los metates surgió el chocolate de mesa, pero pronto viajó a Europa y regresó perfeccionado en su textura. En el siglo XVIII, un holandés llamado Conrad Van Heuten neutralizó la acidez de los granos fermentados para mejorar su sabor, mientras que los suizos lo hicieron sutilmente soluble y fino al paladar. Incluso lo mezclaron con leche y extrajeron su manteca para crear la "cobertura blanca", un dulce de cacao sin el color oscuro. Entonces aparecieron chocolates amargos, semiamargos, chocolates con leche y hasta los mal llamados chocolates blancos, cuya base se usa para añadirle colores. De esta forma, el chocolate se convirtió en golosina y elemento fundamental de la confitería, repostería y pastelería.

Actualmente, gozan de gran fama los chocolates hechos en países no productores de cacao, donde parte de su secreto se debe a las mezclas de cacaos provenientes de todo el mundo. Se distinguen los finos chocolates belgas, suizos, italianos e ingleses.

La pastelería recibe el sabor, color y textura de esos chocolates, cuya participación no sólo sirve en las cubiertas de pasteles, sino como elemento fundamental de decoración y en las mezclas cremosas de rellenos, o simplemente como toques de sabor en tartaletas y postres.

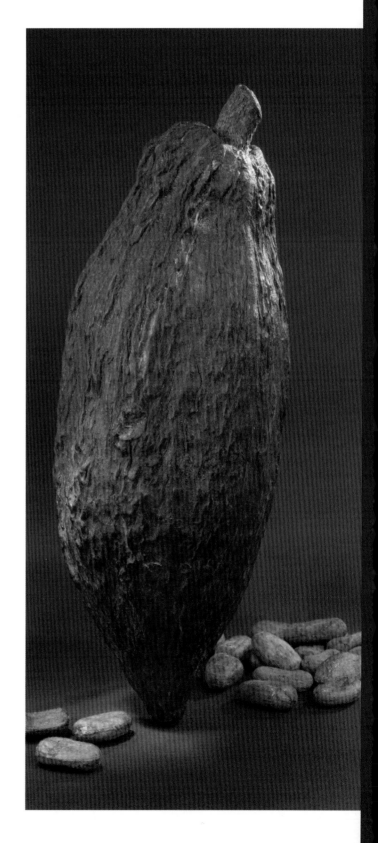

Aireado

Éste es uno de los postres más fáciles y lucidores. La mousse es como debe ser: engañosamente ligera para la profundidad de sabor que tiene. Nadie se puede resistir a su sabor.

Acompaña la mousse con tu galleta o teja favorita. Aportará más sabor al postre y le dará una presentación más elegante.

Si refrigeras este postre y lo sirves el mismo día que lo preparas, será más suave. Sin embargo, para presentarlo con duya es mejor esperar al día siguiente.

Para obtener un sabor más sofisticado, agrega al chocolate fundido un poco de coñac o licor de naranja al coñac.

- 1 taza (180 g) de chocolate oscuro, picado
- ⅓ de taza (80 ml) de leche o café exprés
- 2 cucharadas (30 g) de mantequilla a temperatura ambiente
- 3 yemas (60 g)
- 4 claras (120 g)
- ¼ de taza (50 g) de azúcar

Decoración
- 6 esferas de chocolate oscuro (ver sección Trabajo con chocolate)
- 6 palillos de bambú

MANGA PASTELERA CON DUYA, 6 VASOS O COPAS INDIVIDUALES.

1. Fundir el chocolate oscuro. Mezclarlo con la leche o el café exprés, la mantequilla y las yemas. Reservar.
2. Batir las claras hasta que estén espumosas y agregarles el azúcar; continuar batiendo hasta que formen picos firmes.
3. Incorporar con movimientos envolventes una tercera parte de las claras y la mezcla de chocolate; añadir el resto de las claras de la misma manera.
4. Vaciar la mousse en un recipiente y refrigerarla durante 2 horas.
5. Colocar la mousse en la manga pastelera con duya y servirla en los vasos o en las copas. Decorar con las esferas de chocolate insertadas en los palillos de bambú.

EN LA HISTORIA...

MOUSSE LITERALMENTE QUIERE DECIR ESPUMA. NO CABE DUDA QUE NO HAY NADA NUEVO BAJO EL SOL: EN EL SIGLO XVIII SE PUSIERON DE MODA LAS PREPARACIONES CON ESPUMAS LLAMADAS MOUSSES, QUE ADQUIRÍAN SU TEXTURA, A DIFERENCIA DE LOS RECURSOS MECÁNICOS ACTUALES, CON CLARAS DE HUEVO BATIDAS. PARTICULARMENTE ERAN MUY POPULARES LAS MOUSSES DE FRUTA. LA VERSIÓN DE CHOCOLATE SEGURAMENTE FUE INVENTADA POR EL CÉLEBRE CHEF MENON, QUIEN SERVÍA CONGELADA SU CREACIÓN.

Átomo de chocolate

DIFICULTAD: 🥄🥄🥄 **RENDIMIENTO:** 8 porciones

Pan sumido de chocolate sin harina

- 2½ tazas (450 g) de chocolate oscuro picado
- 1 taza (200 g) de mantequilla
- 8 huevos (400 g)
- ½ taza (100 g) de azúcar
- 1 vaina de vainilla

Relleno espeso de caramelo

- 1¼ tazas (250 g) de azúcar
- 1 taza (240 ml) de crema para batir, caliente
- ¼ de taza (50 g) de mantequilla

Cubierta ligera de chocolate

- 1 taza (180 g) de chocolate oscuro picado
- ⅓ de taza (80 ml) de agua
- 1 cucharadita (5 g) de glucosa o jarabe de maíz

Decoración

- 2 cucharadas (20 g) de azúcar glass
- ⅓ de taza (40 g) de nueces de macadamia tostadas, picadas
- Varas de isomalt con colorante negro (ver sección Trabajo con azúcar)

8 MOLDES PARA PANQUÉ DE 4 CM DE DIÁMETRO Y 1 MOLDE CIRCULAR DE 18 CM DE DIÁMETRO, ENGRASADOS Y ENHARINADOS O CON ANTIADHERENTE.

A veces, de un error surge un gran invento. Este pastel con el centro sumido es el mejor ejemplo.

Es recomendable sacarlo del refrigerador dos horas antes de servirlo para poder apreciar mejor el sabor y la textura.

Puedes refrigerar la cubierta de chocolate restante; para utilizarla simplemente fúndela a fuego bajo.

Pan sumido de chocolate sin harina

1. Fundir el chocolate oscuro con la mantequilla y dejar entibiar.
2. Batir los huevos con el azúcar y el interior de la vaina de vainilla hasta que estén pálidos y hayan aumentado su volumen. Incorporar la mezcla del chocolate con mantequilla con movimientos envolventes.
3. Vaciar la mezcla en los moldes para panqué y el resto en el molde circular. Hornear a 150 °C durante 30 minutos o hasta que los panqués estén cocidos y el pastel esté firme en las orillas y suave en medio.

Relleno espeso de caramelo

1. Calentar el azúcar hasta que se funda y tenga color ámbar claro.
2. Agregar al caramelo la crema caliente con mucho cuidado y mezclar hasta que el caramelo se disuelva en la crema. Integrar la mantequilla, retirarla del fuego y reservar.

Cubierta ligera de chocolate

1. Fundir el chocolate oscuro. Agregar el agua y la glucosa o el jarabe de maíz y mover hasta que la mezcla esté tersa. Retirar del fuego y reservar.

Montaje y decoración

1. Colocar los panqués sobre una rejilla y bañarlos con la cubierta ligera de chocolate.
2. Poner las nueces de macadamia picadas sobre el centro del pastel y vaciarles encima el relleno espeso de caramelo (si es necesario, entibiarlo para que fluya mejor). Espolvorear el azúcar glass.
3. Acomodar los panqués sobre el pastel y decorar con las varas de isomalt.

Bellotas de chocolate

Estos bocaditos son perfectos para las fiestas decembrinas, para celebrar el otoño, o simplemente para consentirnos.

Se pueden preparar los merengues hasta con dos semanas de anticipación. Para conservarlos, se deben guardar en cajas herméticas con trozos de cal viva o gel silica para absorber la humedad.

Merengue de chocolate
- 4 claras (120 g)
- ½ taza (100 g) de azúcar
- ⅔ de taza (80 g) de azúcar glass
- 4 cucharadas (20 g) de cocoa

Crema al praliné
- 1 taza (240 ml) de crema para batir
- 4 cucharadas (40 g) de azúcar glass

- 1 cucharada (15 ml) de extracto de vainilla
- ¼ de taza (62.5 g) de praliné de avellana o almendra (ver pág. 172)

Mousse de chocolate pastelero
- ¾ de taza (120 g) de chocolate oscuro troceado
- 1¼ tazas (300 ml) de crema para batir
- 3 cucharadas (30 g) de azúcar glass

Decoración
- 1½ tazas (135 g) de almendras con cáscara fileteadas
- Hilos de chocolate (ver pág. 382)

MANGA PASTELERA CON DUYA LISA, CHAROLAS PARA HORNO CON PAPEL SILICONADO O TAPETE DE SILICÓN.

Merengue de chocolate

1. Batir las claras con el azúcar a punto de turrón.
2. Cernir el azúcar glass y la cocoa e incorporarlos a las claras con movimientos envolventes.
3. Introducir la mezcla en la manga con duya y formar sobre las charolas 10 gotas de cada uno de los siguientes tamaños: 8, 5 y 3 cm de largo.
4. Hornear los merengues a 120 °C hasta que se sientan secos. Retirarlos del horno y reservarlos.

Crema al praliné

1. Batir la crema con el azúcar glass y el extracto de vainilla hasta que forme picos firmes.
2. Añadir el praliné con movimientos envolventes y reservar.

Mousse de chocolate pastelero

1. Fundir el chocolate y dejarlo entibiar.
2. Batir la crema con el azúcar glass hasta que forme picos firmes e incorporarle el chocolate fundido con movimientos envolventes.
3. Refrigerar la mousse hasta que esté firme.

Montaje y decoración

1. Cubrir los merengues de chocolate más grandes con crema al praliné; acomodar encima de cada uno un merengue mediano, cubrir con más crema y finalizar de la misma forma con los merengues pequeños y la crema restante. Refrigerar algunos minutos para que la crema al praliné se endurezca ligeramente.
2. Cubrir cada bellota con la mousse de chocolate pastelero, dándoles forma ovalada. Enterrar sobre cada bellota las almendras fileteadas, de forma que no se vea la mousse.
3. Servir las bellotas en platos individuales y decorarlas con los hilos de chocolate.

Bombín

Éste es uno de mis pasteles favoritos. Combina chocolate blanco y plátanos en una presentación muy sencilla pero espectacular.

La costra de pasta phylo tiene un sabor neutro. Puedes rellenarla al gusto, con preparaciones a base de frutas frescas o secas.

Plátanos horneados
- 5 plátanos Tabasco (1 kg)
- 1 vaina de vainilla abierta por la mitad a lo largo, cortada en trozos pequeños
- 2 cucharadas (30 g) de mantequilla
- ¼ de taza (50 g) de azúcar

Costra y decoración de pasta phylo
- 10 láminas (370 g) de pasta phylo
- 1 taza (200 g) de mantequilla fundida
- ⅓ de taza (40 g) de azúcar glass
- ½ taza (100 g) de chocolate blanco fundido

REFRACTARIO GRANDE, MOLDE DE 20 CM DE DIÁMETRO, CHAROLA PARA HORNO ENGRASADA.

Cremoso de vainilla
- 1 cucharada (8 g) de grenetina en polvo o 4 láminas
- 4¼ tazas (1 ℓ) de crema para batir
- 2 vainas de vainilla abiertas por la mitad a lo largo
- 12 yemas (240 g)
- 1 taza (200 g) de azúcar
- 1 cucharada (15 ml) de extracto de vainilla

Decoración
- 1 cucharada (5 g) de cocoa
- 2 cucharadas (20 g) de azúcar glass

Plátanos horneados
1. Partir los plátanos por la mitad a lo largo y colocarlos en el refractario con la cáscara hacia abajo. Ponerles encima trozos de la vaina de vainilla, la mantequilla y el azúcar.
2. Hornear los plátanos a 180 °C durante 30 minutos o hasta que estén cocidos y dorados. Retirarlos del horno y dejarlos enfriar.
3. Retirar la cáscara de cada plátano y cortarlos en rebanadas. Reservar.

Costra y decoración de pasta phylo
1. Forrar el molde con 6 capas de pasta phylo, barnizando entre capa y capa con un poco de mantequilla. Espolvorear al final con un poco de azúcar glass. Reservar.
2. Cubrir la charola para horno con 3 capas de pasta phylo, barnizando con mantequilla y espolvoreando un poco de azúcar glass entre cada capa.
3. Hornear ambas preparaciones de pasta phylo a 180 °C durante 30 minutos o hasta que estén doradas. Retirarlas del horno y dejarlas enfriar.
4. Cuando la preparación del molde circular esté fría, barnizarla con el chocolate blanco fundido y dejarlo endurecer.

Cremoso de vainilla
1. Hidratar la grenetina.
2. Hervir en una cacerola la crema para batir y las vainas de vainilla.
3. Batir las yemas con el azúcar hasta que estén pálidas y mezclarlas con un poco de la crema caliente.
4. Verter las yemas en la cacerola con el resto de la crema y cocer a fuego bajo moviendo continuamente, hasta que la preparación espese.
5. Agregar la grenetina, mezclar hasta que se funda e incorporar el extracto de vainilla. Colar y dejar enfriar.

Montaje y decoración
1. Rellenar la preparación de pasta phylo con chocolate blanco con el cremoso de vainilla, alternando con las rebanadas de plátano.
2. Trocear la preparación restante de pasta phylo y acomodarla sobre el relleno.
3. Espolvorear el bombín con el azúcar glass y la cocoa.

Brownies
y blondies

No precisamente galletas o pasteles, los brownies forman una categoría por sí solos. Este invento estadounidense relativamente reciente, ha invadido los corazones de los golosos en todo el mundo.

Siempre hay que mantener los brownies y blondies a temperatura ambiente y en un envase hermético para evitar que se resequen y se endurezcan.

Estos brownies y blondies son tan húmedos que, para saber si están cocidos, debes guiarte por la apariencia de su superficie.

Brownies de 3 chocolates

- 1⅓ tazas (240 g) de chocolate oscuro picado
- ⅓ de taza (60 g) de chocolate blanco picado
- ½ taza (90 g) de chocolate con leche picado
- ⅓ de taza (70 g) de mantequilla
- ½ taza (100 g) de azúcar
- ⅓ de taza (67 g) de azúcar mascabado
- ½ taza (60 g) de nueces picadas
- 2 cucharadas (30 ml) de extracto de vainilla
- 3 huevos (150 g)
- ¾ de taza (105 g) de harina

Decoración

- ⅔ de taza (160 ml) de crema para batir
- 1 taza (180 g) de chocolate oscuro picado
- 1 taza (120 g) de nueces picadas

Blondies

- 1⅓ tazas (240 g) de chocolate blanco picado
- 4 cucharadas (60 g) de mantequilla
- 3 huevos (150 g)
- ½ taza (100 g) de azúcar
- ½ cucharadita (2 g) de sal
- ¾ de taza + 1 cucharada (120 g) de harina
- 1 cucharada (15 ml) de extracto de vainilla
- 1 taza (125 g) de frambuesas
- ¼ de taza (30 g) de azúcar glass

2 MOLDES CUADRADOS DE 18 CM ENGRASADOS Y ENHARINADOS.

Brownies de 3 chocolates

1. Fundir en un mismo recipiente los 3 chocolates, la mantequilla y ambos azúcares. Mezclar perfectamente y dejar entibiar.
2. Incorporar las nueces picadas, el extracto de vainilla, los huevos y la harina.
3. Vaciar la mezcla en uno de los moldes y hornear a 170 °C durante 20 minutos o hasta que el brownie esté firme, pero no dorado. Sacarlo del horno y reservarlo.

Decoración

1. Calentar la crema para batir sin dejar que hierva. Añadir el chocolate picado y mezclar hasta que se derrita por completo y se integre. Dejar enfriar.
2. Cubrir toda la superficie del brownie con la preparación de chocolate y espolvorear las nueces picadas.
3. Dejar enfriar el brownie hasta que el glaseado se endurezca y cortar el brownie en cuadros de 4.5 cm por lado.

Blondies

1. Fundir el chocolate blanco y agregar la mantequilla.
2. Batir los huevos con el azúcar hasta que estén pálidos y esponjosos. Incorporar, con movimientos envolventes, el chocolate, la sal, la harina y el extracto de vainilla. Integrar las frambuesas cuidadosamente.
3. Vaciar la mezcla en el molde y hornear a 170 °C durante 20 minutos o hasta que el blondie esté ligeramente dorado. Sacarlo del horno y dejarlo enfriar.
4. Espolvorear la superficie con el azúcar glass y cortar el blondie en cuadros de 4.5 cm.

Con todo mi
corazón

Para los amantes del chocolate y también para aquellos que les gusta festejar el amor todos los días.

Si no deseas darle el acabado con spray de chocolate, bañarlo con el ganache será suficiente para lograr un efecto profesional. Puedes usar ganache de chocolate oscuro o con leche.

Pan de chocolate y nuez
- 1 taza (200 g) de chocolate oscuro fundido, caliente
- ½ taza (100 g) de mantequilla
- 1 vaina de vainilla
- 6 huevos (300 g)
- ¾ de taza (150 g) de azúcar
- 2 tazas (200 g) de nueces molidas

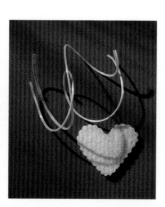

Crema untable de chocolate
- 1 cucharada (8 g) de grenetina en polvo o 4 láminas
- 2 ½ tazas (600 ml) de crema para batir
- ¼ de taza (30 g) de azúcar glass
- 1 vaina de vainilla o 1 cucharada (15 ml) de extracto de vainilla
- ⅔ de taza (215 g) de ganache de chocolate oscuro, tibio (ver pág. 379)

Decoración
- ⅔ de taza (215 g) de ganache de chocolate oscuro (ver pág. 379)
- Spray de chocolate con leche (ver pág. 378)
- Corazones de azúcar (ver pág. 384)
- Hilos de azúcar (ver pág. 384)
- Flor comestible cristalizada
- Hoja de oro

MOLDE CON FORMA DE CORAZÓN DE 20 CM Y 5 CM DE ALTURA, ENGRASADO Y ENHARINADO.

Pan de chocolate y nuez
1. Combinar el chocolate fundido con la mantequilla y el interior de la vaina de vainilla. Dejarlo entibiar.
2. Batir los huevos con el azúcar hasta que tripliquen su volumen. Incorporarlos, con movimientos envolventes, a la mezcla de chocolate, alternando con las nueces molidas.
3. Vaciar la mezcla en el molde y hornear a 170 °C durante 40 minutos o hasta que el pan esté cocido.

Crema untable de chocolate
1. Hidratar la grenetina.
2. Batir la crema con el azúcar glass y el interior de la vaina de vainilla o el extracto de vainilla.
3. Fundir la grenetina y combinarla con el ganache tibio; incorporar la crema batida con movimientos envolventes.
4. Refrigerar la crema hasta que esté suficientemente firme para untarla.

Montaje y decoración
1. Cubrir el pan de chocolate y nuez con la crema untable de chocolate y congelarlo durante 1 hora.
2. Cubrir el pan con el ganache de chocolate oscuro y refrigerar hasta que esté firme.
3. Terminar de cubrir el pastel con el spray de chocolate y decorar con el resto de los elementos.

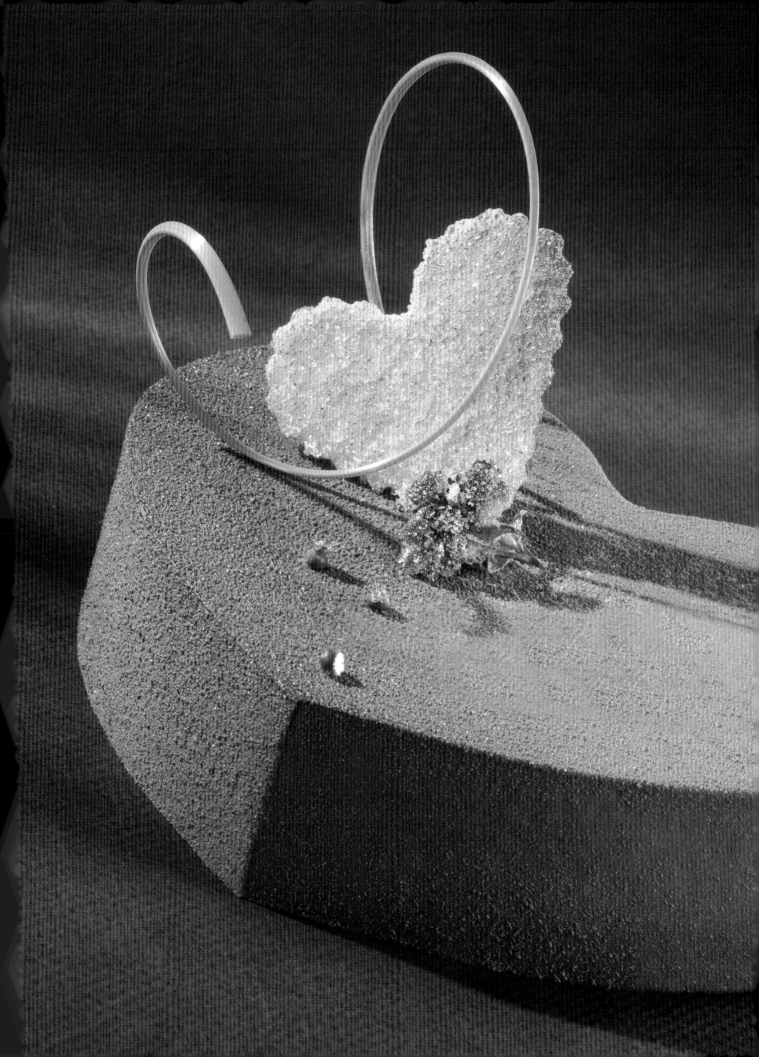

Crujientes
y cremas

Una pequeña fiesta de sabor en un bocado ideal para un coctel.

La tendencia actual es presentar los bocadillos en formas originales y divertidas. Puedes poner azúcar dentro de una caja de acrílico y clavar ahí los crujientes.

Es importante rebanar y montar la fruta justo antes de servir el postre para que permanezca fresca.

Copas de chocolate
- 1 taza (180 g) de chocolate oscuro, picado

Relleno de chocolate blanco
- 1 taza (240 ml) de crema para batir
- ½ taza (100 g) de azúcar
- ½ taza (160 g) de ganache de chocolate blanco (ver pág. 379)
- Zarzamoras, fresas y frambuesas, para decorar
- Hojas de menta, para decorar

MOLDE PARA CHOCOLATES CON FORMA DE CONO DE 4 CM DE DIÁMETRO EN LA BASE, MANGA PASTELERA CON DUYA RIZADA.

Copas de chocolate
1. Temperar el chocolate y formar 20 conos utilizando el molde (ver sección Trabajo con chocolate). Reservarlos.

Relleno de chocolate blanco y montaje
1. Batir la crema con el azúcar hasta que se formen picos firmes.
2. Batir el ganache de chocolate blanco hasta que esté ligero y mezclarlo con la crema batida con movimientos envolventes. Introducir esta crema en la manga con duya.
3. Rellenar los conos con la crema de chocolate blanco. Decorar con la fruta y las hojas de menta.

EN LA HISTORIA...

EL TÉRMINO *PETIT FOUR* TIENE SU ORIGEN EN EL SIGLO XVIII. ORIGINALMENTE LOS PASTELEROS LOS HORNEABAN AL TERMINAR SU JORNADA, DESPUÉS DE LAS PIEZAS GRANDES. SU NOMBRE, MÁS QUE DEFINIR SU TAMAÑO, SIGNIFICABA QUE LA TEMPERATURA DEL HORNO YA ESTABA MÁS BAJA, POR LO QUE SE HACÍAN PIEZAS PEQUEÑAS. PODÍAN SER DULCES O SALADOS, PERO GRADUALMENTE EL NOMBRE FUE ADOPTADO PARA LAS PREPARACIONES DULCES QUE SE SIRVEN AL CERRAR UN COCTEL O DESPUÉS DEL CAFÉ.

Enjambres
con amaranto

DIFICULTAD: | **RENDIMIENTO:** 500 g

Deliciosamente nutritivos, son ideales para un regalito o para el lunch.

Si te vas a iniciar en el mundo del trabajo con chocolate, ésta es la receta para dar un buen primer paso.

- 1 taza (180 g) de chocolate con leche picado
- 1 taza (180 g) de chocolate oscuro picado
- 1 taza (180 g) de chocolate blanco picado
- 6 tazas (180 g) de amaranto

1. Fundir a baño María los chocolates por separado, sin que el agua hierva. Es recomendable hacerlo lentamente y a temperatura baja para que no pierdan el temperado de fábrica.
2. Distribuir el amaranto entre los tres chocolates y mezclar cada uno con una espátula.
3. Formar con una cuchara y sobre la charola montoncitos de cada mezcla de chocolate del tamaño deseado.
4. Refrigerar los enjambres unos minutos hasta que el chocolate se endurezca. Conservarlos a temperatura ambiente.

Se puede sustituir el amaranto por arroz inflado, hojuelas de maíz o cereal inflado de trigo.

Para tener un rico contraste de sabores, incorpora a los enjambres nueces, pistaches o cacahuates, reduciendo la cantidad de amaranto.

EN LA HISTORIA...

LOS AZTECAS HACÍAN FIGURAS DE SUS DIOSES CON UNA PASTA DE AMARANTO Y MIEL PARA CONSUMIRLOS COMO PARTE DE SUS CEREMONIAS RELIGIOSAS. ESTA PLANTA, DE LA CUAL SE APROVECHAN TODAS LAS PARTES, ES SUMAMENTE NUTRITIVA. HOY EN DÍA SE CULTIVA EN LA ZONA DE XOCHIMILCO Y CADA AÑO SE HACE UNA FIESTA DONDE SE CELEBRA AL "PAN FINO DE ALEGRÍA", QUE SE ELABORA TOSTANDO LAS SEMILLAS EN UN COMAL PARA DESPUÉS COMBINARLOS CON MIEL DE ABEJA. ESTA PREPARACIÓN SE PONE AL FUEGO HASTA QUE ESPESA Y LUEGO SE MOLDEA.

Fondue
de chocolate

Para que la sobremesa dure toda la noche, hay que preparar un fondue con cada tipo de chocolate.

Se puede congelar el fondue sobrante en bolsas de plástico resellables. Para descongelarlo, se debe hacer primero en refrigeración y después a temperatura ambiente.

Si al comer el fondue se llegara a espesar, agrégale un poco de leche o crema para batir.

Si no tienes un recipiente para fondue, puedes utilizar un recipiente de vidrio o cerámica resistente al calor y colocar por debajo una vela pequeña que servirá para mantener líquido el fondue.

- ¾ de taza (180 ml) de crema para batir
- 1 cucharada (20 g) de jarabe de maíz
- 1 taza (160 g) de chocolate oscuro, blanco o con leche, troceado
- 2 cucharadas (30 g) de mantequilla

Montaje
- Frutas de temporada: cereza, kiwi, plátano, fresa, carambola, higo, durazno, manzana, pera, zarzamora, frambuesa, gajos de mandarina, uvas, etcétera
- Galletas, bombones y cubos de panqué

1. Hervir la crema para batir. Agregar el jarabe de maíz, el chocolate troceado y la mantequilla y cocinar a fuego bajo hasta que el chocolate se funda y todos los ingredientes estén bien incorporados.

Montaje
1. Vaciar el fondue de chocolate en un recipiente para fondue.
2. Acompañar el fondue con las frutas y el resto de los ingredientes al gusto.

Frío
o caliente

DIFICULTAD: ♦♦♦   RENDIMIENTO: 6 soufflés

Este postre es un juego de temperaturas, y su nombre lo dice todo; simplemente agregaría que la salsa perfumada con semillas de cilantro es muy especial.

Se puede preparar y congelar hasta por dos meses. Se debe descongelar en refrigeración antes de servirlo.

Me gusta poner en los soufflés helados o alguna sorpresa al fondo del molde. En este caso particular, combinarían de maravilla orejones de chabacano y pistaches cocidos con un poco de licor de naranja.

Soufflé frío de chocolate

- 2 cucharadas (16 g) de grenetina en polvo u 8 láminas
- 1½ tazas (240 g) de chocolate oscuro troceado
- 1 taza (240 ml) de leche caliente
- ½ taza (120 ml) de agua
- ¾ de taza (150 g) de azúcar
- 7 yemas (140 g)
- 1¾ tazas (420 ml) de crema para batir

Salsa de chocolate al cilantro

- ¼ de taza (60 ml) de leche
- ⅔ de taza (160 ml) de crema para batir
- 1 cucharada (5 g) de semillas de cilantro, quebradas
- 1 taza (160 g) de chocolate oscuro troceado

Decoración

- Violetas comestibles

---

6 MOLDES PARA SOUFFLÉ DE 9 CM DE DIÁMETRO, FORRADOS POR DENTRO CON UNA TIRA DE ACETATO QUE REBASE 3 CM EL BORDE DE LOS MOLDES.

Soufflé frío de chocolate

1. Hidratar la grenetina.
2. Fundir el chocolate oscuro y mezclarlo con la leche caliente.
3. Incorporar la grenetina a la mezcla de chocolate y mover hasta que se funda.
4. Hacer un jarabe hirviendo el agua con el azúcar hasta que se espese ligeramente.
5. Batir las yemas y agregar el jarabe caliente gradualmente; continuar batiendo hasta que estén ligeras y espumosas. Mezclarlas con el chocolate con movimientos envolventes.
6. Batir la crema hasta que forme picos firmes e incorporarla a la mezcla de chocolate y yemas.
7. Vaciar en los moldes y congelar durante 2 horas como mínimo.

Salsa de chocolate al cilantro

1. Hervir la leche y la crema para batir con las semillas de cilantro quebaradas. Agregar el chocolate oscuro y mover hasta que se funda. Retirar del fuego y reservar la salsa caliente.

Montaje y decoración

1. Retirar con cuidado el acetato de los moldes. Decorar los soufflés con las violetas y servirlos con la salsa de chocolate al cilantro caliente.

Garabateados

En estas deliciosas galletas, la combinación crujiente de la galleta con el cremoso relleno es realmente espléndida.

Se puede cambiar el chocolate oscuro del relleno por chocolate blanco o con leche; incluso le puedes agregar pasitas o chabacanos picados.

Si quieres conservar las galletas crujientes una vez armadas, te sugiero guardarlas en un recipiente hermético durante tres días como máximo.

Puedes hacer las galletas de mantequilla y el relleno de chocolate hasta con dos semanas de anticipación y simplemente montarlas cuando las vayas a servir.

Galletas de mantequilla
- 1¼ tazas + 2 cucharaditas (260 g) de mantequilla
- ½ taza (100 g) de azúcar
- 2 huevos (100 g)
- 3⅓ tazas + 1½ cucharadas (480 g) de harina

Relleno de chocolate
- ¾ de taza (180 ml) de crema para batir
- 1 taza (180 g) de chocolate oscuro picado

CORTADOR PARA GALLETAS DE 5 CM DE DIÁMETRO, CHAROLAS PARA HORNO ENGRASADAS Y ENHARINADAS O CON PAPEL SILICONADO O TAPETE DE SILICÓN, MANGA PASTELERA, 1 DUYA LISA GRUESA Y 1 DUYA LISA Y DELGADA.

Galletas de mantequilla

1. Acremar la mantequilla con el azúcar y agregar los huevos uno por uno; continuar batiendo hasta que la mezcla esté ligera.
2. Incorporar poco a poco la harina hasta obtener una masa, sin trabajarla demasiado. Refrigerar durante 1 hora.
3. Extender la masa en una superficie previamente enharinada y cortar círculos con el cortador para galletas. Acomodarlos en las charolas.
4. Hornear las galletas a 160 ºC durante 20 minutos o hasta que estén ligeramente doradas. Reservarlas.

Relleno de chocolate

1. Hervir la crema y agregarle el chocolate; mezclar hasta que se funda.
2. Dejar enfriar hasta que la mezcla se espese, pero que se pueda untar.

Montaje

1. Colocar el relleno de chocolate en la manga con duya gruesa y poner el equivalente a 1 cucharadita del relleno en el centro de la mitad de las galletas; cubrirlas con las galletas restantes.
2. Entibiar el relleno restante y, con la duya de punta delgada, formar garabatos en la superficie de las galletas. Dejar endurecer el chocolate antes de consumirlas o guardarlas.

Hojas de otoño

Uno de los pasteles de chocolate visualmente más atractivos. Me recuerda el crujir de las hojas secas del bosque con una fresca brisa inesperada en la compota de cerezas. Cada componente por sí solo es exquisito, pero la combinación es una verdadera sinfonía.

Para que el merengue esté verdaderamente crujiente, te sugiero armar el postre con tres horas de anticipación como máximo.

Si no cuentas con una manga con duya, puedes formar los cuadros de merengue con una cuchara o con una bolsa de plástico con un orificio en una de las puntas.

Compota de cerezas

- 2½ tazas (500 g) de cerezas deshuesadas
- ⅓ de taza (65 g) de azúcar
- 1 cucharada (8 g) de fécula de maíz
- 1 cucharada (15 ml) de agua

Merengue de chocolate a la naranja

- 4 claras (120 g)
- ½ taza (100 g) de azúcar
- ⅔ de taza (80 g) de azúcar glass
- 4 cucharadas (20 g) de cocoa
- 1 cucharadita (2 g) de ralladura de naranja

Chantilly de chocolate

- 1½ tazas (240 g) de chocolate con leche u oscuro, troceado
- 2½ tazas (600 ml) de crema para batir
- ½ taza (100 g) de azúcar

Decoración

- Hojas de chocolate (ver pág. 381)
- Polvo de oro

MANGA PASTELERA CON DUYA LISA, CHAROLAS PARA HORNO CON PAPEL SILICONADO O TAPETE DE SILICÓN.

Compota de cerezas

1. Cocinar las cerezas a fuego bajo con el azúcar hasta que suelten su jugo.
2. Diluir la fécula de maíz en el agua e incorporarla a las cerezas; dejar hervir hasta que la compota espese. Retirarla del fuego y dejarla enfriar.

Merengue de chocolate a la naranja

1. Batir las claras hasta que estén espumosas, agregar el azúcar y continuar batiendo hasta que forme picos firmes.
2. Cernir el azúcar glass con la cocoa. Incorporarlas a las claras batidas con movimientos envolventes junto con la ralladura de naranja.
3. Introducir la mezcla en la manga con duya y formar, sobre las charolas, 4 cuadrados de 20 cm por lado.
4. Hornear los merengues a 120 °C o hasta que se sientan secos y firmes.

Chantilly de chocolate

1. Fundir el chocolate y dejarlo entibiar.
2. Batir la crema con el azúcar hasta que forme picos firmes y añadir el chocolate con movimientos envolventes.
3. Refrigerar hasta que tenga una consistencia espesa, pero que se pueda untar.

Montaje y decoración

1. Usando un pincel de cerdas suaves, decorar las hojas de chocolate con el polvo de oro.
2. Alternar capas de cuadros de merengue de chocolate, compota de cerezas y chantilly de chocolate.
3. Cubrir todo el pastel con chantilly de chocolate y decorarlo con las hojas de chocolate con polvo de oro.

Las flores
de mi jardín

Me divierte mucho crear postres como éste que tienen un toque de humor. Al llegar a la mesa, todos se quedan sorprendidos y no saben por dónde empezar. Al ir descubriendo los sabores, como niños chiquitos, todos disfrutan romper las partes y, de cierta forma, jugar con su comida.

Unta las macetas con un poco de chocolate fundido y espolvoréalas con cocoa; les darás una apariencia aún más real.

Macetas de chocolate
- 3¼ tazas (650 g) de chocolate oscuro temperado (ver pág. 377)

Mousse de chocolate
- ¾ de taza (120 g) de chocolate con leche troceado
- ¾ de taza (120 g) de chocolate oscuro troceado
- 2 tazas (480 ml) de crema para batir

Tierra de blueberries
- 1¾ tazas (290 g) de blueberries

Montaje
- 1¾ tazas (290 g) de blueberries o frutos rojos picados
- Flores comestibles con tallos largos
- Ramas de menta

MOLDES PARA CHOCOLATE CON FORMA DE MACETA DE 7 CM DE ALTURA, CHAROLA PARA HORNO CUBIERTA CON PAPEL SILICONADO O TAPETE DE SILICÓN.

Macetas de chocolate
1. Formar 12 macetas con el chocolate oscuro temperado (ver pág. 379).

Mousse de chocolate
1. Fundir ambos chocolates.
2. Montar la crema para batir hasta que forme picos suaves.
3. Incorporar con movimientos envolventes la crema montada con el chocolate fundido. Reservar en refrigeración.

Tierra de blueberries
1. Colocar los blueberries sobre la charola y hornearlos a 90 °C durante 2 horas o hasta que estén completamente secos.
2. Sacarlos del horno y dejarlos enfriar. Molerlos en un procesador de alimentos hasta que tengan textura de tierra.

Montaje
1. Distribuir los blueberries o los frutos rojos picados en las macetas y llenarlas con la mousse de chocolate. Refrigerarlas durante 30 minutos o hasta el momento de servir.
2. Espolvorear la superficie de la mousse de chocolate con la tierra de blueberries y decorar con las flores comestibles y las ramas de menta.

Malteada
densa de chocolate

Perfecta para dar la bienvenida al final de un largo día de trabajo. También es un pretexto ideal para comer galletas o simplemente para endulzarse la vida.

Puedes usar helado de café o una combinación de helado de café y chocolate.

- 2½ tazas (600 ml) de leche
- 3 tazas (280 g) de helado de chocolate
- ¼ de taza (80 g) de ganache de chocolate oscuro
- ½ taza (60 g) de almendras o cacahuates garapiñados, molidos

1. Licuar la leche con el helado y el ganache de chocolate.
2. Vaciar las malteadas en 6 vasos y decorarlas con las almendras o cacahuates molidos.

En la historia...

Desde el Imperio Romano ya existían los helados. De los Alpes llegaban a Roma carretas con nieve empacada en paja. Nerón ofrecía a sus invitados esta nieve con frutas troceadas y miel. Sin embargo, fueron los chinos quienes inventaron el principio de las máquinas de helados. Ponían pequeños moldes con jugos de fruta en recipientes con nieve y sal para bajar la temperatura. Dicen que Marco Polo llevó estas máquinas a Venecia; de hecho, la palabra sorbete quiere decir "bebida de fruta". Fue hasta el siglo XV que se usó crema para hacer helados. Muy pronto se extendió su popularidad al resto de Europa y el mundo.

Otelo

Estas galletas son una verdadera sorpresa. Por fuera, su apariencia es la de un merengue de chocolate brillante; son crujientes, pero al partirlas tienen una deliciosa consistencia cremosa y un intenso sabor a chocolate.

Consérvalas en un recipiente hermético hasta dos semanas.

Para un sabor totalmente distinto y una textura más crujiente, puedes sustituir las nueces molidas por almendras o cacahuates.

- 1½ tazas + 1 cucharada (290 g) de chocolate oscuro picado
- ¼ de taza (50 g) de mantequilla
- 3 huevos (150 g)
- ¾ de taza (150 g) de azúcar
- 2½ tazas (250 g) de nueces molidas
- ⅔ de taza (120 g) de chispas de chocolate
- 2 cucharadas (20 g) de harina
- 1 cucharadita (2 g) de polvo para hornear

CHAROLAS PARA HORNO ENGRASADAS Y ENHARINADAS O CON PAPEL SILICONADO.

1. Fundir el chocolate con la mantequilla y mezclar bien hasta incorporar ambos ingredientes. Dejarlos entibiar.
2. Batir los huevos con el azúcar hasta que aumenten su volumen.
3. Combinar en un tazón las nueces molidas, las chispas de chocolate, la harina y el polvo para hornear. Añadirlos, con movimientos envolventes, a los huevos batidos, alternando con el chocolate fundido. La mezcla debe quedar con color uniforme.
4. Formar las galletas sobre las charolas con una cuchara y hornearlas a 170 °C durante 15 minutos o hasta que la superficie se vea brillante, pero no dorada. Los centros quedarán suaves.
5. Retirar las galletas del horno y dejarlas enfriar antes de despegarlas de las charolas.

Panqué
marmoleado

Éste es un panqué suficientemente sencillo para tenerlo en casa y disfrutarlo a cualquier hora. También es ideal para ofrecerlo como postre acompañado con frutas o como el maridaje perfecto del café de la tarde. Su miga es muy húmeda y fina.

Se puede conservar en un recipiente hermético a temperatura ambiente hasta por una semana o congelado hasta por cuatro meses.

- 3¾ tazas + 1 cucharadita (530 g) de harina
- 1 cucharada (10 g) de polvo para hornear
- 1½ tazas + 1 cucharada (315 g) de mantequilla
- 4½ tazas (540 g) de azúcar glass
- 8 huevos (400 g)
- ⅔ de taza (160 ml) de leche
- 8 cucharadas (40 g) de cocoa

Decoración
- ¼ de taza (30 g) de azúcar glass

MOLDE PARA ROSCA DE 24 CM
ENGRASADO Y ENHARINADO.

---

1. Cernir la harina con el polvo para hornear.
2. Batir la mantequilla con el azúcar glass hasta que esté pálida y esponjosa, y agregar los huevos uno por uno sin dejar de batir.
3. Incorporar la harina con movimientos envolventes, alternando con la leche.
4. Dividir la mezcla en dos partes y mezclar una de ellas con la cocoa.
5. Vaciar ambas mezclas en el molde, alternando cucharadas de cada una. Marmolear introduciendo en la mezcla un cuchillo y mezclándola ligeramente.
6. Hornear el panqué a 180 °C durante 50 minutos o hasta que al insertar un palillo en el centro del panqué, éste salga limpio.
7. Retirar el panqué del horno y dejarlo enfriar por algunos minutos. Desmoldarlo y espolvorearlo con azúcar glass.

Pastel
de chocolate Patricio

DIFICULTAD: 🥄🥄🥄   RENDIMIENTO: 8 porciones

Una deliciosa e impresionante opción para todas las estaciones del año. Refrigerado o congelado, ofrece experiencias totalmente distintas.

Si la decoración te parece muy difícil, puedes sólo rallar chocolate con un pelapapas y colocarlo en la superficie del pastel.

Costra de galletas sándwich de chocolate
- 2 tazas (180 g) de galletas sándwich de chocolate
- ⅓ de taza (70 g) de mantequilla

Relleno de chocolate a la mantequilla
- 1⅔ tazas (300 g) de chocolate oscuro picado
- 1 taza (200 g) de mantequilla
- ¼ de taza (50 g) de azúcar
- 6 yemas (120 g)
- 6 claras (180 g)

Decoración
- Cigarrillos de chocolate (ver pág. 380)
- ¼ de taza (50 g) de chocolate oscuro fundido
- ½ taza (50 g) de cocoa
- 1 trufa

MOLDE DE 22 CM DE DIÁMETRO Y 7 CM DE ALTURA.

Costra de galletas sándwich de chocolate
1. Moler las galletas enteras en un procesador de alimentos hasta obtener una pasta fina.
2. Fundir la mantequilla y mezclarla con las galletas molidas hasta obtener una masa. Cubrir el molde con esta masa, presionando para tener una capa uniforme en toda la superficie. Reservar.

Relleno de chocolate a la mantequilla
1. Fundir el chocolate y dejarlo entibiar.
2. Acremar la mantequilla con la mitad del azúcar, agregar las yemas y batir hasta que la mezcla esté pálida y ligera.
3. Batir las claras hasta que formen picos suaves, agregarles
4. el resto del azúcar y continuar batiendo hasta que forme picos firmes.
5. Combinar, con movimientos envolventes, la mezcla de mantequilla con el chocolate fundido y ⅓ de las claras para aligerar la preparación. Incorporar, con movimientos envolventes, el resto de las claras.
6. Vaciar la preparación sobre la costra de galletas y refrigerar el postre durante 4 horas o congelar durante 2 horas.

Decoración
1. Desmoldar el pastel y pegar cigarrillos de chocolate alrededor con un poco del chocolate fundido. Acomodar el resto de los cigarrillos en la superficie.
2. Espolvorear el pastel con la cocoa y terminar de decorar con la trufa.

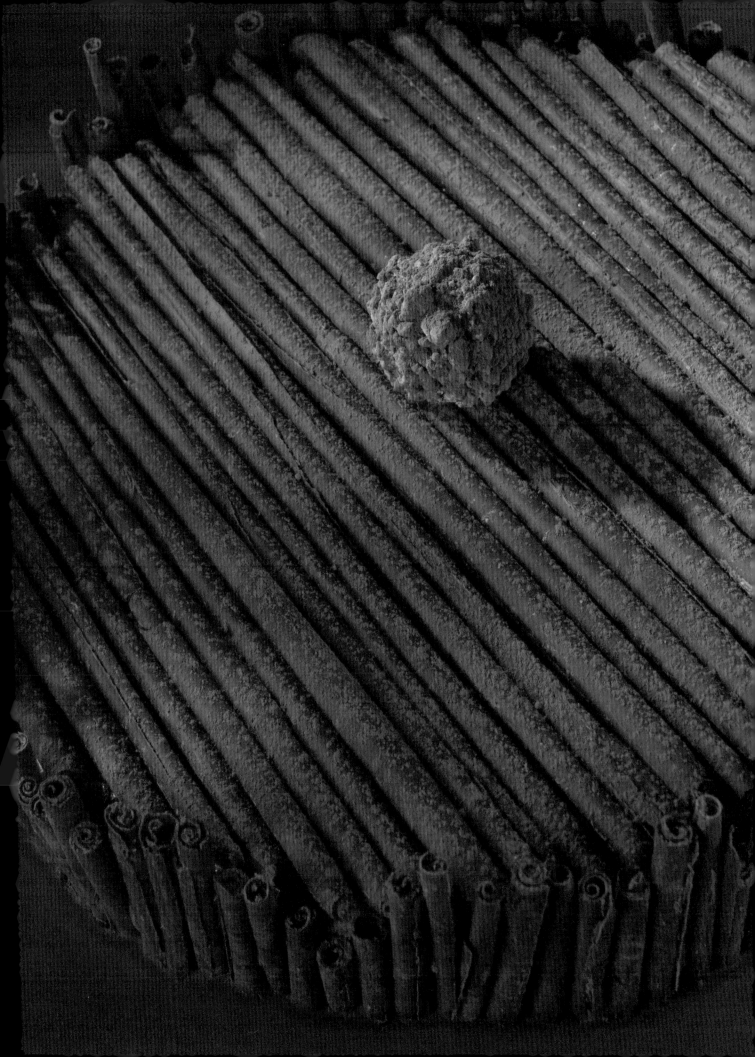

Pastel
de la Copa Mundial

DIFICULTAD: 🥄🥄🥄🥄   **RENDIMIENTO:** 8 porciones

Con este pastel representé a México en 2001 durante la Copa Mundial de Repostería en Francia, gracias al Vatel Club. Mis compañeros de equipo eran los chefs Fidel Baeza y un hijo del querido Chef Alejandro Heredia. Fue una magnífica experiencia. Además de que el jurado calificó la presentación y el sabor, se le otorgó un puntaje especial al corte del pastel: se pueden apreciar diferentes capas y texturas.

Biscuit sacher
- ¾ de taza (165 g) de pasta de almendra
- 4 yemas (80 g)
- 1 huevo (50 g)
- 1⅓ de taza + 1 cucharada (50 g) de azúcar glass
- 2½ cucharadas (45 g) de mantequilla
- ¼ de taza (40 g) de pasta de cacao picada
- ⅓ de taza (47 g) de harina
- 4 cucharadas (20 g) de cocoa
- 3 claras (90 g)
- ¼ de taza (50 g) de azúcar

Cremoso de naranja
- 1 cucharada (8 g) de grenetina en polvo o 4 láminas
- 1¼ tazas (300 ml) de crema para batir

- 1 cucharada (5 g) de ralladura de naranja
- ¼ de taza + 2 cucharaditas (60 g) de azúcar
- 1 yema (20 g)
- 1½ cucharadas (22.5 g) de mantequilla

Mousse de chocolate con base de sabayón
- 2 cucharadas (16 g) de grenetina en polvo u 8 láminas
- 2⅔ tazas (480 g) de chocolate oscuro picado
- 2 tazas (480 ml) de crema para batir
- ½ taza (120 ml) de agua
- ¾ de taza (150 g) de azúcar
- 9 yemas (180 g)
- 2 huevos (100 g)

Brillo de chocolate
- ⅔ de taza (160 ml) de crema para batir
- ⅓ de taza (80 ml) de agua
- 2 cucharadas (16 g) de grenetina en polvo u 8 láminas
- 8 cucharadas (40 g) de cocoa
- ½ taza (100 g) de azúcar

Decoración
- Esferas y tirabuzón de azúcar soplada (ver sección Trabajo con azúcar).

ARO DE 20 CM DE DIÁMETRO Y 6 CM DE ALTURA CON FONDO DE ACETATO, 2 MOLDES FLEXIPAN DE 18 CM DE DIÁMETRO Y 3 CM DE ALTURA.

Biscuit sacher
1. Batir la pasta de almendra con las yemas, el huevo y el azúcar glass.
2. Fundir la mantequilla con la pasta de cacao; dejarla enfriar, y cuando esté a temperatura ambiente, combinarla con la mezcla anterior.
3. Cernir la harina con la cocoa e incorporarla, con movimientos envolventes, a la preparación anterior.
4. Batir las claras con el azúcar a punto de turrón y añadirlas a la mezcla anterior con movimientos envolventes.
5. Vaciar la preparación en uno de los moldes flexipan y hornear el biscuit a 180 °C durante 15 minutos o hasta que esté cocido.

Cremoso de naranja
1. Hidratar la grenetina. Hervir la crema con la ralladura de naranja.
2. Hacer un caramelo con el azúcar y agregar la crema caliente y la yema; mezclar y cocer a fuego bajo hasta que se espese.
3. Añadir la grenetina, mezclar y colar. Cuando la mezcla esté tibia, incorporar la mantequilla.
4. Vaciar el cremoso en el otro molde flexipan y congelar.

Mousse de chocolate con base de sabayón
1. Hidratar la grenetina. Fundir el chocolate.
2. Batir la crema hasta que forme picos suaves.
3. Mezclar el agua, el azúcar, las yemas y los huevos y calentar la preparación a baño María. Cuando llegue a 30 °C, retirarla del baño y batirla hasta que aumente su volumen y se enfríe.
4. Fundir la grenetina. Mezclarla, con movimientos envolventes, con la preparación anterior, el chocolate y la crema. Reservar.

Brillo de chocolate
1. Hidratar la grenetina. Hervir la crema con el agua.
2. Incorporar la grenetina, la cocoa y el azúcar a la crema y mezclar hasta que se deshagan todos los grumos.
3. Colar y dejar enfriar.

Montaje y decoración
1. Cubrir la base del aro con la mitad de la mousse de chocolate; colocar encima el cremoso de naranja, el resto de la mousse y terminar con el biscuit sacher.
2. Congelar el pastel y desmoldarlo. Cubrirlo con el brillo y decorarlo con las esferas y el tirabuzón de azúcar.

Pastelito fondant

Estos pastelitos han estado en los menús de los restaurantes por varios años. ¿Cómo no iban a ser un gran favorito? Sus ingredientes y preparación son básicos y sencillos, pero después del primer bocado, se vuelve una delicia de alto nivel.

Puedes preparar la mezcla, vaciarla en los moldes y mantenerlos en refrigeración hasta el momento de hornearlos.

Al momento de hornearlos, es importante que estés pendiente del tiempo de cocción para que el centro quede suave; si se llegaran a cocinar por completo, tendrás unos deliciosos panquecitos de chocolate.

Si no es temporada de membrillos, sírvelos con salsa de frambuesa, naranja, caramelo o café.

Dulce de membrillo
- 4 membrillos (800 g)
- 4 tazas (960 ml) de agua
- 2 tazas (400 g) de azúcar
- 1 raja (5 g) de canela de 10 cm

Pastelito fondant
- 1½ tazas (240 g) de chocolate oscuro troceado
- 1¼ tazas (250 g) de mantequilla a temperatura ambiente
- 6 huevos (300 g)
- 5 yemas (100 g)
- ¾ de taza + 1½ cucharadas (170 g) de azúcar
- 1 cucharada (15 ml) de extracto de vainilla
- 1 taza (140 g) de harina

Decoración
- 1 cucharada (10 g) de azúcar glass
- ¾ de taza (100 g) de frambuesas frescas
- 8 abanicos de chocolate oscuro (ver pág. 380)

8 CILINDROS O MOLDES PARA DARIOLE DE 7 CM DE DIÁMETRO Y 6.5 CM DE ALTURA ENGRASADOS Y ENHARINADOS.

Dulce de membrillo
1. Pelar, descorazonar y rebanar los membrillos.
2. Cocerlos con el agua, el azúcar y la raja de canela durante 40 minutos o hasta que estén suaves y el líquido de cocción espeso. Reservarlos.

Pastelito fondant
1. Fundir el chocolate e incorporar la mantequilla.
2. Combinar los huevos, las yemas, el azúcar y el extracto de vainilla; batir hasta que el azúcar se haya disuelto.
3. Incorporar la harina y el chocolate a la preparación anterior.
4. Verter la mezcla en los moldes y hornear los pastelitos a 180 °C durante 15 minutos o hasta que al presionar su superficie el centro se sienta suave y los bordes se vean opacos.

Decoración
1. Desmoldar los pastelitos, espolvorearlos con el azúcar glass y decorarlos con las frambuesas y los abanicos de chocolate.
2. Servirlos calientes acompañados con la compota de membrillo.

Pera en todas sus expresiones

DIFICULTAD: ♦♦♦♦　　**RENDIMIENTO:** 12 porciones

La pera y el chocolate forman un matrimonio clásico. Si les agregamos un flan de caramelo, resulta una creación escandalosamente rica.

Semifreddo quiere decir semifrío en italiano; con este término se conoce a toda una categoría especial de postres. El momento perfecto para comer este postre es cuando sale del congelador y ya se está suavizando, pero sin perder aún su forma.

Flan de pera
- 1 receta de pasta para tarta (ver pág. 370)
- 2 peras (300 g) en almíbar
- 2 tazas (480 ml) de leche
- 5 yemas (100 g)
- ½ taza (100 g) de azúcar
- ½ taza (50 g) de fécula de maíz
- 3 cucharadas (60 g) de caramelo
- ¼ de taza (50 g) de mantequilla
- ⅓ de taza (60 g) de chocolate con leche picado

Semifreddo de chocolate
- 1 taza (180 g) de chocolate oscuro picado
- ¼ de taza (60 g) de agua
- ⅓ de taza (65 g) de azúcar
- 4 yemas (80 g)
- 2 tazas (480 ml) de crema para batir

Decoración
- ¼ de taza (75 g) de brillo neutro para pastelería o jalea de chabacano
- Peras en almíbar, peras cristalizadas, peras frescas y chips de pera (ver sección Decorar con fruta)
- Hilos de chocolate (ver pág. 382)

MOLDE PARA TARTA DESMONTABLE DE 22 CM DE DIÁMETRO Y 6 CM DE ALTURA.

Flan de pera
1. Forrar el molde para tarta con la pasta; debe quedar un borde de 3 cm de altura.
2. Cortar en cubos pequeños 1 pera en almíbar y rebanar finamente la otra.
3. Hervir la leche en una cacerola.
4. Batir las yemas con el azúcar y la fécula hasta que estén pálidas. Agregarles un poco de la leche y vaciarlas en la cacerola. Incorporar el caramelo y cocer la preparación a fuego bajo hasta que espese. Añadir la mantequilla y el chocolate con leche picado y mezclar hasta que se fundan. Retirar la preparación del fuego.
5. Poner los cubos de pera en la base de la tarta y verter la preparación anterior. Acomodar las peras rebanadas en la superficie.
6. Hornear el flan a 180 °C durante 30 minutos o hasta que la pasta esté cocida y el flan cuajado. Sacarlo del horno y dejarlo enfriar.

Semifreddo de chocolate
1. Fundir el chocolate oscuro y dejarlo entibiar.
2. Hervir el agua con el azúcar hasta punto de bola suave.
3. Batir las yemas, y cuando estén pálidas, agregar en forma de hilo el jarabe caliente; continuar batiendo hasta que las yemas se enfríen y hayan aumentado su volumen.
4. Batir la crema hasta que forme picos suaves.
5. Mezclar, con movimientos envolventes, las yemas batidas con el chocolate fundido y después con la crema batida.
6. Vaciar la mezcla sobre el flan frío y alisar la superficie con una espátula. Congelar el postre durante 2 horas.

Decoración
1. Desmoldar y barnizar el postre con el brillo o la jalea. Acomodar encima las peras y los hilos de chocolate al gusto.

Príncipe Santiago

DIFICULTAD: 🥄🥄   **RENDIMIENTO:** 12 porciones

Esta espuma se encuentra entre la línea que divide una mousse de una salsa, y es tan ligera como el pan de base. Es ideal para cerrar una cena o una comida ligera y quedar más que satisfecho.

Puedes cortar el pan en porciones individuales para servirlo en copas de boca ancha. Sugiero sacarlo del refrigerador al menos veinte minutos antes de servirlo.

Pan ligero de chocolate
- 1 taza (160 g) de chocolate oscuro troceado
- ¼ de taza (50 g) de mantequilla
- 3 cucharadas (45 ml) de extracto de vainilla
- 9 claras (270 g)
- 1 taza (120 g) de azúcar glass
- 9 yemas (180 g)
- 1 taza + 4 cucharadas (140 g) de fécula de maíz

Espuma suave de chocolate con leche
- 1 taza (160 g) de chocolate con leche troceado
- 5 yemas (100 g)
- 1 taza (120 g) de azúcar glass
- 2 cucharadas (30 ml) de extracto de vainilla
- 7 claras (210 g)

Montaje y decoración
- Cigarrillos de chocolate con leche (ver pág. 380)

CHAROLA PARA HORNO CON PAPEL SILICONADO O TAPETE DE SILICÓN.

Pan ligero de chocolate

1. Fundir el chocolate con la mantequilla y agregarle el extracto de vainilla. Mezclar bien y retirar del fuego.
2. Batir la claras hasta que estén espumosas; añadir el azúcar glass y continuar batiendo hasta que la preparación forme picos firmes.
3. Mezclar las yemas con el chocolate fundido. Añadir la fécula de maíz y una tercera parte de las claras; mezclar e incorporar las claras restantes con movimientos envolventes.
4. Extender la mezcla en la charola y hornearla a 180 °C durante 20 minutos o hasta que al insertar un palillo en el centro del pan, éste salga limpio. Retirarlo del horno y dejarlo enfriar.

Espuma suave de chocolate con leche

1. Fundir el chocolate y dejarlo entibiar.
2. Batir las yemas con la mitad del azúcar glass y el extracto de vainilla hasta que espesen y estén pálidas.
3. Batir las claras con el resto del azúcar hasta que formen picos firmes.
4. Combinar las yemas con el chocolate fundido y con una tercera parte de las claras. Incorporar las claras restantes con movimientos envolventes. Refrigerar durante 2 horas.

Montaje y decoración

1. Cortar el pan ligero de chocolate en porciones del tamaño del recipiente en donde servirá el postre. Bañarlas con la espuma suave de chocolate con leche y refrigerarlas.
2. Decorar con los cigarrillos de chocolate al momento de servir.

Refrescantemente menta

DIFICULTAD: 👥   **RENDIMIENTO:** 12 porciones

La menta con chocolate es una combinación con seguidores apasionados; es refrescante y delicada, pero con una personalidad muy particular.

Puedes barnizar los discos de merengue de menta con chocolate oscuro fundido para evitar que se humedezcan al momento de colocar la mousse de chocolate.

Una vez montado, la textura crocante del postre sólo se conserva por algunas horas. Si deseas prepararlo con anticipación, es mejor preparar los discos hasta con una semana de anticipación y conservarlos en un recipiente hermético; en el caso de la mousse, la puedes preparar hasta con tres días de anticipación y conservarla en refrigeración.

Merengue de menta
- 8 claras (240 g)
- 1 taza (200 g) de azúcar
- 1 taza (120 g) de azúcar glass
- ⅓ de taza (80 ml) de licor de menta
- ⅓ de taza (30 g) de mini hojuelas de chocolate oscuro

Mousse intensa de chocolate
- 1½ tazas (270 g) de chocolate oscuro picado
- 3 yemas (60 g)
- 1 taza (120 g) de azúcar glass
- 1 cucharada (15 ml) de extracto de vainilla
- 4 claras (120 g)

MANGA PASTELERA, 1 DUYA LISA Y GRUESA, 1 DUYA LISA Y DELGADA, CHAROLAS PARA HORNO CON PAPEL SILICONADO O TAPETE DE SILICÓN.

Merengue de menta
1. Batir las claras hasta que estén espumosas. Agregar el azúcar gradualmente y continuar batiendo hasta que se formen picos firmes. Incorporar, con movimientos envolventes, el azúcar glass y el licor de menta.
2. Introducir dos terceras partes del merengue de menta en la manga con la duya de punta gruesa y formar sobre una charola 2 discos de 20 cm de diámetro.
3. Formar gotas o chispas sobre otra charola con la duya de punta delgada y el resto del merengue y espolvorearlas con las hojuelas dc chocolate.
4. Hornear los merengues a 120 °C durante 2 horas o hasta que estén secos.

Mousse intensa de chocolate
1. Fundir el chocolate y dejarlo entibiar.
2. Batir las yemas con la mitad del azúcar glass y el extracto de vainilla hasta que estén pálidas y hayan aumentado su volumen.
3. Batir las claras hasta que estén espumosas y agregar el resto del azúcar; continuar batiendo hasta que se formen picos firmes.
4. Mezclar, con movimientos envolventes, el chocolate con las yemas y añadir una tercera parte de las claras batidas. Incorporar el resto de las claras de la misma forma.
5. Refrigerar la mousse durante 2 horas o hasta que esté firme.

Montaje
1. Colocar encima de 1 disco de merengue la mitad de la mousse intensa de chocolate; poner encima el otro disco y el resto de la mousse. Decorar con las chispas de merengue.

Rosca de chocolates

DIFICULTAD: ♟♟　　　**RENDIMIENTO:** 12 porciones

Esta rosca es para quienes tienen paladar dulce. Al salir del horno, se le vacía una buena cantidad de leche condensada, la cual cambia la textura de la rosca, haciéndola adictiva.

- 1 taza (180 g) de chocolate oscuro picado
- 1 taza (200 g) de mantequilla
- 6 yemas (120 g)
- 2 latas (794 g) de leche condensada
- 2¾ tazas (200 g) de pan molido
- 1 cucharadita (2 g) de polvo para hornear
- 1 cucharadita (4 g) de bicarbonato
- 1 taza (100 g) de nueces molidas
- 6 claras (180 g)
- 3 cucharadas (45 g) de azúcar

Decoración
- 1 taza (320 g) de ganache de chocolate oscuro, tibio (ver pág. 379)

MOLDE PARA ROSCA DE 24 CM DE DIÁMETRO, ENGRASADO Y ENHARINADO.

1. Fundir el chocolate con la mantequilla y dejarlo entibiar.
2. Batir ligeramente las yemas con 1 lata de leche condensada.
3. Combinar en un tazón el pan molido, el polvo para hornear, el bicarbonato y las nueces molidas. Integrar esta mezcla a la preparación anterior e incorporar el chocolate fundido.
4. Batir las claras hasta que estén espumosas; agregar el azúcar y batir hasta que formen picos firmes.
5. Mezclar una tercera parte de las claras batidas con la preparación de chocolate. Incorporar el resto de las claras con movimientos envolventes.
6. Vaciar la mezcla en el molde y hornearla a 180 °C durante 40 minutos o hasta que al insertar un palillo en el centro de la rosca, éste salga limpio.
7. Sacar la rosca del horno y verter encima la lata de leche condensada restante; picar con un cuchillo algunas partes de la rosca para que la leche penetre mejor. Dejarla enfriar (se sumirá un poco del centro). Desmoldarla cuando esté totalmente fría.

Decoración
1. Colocar la rosca en una rejilla y bañarla con el ganache de chocolate tibio. Espolvorear el azúcar glass.

Puedes preparar la rosca en un molde más pequeño y cocer la masa sobrante en una charola; posteriormente, trocea el pan, colócalo en el orificio de la rosca y espolvoréalo con azúcar glass. A los niños les encantará ayudar en este paso; además, obtendrás un pastel con una presentación original.

Sinfonía
de chocolate y naranja

DIFICULTAD: ♦♦♦♦ **RENDIMIENTO:** 8 porciones

Este postre es un divertido sol de sabores luminosos.

Cremoso de naranja y té negro
- 2 cucharadas (16 g) de grenetina en polvo u 8 láminas
- ¾ de taza (180 ml) de crema para batir
- 1 cucharada (5 g) de ralladura de naranja
- 1 cucharada (6 g) de té negro
- ¼ de taza (60 ml) de concentrado de naranja
- 1 yema (20 g)
- 1 cucharada (15 g) de azúcar

Mousse firme de chocolate
- 2 cucharadas (16 g) de grenetina en polvo u 8 láminas
- 2¾ tazas (500 g) de chocolate con leche, picado
- 1⅔ tazas (380 ml) de crema inglesa (ver pág. 372)
- 1¼ tazas (300 ml) de crema para batir

Montaje y decoración
- ¾ de taza (240 g) de ganache de chocolate con leche, tibio (ver pág. 379)
- ½ receta de *dacquoise* de avellana horneado en una charola (ver pág. 364)
- ½ taza (120 ml) de concentrado de naranja
- 8 chips de naranja (ver pág. 387)
- Hojas de menta
- 8 cigarrillos de chocolate (ver pág. 380)

---

16 MOLDES DE MEDIA ESFERA DE 6 CM DE DIÁMETRO,
16 MOLDES DE MEDIA ESFERA DE 4 CM DE DIÁMETRO,
1 CORTADOR CIRCULAR PARA GALLETAS DE 10 CM DE DIÁMETRO.

La presentación en esferas es una tendencia moderna en repostería, pero puedes utilizar moldes con otras formas o preparar cualquier parte del postre por separado. El cremoso de naranja y té negro es un delicioso relleno para tartas o pasteles con almendra.

Puedes comprar concentrado de naranja congelado en cualquier supermercado. Para hacerlo en casa, hierve ¾ de taza de jugo de naranja hasta que espese y se reduzca a una tercera parte.

Cremoso de naranja y té negro

1. Hidratar la grenetina.
2. Hervir la crema para batir con la ralladura de naranja. Agregar el té negro y dejar reposar 10 minutos. Colar e incorporar el concentrado de naranja.
3. Batir la yema con el azúcar, añadirla a la crema y cocinar a fuego bajo hasta que se espese ligeramente. Agregar la grenetina y mover hasta que se funda.
4. Vaciar la preparación en los moldes de 4 cm y refrigerar los cremosos hasta que cuajen. Desmoldarlos y reservar.

Mousse firme de chocolate

1. Hidratar la grenetina, dejarla reposar y fundirla.
2. Fundir el chocolate y combinarlo con la crema inglesa y la grenetina. Dejar enfriar la mezcla a temperatura ambiente sin que se endurezca.
3. Batir la crema hasta que forme picos suaves e incorporarla con movimientos envolventes a la mezcla de chocolate y crema inglesa.
4. Vaciar la mousse de chocolate en los moldes de 6 cm hasta llenarlos a la mitad. Colocarles al centro las medias esferas de cremoso de naranja y empujarlas delicadamente hacia abajo. Refrigerar hasta que la mousse esté firme.

Montaje y decoración

1. Unir las mitades de esfera presionándolas cuidadosamente para obtener 8 esferas. Bañarlas con el ganache de chocolate con leche tibio y refrigerar.
2. Cortar el *dacquoise* de avellana en círculos con el cortador para galletas; colocar los círculos en los platos, poner encima las esferas, y decorar con el resto de los elementos.

Tarta tibia de chocolate

DIFICULTAD: ♪♪   RENDIMIENTO: 8 porciones

Esta tarta tiene una dedicatoria especial para quienes disfrutan del buen chocolate. La tarta en apariencia es sencilla, pero el hornearla unos minutos antes de servirla, le da una complejidad de sabor que inspira pasiones.

Ya que la tarta es tan simple, te recomiendo usar el mejor chocolate que tengas disponible.

La base y el relleno se pueden hacer con varios días de anticipación y reservarse en refrigeración. Una vez armada, la tarta se puede conservar en refrigeración por dos días; o bien, se puede cubrir con plástico adherente y congelarla, en este caso, deberás descongelarla en refrigeración antes de calentarla.

Puedes poner en el fondo de la base, antes de vaciar el relleno tibio de chocolate, frambuesas, duraznos, peras en almíbar cortadas en cubos pequeños o puré de plátanos horneados.

Relleno tibio de chocolate
- 2 tazas (360 g) de chocolate oscuro picado
- ½ taza (100 g) de mantequilla a temperatura ambiente
- 1 huevo (50 g)
- 3 yemas (60 g)
- 1 vaina de vainilla o 1 cucharada (15 ml) de extracto de vainilla
- 1¼ tazas (300 ml) de crema para batir

Montaje y decoración
- 1 receta de pasta para tarta (ver pág. 370)
- Hoja de oro y plata
- ¼ de taza (30 g) de azúcar glass

MOLDE PARA TARTA DE 20 CM DE DIÁMETRO.

Relleno tibio de chocolate

1. Fundir el chocolate oscuro; agregar la mantequilla y mezclar hasta incorporarla. Dejarlo entibiar.
2. Batir ligeramente el huevo y las yemas con el interior de la vaina de vainilla o el extracto. Incorporar la crema y la mezcla de chocolate con mantequilla.

Montaje y decoración

1. Forrar el molde para tarta con la pasta y refrigerarla durante 30 minutos; picar con un tenedor el fondo de la tarta para que no se levante al hornearlo.
2. Hornear la pasta a 180 °C durante 20 minutos o hasta que esté cocida, pero no dorada. En este punto se puede reservar hasta el momento de servir.
3. Vaciar el relleno tibio de chocolate sobre la tarta y hornearla durante 10 minutos o hasta que la superficie se vea opaca, como la parte de arriba de un pastel. Sacarla del horno y dejarla entibiar durante unos minutos.
4. Acomodar al centro de la tarta la hoja de oro y plata y espolvorear los bordes con el azúcar glass.

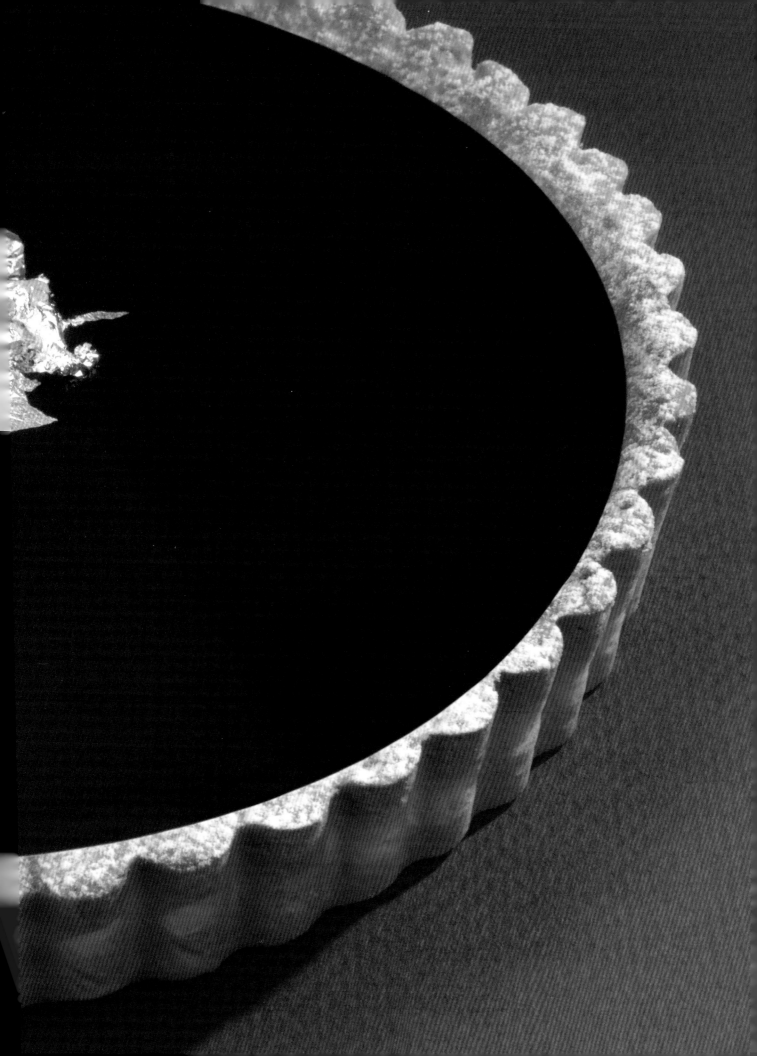

Tarta
vallesana

DIFICULTAD: **RENDIMIENTO:** 8 porciones

Es inspirador el momento en que termina la temporada de lluvias en Valle de Bravo y empiezan a aparecer en el mercado canastones llenos de zarzamoras. Ésta es una forma sencilla y muy popular de disfrutar las zarzamoras con todas sus virtudes naturales.

Puedes usar frambuesas, uvas, blueberries o la combinación de frutas y chocolate que más te guste; una de mis favoritas es ganache de chocolate oscuro con plátanos.

El rosetón de chocolate blanco le proporciona a la tarta una presentación más sofisticada; si no deseas hacerlo, simplemente llena la tarta con más zarzamoras.

- 1 receta de pasta para tarta (ver pág. 370)
- 1½ tazas (360 ml) de crema para batir
- 2⅓ tazas (420 g) de chocolate blanco picado

Decoración
- 3⅔ tazas (600 g) de zarzamoras
- 1 flor de chocolate blanco decorada con pintura rosa (ver pág. 380)

MOLDE PARA TARTA DE 20 CM DE DIÁMETRO.

---

1. Forrar el molde para tarta con la pasta y refrigerarla durante 30 minutos; picar con un tenedor el fondo de la tarta para que no se levante al hornearlo.
2. Hornear la base de la tarta a 180 °C durante 30 minutos o hasta que esté dorada. Sacar del horno y dejarla enfriar.
3. Calentar la crema para batir y agregarle el chocolate blanco picado; mover hasta que el chocolate se funda y la mezcla esté tersa (calentar un poco más la crema a fuego bajo, en caso de ser necesario). Dejar entibiar.

Montaje y decoración
1. Untar una capa delgada de la mezcla de chocolate blanco con crema en el fondo de la base. Distribuir las zarzamoras y bañarlas con el resto de la mezcla de chocolate.
2. Decorar con la flor de chocolate blanco.

Un regalo
de bombones

Aquí, algunas ideas para crear joyas. Busca equilibrio en colores y sabores; es un reto de trabajo técnico donde se subliman las materias nobles.

En esta colección te sugiero varias combinaciones básicas de chocolatería. Una vez que las domines, será fácil dar rienda suelta a la imaginación.

Trabajar bombones implica tener equipo especializado. Vale la pena invertir en moldes y en un termómetro de calidad.

Estos rellenos tienen crema, así que es mejor disfrutarlos frescos, pues su vida de anaquel es relativamente corta: máximo dos semanas.

Bombones

1. Hacer los rellenos y dejarlos reposar durante un día en refrigeración.
2. Cubrir los moldes con una capa muy delgada de chocolate (ver sección Trabajo con chocolate).
3. Introducir los rellenos en las mangas y rellenar los moldes, dejando suficiente espacio para sellarlos. Puedes entibiar ligeramente los rellenos para hacerlos más suaves y manejables.
4. Sellar los moldes con una capa delgada de chocolate. Refrigerarlos para que se endurezcan y desmoldarlos.

MOLDES PARA CHOCOLATES.

Rellenos

Ada
Especias y praliné
- 2 tazas (480 ml) de crema para batir
- 1 raja (5 g) de canela de 10 cm
- ½ cucharadita (1.5 g) de clavo de olor molido
- 1 cucharadita (3 g) de nuez moscada molida
- 1 cucharadita (3 g) de pimienta molida
- 3 tazas (540 g) de chocolate con leche picado
- 1⅓ tazas (380 g) de praliné (ver pág. 172)

1. Calentar la crema para batir con las especias para hacer una infusión.
2. Colar y vaciar la mezcla en un procesador de alimentos con el chocolate con leche picado y el praliné. Trabajar el relleno hasta que esté terso.

Carmen
Café y chocolate con leche
- 1¼ tazas (300 ml) de crema para batir
- ¼ de taza (30 g) de café molido finamente
- 1½ tazas (270 g) de chocolate con leche picado
- ¼ de taza (50 g) de mantequilla

1. Hervir la crema para batir con el café molido.
2. Vaciar la mezcla en un procesador de alimentos con el chocolate con leche picado y la mantequilla. Trabajar el relleno hasta que esté terso.

Antonia
Maracuyá y chocolate blanco
- ¾ de taza (180 ml) de crema para batir
- 1 cucharada (15 g) de azúcar invertido o miel de abeja
- 1 taza (200 g) de pulpa de maracuyá
- 5 yemas (100 g)
- ¾ de taza (150 g) de mantequilla
- 3⅓ tazas (600 g) de chocolate blanco picado
- ½ cucharada (10 g) de manteca de cacao pulverizada

1. Hervir la crema para batir con el azúcar invertido o la miel de abeja y con la pulpa de maracuyá.
2. Batir las yemas con un poco de la mezcla anterior e incorporarlos al resto de la preparación de crema y maracuyá. Cocinar a fuego bajo hasta que espese.
3. Agregar la mantequilla a la crema y mezclar hasta que se funda. Vaciarla en un procesador de alimentos con el chocolate blanco picado y la manteca pulverizada. Trabajar el relleno hasta que esté terso.

Camila
Caramelo y chocolate con leche
- 2½ tazas (500 g) de azúcar
- ¾ de taza (260 g) de glucosa o jarabe de maíz
- 1¼ tazas (300 ml) de crema para batir, caliente
- ¼ de taza (50 g) de mantequilla
- 1⅓ tazas (240 g) de chocolate con leche picado

1. Hacer un caramelo con el azúcar y la glucosa o el jarabe de maíz. Agregar la crema caliente y la mantequilla; mezclar hasta incorporar todos los ingredientes.
2. Vaciar la mezcla en un procesador de alimentos con el chocolate con leche picado y trabajar el relleno hasta que esté terso.

Paloma
Chocolate oscuro y vainilla
- 2 tazas (480 ml) de crema para batir
- 2 vainas de vainilla
- ⅓ de taza (100 g) de azúcar invertido o miel de abeja
- 2⅓ tazas (420 g) de chocolate oscuro picado
- ⅓ de taza (70 g) de mantequilla

1. Hervir la crema para batir con el interior de las vainas de vainilla y el azúcar invertido o la miel de abeja.
2. Vaciar la mezcla en un procesador de alimentos con el chocolate y dejarla entibiar. Trabajar el relleno hasta que esté terso.
3. Incorporar la mantequilla y continuar trabajando el relleno hasta que esté cremoso.

Romina
Coco y chocolate blanco
- 1¼ tazas (300 ml) de leche de coco
- 2 cucharadas (30 g) de azúcar invertido o miel de abeja
- 2½ cucharadas (50 g) de manteca de cacao pulverizada
- 2¾ tazas (500 g) de chocolate blanco picado
- 3 tazas (240 g) de coco rallado y seco

1. Calentar la leche de coco con el azúcar invertido o la miel de abeja.
2. Vaciar la mezcla en un procesador de alimentos con la manteca de cacao pulverizada y el chocolate blanco picado; trabajar el relleno hasta que esté terso.
3. Incorporar el coco rallado.

Emilia
Chabacanos y chocolate blanco
- 4 tazas (400 g) de orejones de chabacano
- 3 cucharadas (45 ml) de jugo de limón
- ¼ de taza (50 g) de azúcar
- ¾ de taza (180 ml) de crema para batir
- ½ taza (150 g) de glucosa
- 1 vaina de vainilla
- 1⅔ tazas (300 g) de chocolate blanco picado

1. Suavizar los orejones cociéndolos al vapor por algunos minutos. Molerlos con el jugo de limón y el azúcar. Reservar.
2. Hervir la crema para batir con la glucosa y el interior de la vaina de vainilla.
3. Vaciar la mezcla de crema en un procesador de alimentos con el chocolate blanco picado y trabajar el relleno hasta que esté suave.
4. Al momento de rellenar los moldes, llenarlos a la mitad con la mezcla de chocolate blanco y terminar de rellenarlos con los chabacanos molidos.

Francisca
Chocolate blanco y limón
- ⅔ de taza (160 ml) de crema para batir
- 1 cucharada (15 g) de azúcar invertido o miel de abeja
- 5 yemas (100 g)
- 3 tazas (540 g) de chocolate blanco picado
- ½ cucharada (10 g) de manteca de cacao pulverizada
- ¾ de taza (180 ml) de jugo de limón
- 2 cucharadas (10 g) de ralladura de limón
- ¾ de taza + 2 cucharaditas (160 g) de mantequilla

1. Hervir la crema para batir con el azúcar invertido o la miel de abeja. Batir las yemas con un poco de esta mezcla e incorporarlas al resto de la crema; cocer a fuego bajo hasta que espese.
2. Vaciar la mezcla en un procesador de alimentos con el chocolate y la manteca de cacao pulverizada. Trabajar el relleno hasta que esté a temperatura ambiente y agregar el jugo y la ralladura de limón.
3. Continuar trabajando el relleno hasta que esté terso. Incorporar la mantequilla y continuarlo trabajando hasta que esté cremoso.

Un regalo
de trufas

DIFICULTAD: 🥄🥄🥄   **RENDIMIENTO:** 1.2 kg

Oscuras, cremosas y con intenso sabor a chocolate, las trufas son de las más grandes y sencillas creaciones de la pastelería francesa. Reflejan muy claramente la calidad de los ingredientes, por lo que vale la pena buscar el mejor chocolate.

Por el contenido de crema, sugiero conservarlas en recipientes herméticos en refrigeración durante una semana como máximo.

Puedes sustituir la canela en las trufas de canela por la misma cantidad de tu especia favorita, como jengibre o cardamomo.

- 2 tazas (480 ml) de crema para batir
- 1 cucharada (15 g) de azúcar invertido o miel de abeja
- 3 tazas (540 g) de chocolate oscuro picado

1. Calentar la crema con el azúcar invertido. Retirarla del fuego y mezclarla con el chocolate; batir la mezcla con ayuda de una pala hasta que esté tersa.
2. Dejar reposar la mezcla a temperatura ambiente durante 24 horas.
3. Formar las trufas con ayuda de un sacabocados para que todas queden del mismo tamaño. Refrigerarlas hasta que estén firmes.

Variantes

Trufas cubiertas con cocoa

1. Fundir suficiente chocolate oscuro. Cubrir las trufas con una capa delgada de chocolate y revolcarlas de inmediato en cocoa.

Trufas cubiertas con chocolate

1. Fundir suficiente chocolate sin que suba demasiado la temperatura para no perder el temperado de fábrica.
2. Bañar las trufas con el chocolate o ensartarlas en palillos y sumergirlas rápidamente en el chocolate. Para un acabado más rústico, cubrir las trufas con los dedos dejando el chocolate con un poco de textura.
3. Dejarlas endurecer sobre papel siliconado, o bien, rodarlas o espolvorearlas con nueces, cacahuates, almendras o pistaches picados antes de dejarlas endurecer.
4. Cuando estén firmes, decorar con chocolate de otro color.

Trufas con licor de naranja al coñac

1. Mezclar la crema caliente con 4 cucharadas (60 ml) de licor de naranja al coñac.
2. Agregar opcionalmente a la mezcla, antes de dejarla enfriar, un poco de cáscara de naranja confitada y picada.

Trufas al mezcal o al tequila

1. Mezclar la crema caliente con 4 cucharadas (60 ml) de mezcal o tequila añejo.

Trufas crujientes de cacahuate

1. Incorporar a la mezcla, antes de dejarla enfriar, ½ taza (80 g) de cacahuates y ¼ de taza (20 g) de arroz inflado.
2. Cubrir las trufas con chocolate con leche derretido.

Trufas de canela

1. Hervir la crema con 1 raja (5 g) de canela de 10 cm o 1 cucharada de canela molida. Dejarla reposar y colarla antes de mezclarla con el chocolate.

Sabor a frutos secos, semillas y cereales

¡Alegría nos pide este día
pues todo es convite, comida y bebida!
¡A comer vengan todos alegres
pues hoy todos pueden comer alegría!

Villancico Virreinal, 1689

A lo largo de su historia, el hombre aprendió a guardar las semillas simplemente protegiéndolas de la humedad. Así, en diferentes civilizaciones se almacenaron garbanzos, alubias, habas, arvejones, frijoles, maíz, amaranto, trigo, arroz, cebada, sorgo, mijo, etc. Todas tienen en común una característica fundamental, son duras y secas. El hombre asoció la conservación de los productos del reino vegetal con su grado de humedad; lo seco se conserva, lo húmedo se echa a perder.

Los bosques ricos en sabiduría vegetal nos obsequian pequeños frutos secos: se trata de semillas ricas en grasas, de bajo contenido de humedad y altas en antioxidantes, defensoras de enfermedades como la hipertensión o el cáncer. Las avellanas, las nueces de Castilla, las nueces encarceladas, los piñones, las almendras, las castañas o los pistaches no sólo son algunos frutos favoritos de los humanos, son también el alimento principal de algunas especies animales.

El alfóncigo o pistachero es originario de Asia menor; lo mismo que la avellana, la castaña y hasta la nuez de Castilla; los piñones son originarios de las regiones boscosas; y la nuez de la India es la semilla del marañón originario del Brasil.

En el México prehispánico ya había frutos secos; prueba de ello es que Hernán Cortés descubrió unas nueces "más encarceladas que las de Castilla"; así le dio nombre a la nuez encarcelada, de la cual México es importante productor mundial. Por otra parte, fray Bernardino de Sahagún dice: "en esta tierra hay pinos, piñas y piñones", refiriéndose a las piñitas de los árboles. También menciona muchísimas preparaciones prehispánicas con las pepitas de las calabazas, mal llamadas "de Castilla". El cacahuate, cuyo nombre proviene del náhuatl, es originario de América y fue cultivado por las diferentes culturas mesoamericanas. Todos esos deleites se han usado como botanas, pero también en la cocina y repostería como base de dulces, bebidas, sopas o salsas.

En las temporadas de mucho viento y sol, diferentes culturas aprovecharon el ambiente para secar a la intemperie carnes, pescados y frutos como manzanas en rodajas, chabacanos y chiles. Cuando paseamos por una viña, encontramos uvas secas por el sol: se arrugaron, se encogieron, se obscurecieron y se convirtieron en pasitas. Nacía la deshidratación como una técnica de conservación de los alimentos.

Hoy en día se utilizan secadores donde una corriente de aire caliente entra en contacto con los frutos. Así, se han desarrollado productos deshidratados de plátano, mango, calabaza, y se han perfeccionado los orejones de manzana y chabacano.

La pastelería, confitería y repostería utilizan frecuentemente todos estos frutos secos. Con ellos se pueden hacer salsas, se pueden utilizar para cubrir pastas y pasteles, o como adornos incomparables de elegancia y distinción. Además se emplean en las cocinas para elaborar platillos dulces como los postres, y salados como las sopas, rellenos, salsas, o mezclados con quesos cremosos.

Una especialidad casi desaparecida en México son las nueces verdes encurtidas o en dulce. Todavía en algunos pueblos productores de nuez, como Amecameca, en el Estado de México, se cortan las nueces los primeros días de mayo, cuando están verdes y todavía no se ha formado la corteza. Se ponen en agua de cenizas para que pierdan su tinta y se pelen. Después se colocan en vinagre o se cocinan con algún almíbar.

Vale la pena concluir con una muestra del exquisito aporte que los frutos secos han hecho a la repostería: con los cacahuates, las nueces y avellanas se hacen garapiñados, o bien en palanquetas o el clásico praliné. Los franceses tienen la especialidad del marrón glacé o castañas cubiertas de finísimo sabor y deleite para las fiestas decembrinas. Los españoles no se quedan atrás con sus mazapanes y turrones de extraordinario sabor. Los árabes hacen dulces de pistache, de piñón y de nuez aromatizados con agua de rosas.

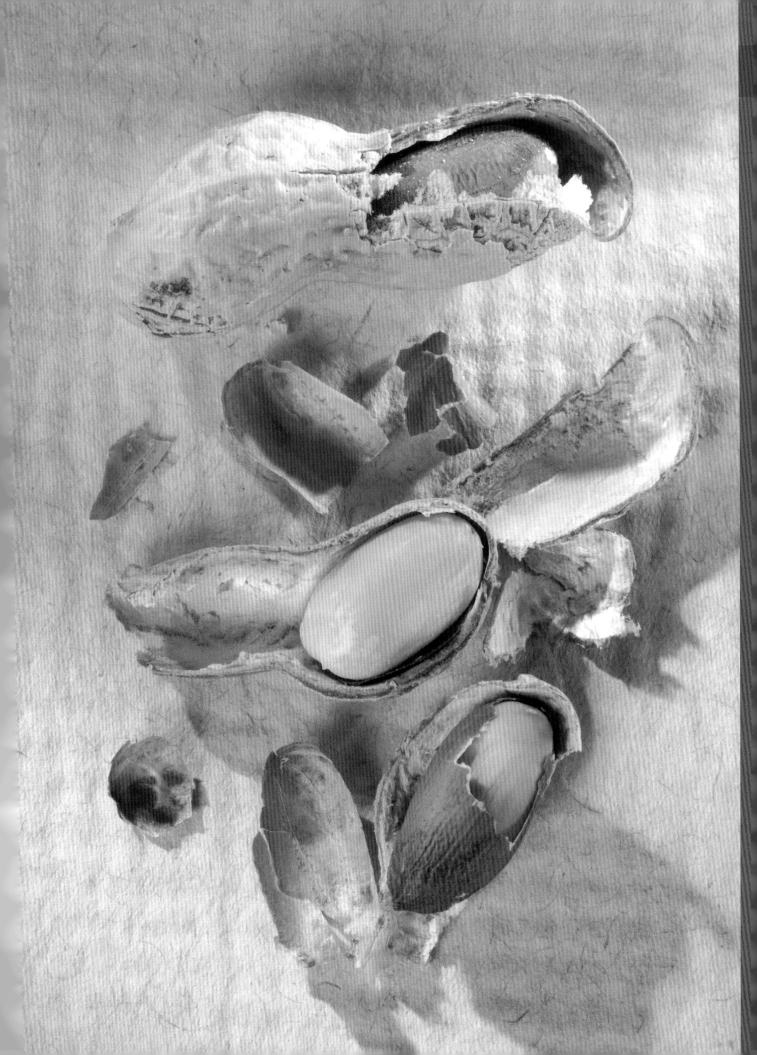

Arroz con leche
y crema catalana

DIFICULTAD: 🥄🥄   **RENDIMIENTO:** 6 porciones

Este postre combina dos grandes favoritos para los indecisos. Resulta decididamente maravilloso.

Arroz con leche
- 2 tazas (350 g) de arroz
- 5 tazas (1.2 l) de agua
- 5 tazas (1.2 l) de leche
- 1 raja (5 g) de canela de 10 cm
- 1 lata (397 g) de leche condensada
- 1 cucharadita (2 g) de ralladura de limón
- ¾ de taza (150 g) de azúcar
- ½ cucharada (4 g) de canela molida

Crema catalana
- ½ taza (120 ml) de leche
- 1 taza (240 ml) de crema para batir
- 1 cucharadita (2 g) de ralladura de naranja
- 2 rajas (10 g) de canela de 10 cm
- ½ vaina de vainilla abierta por la mitad a lo largo
- 6 yemas (120 g)
- ½ cucharada (4 g) de fécula de maíz
- ½ taza (100 g) de azúcar

Montaje y decoración
- 1⅓ tazas (133 g) de azúcar

---

6 FRASCOS RESISTENTES AL CALOR, SOPLETE.

Arroz con leche

1. Cocer el arroz en el agua a fuego medio hasta que se esponje.
2. Hervir la leche con la raja de canela, la leche condensada, la ralladura de limón y el azúcar.
3. Vaciar la mezcla anterior en el arroz y cocer la preparación a fuego bajo hasta que el líquido se haya reducido y esté ligeramente espesa. Retirarla del fuego y dejarla enfriar.
4. Llenar los frascos con el arroz con leche hasta la mitad de su capacidad. Espolvorear con la canela molida y refrigerar.

Crema catalana

1. Hervir la leche con la crema para batir, la ralladura de naranja, la raja de canela y la vaina de vainilla. Apagar el fuego y reservar.
2. Batir las yemas con la fécula de maíz y el azúcar hasta que estén pálidas y espesas. Incorporar lentamente la mezcla de leche y crema, batiendo constantemente. Colocar la preparación en el fuego y cocinarla a fuego bajo hasta que espese. Retirarla del fuego, dejarla entibiar y terminar de llenar los frascos. Refrigerar los frascos hasta que la crema esté totalmente fría.

Montaje y decoración

1. Espolvorear la superficie con el azúcar y caramelizar con el soplete al momento de servir.

Bodas
y almendras

DIFICULTAD: ♪♪♪♪　　**RENDIMIENTO:** 50 porciones

Para ese día especial,
un pastel que
todos disfrutarán
y recordarán, pleno
de simbolismo con
las almendras
y las frutas.

Pan de almendras
- 4 huevos (200 g)
- 10 yemas (200 g)
- 1 taza (200 g) de azúcar
- 1 cucharada (8 g) de fécula de maíz
- 1¼ tazas (175 g) de harina
- 1¼ tazas (120 g) de almendras en polvo
- 10 claras (300 g)
- 1 taza (200 g) de mantequilla fundida, a temperatura ambiente
- 2 cucharadas (30 ml) de esencia de almendra

* Hacer esta receta 3 veces

Crema de turrón
- 2 tazas (480 ml) de crema para batir
- 4 paquetes (1 kg) de turrón de Jijona picado
- 3 tazas (600 g) de mantequilla

* Hacer esta receta tres veces

Mazapán
- 2½ tazas (500 g) de azúcar
- ½ taza (120 ml) de agua
- 4¾ tazas (480 g) de almendras en polvo
- 1 clara (30 g)
- 2 cucharadas (30 ml) de esencia de almendras

Montaje y decoración
- 1 taza (120 g) de azúcar glass
- ½ receta de merengue francés (ver pág. 374).
- Frutas de colores hechas con mazapán de almendras

4 MOLDES DE 32, 26, 20 y 14 CM DE DIÁMETRO, ENGRASADOS Y ENHARINADOS, 4 DISCOS DE CARTÓN PARA PASTEL DEL MISMO TAMAÑO QUE LOS MOLDES, BASES DE SOPORTE, TAPETE DE SILICÓN, MANGA PASTELERA CON DUYA DELGADA.

Puedes preparar los panes
hasta con cuatro meses
de anticipación
y conservarlos en
congelación cubiertos
con plástico adherente.

Puedes armar el pastel
hasta con dos días de
anticipación.

Pan de almendras
1. Batir los huevos con las yemas y la mitad del azúcar hasta que esponjen y estén pálidos.
2. Cernir la fécula de maíz con la harina y mezclarlas con las almendras en polvo.
3. Batir las claras con el azúcar restante a punto de turrón.
4. Mezclar con movimientos envolventes los huevos batidos con la mezcla de harina y almendras alternando con la mantequilla fundida, la esencia de almendra y un tercio de las claras. Incorporar de la misma forma las claras restantes.
5. Dividir la mezcla entre los 4 moldes y hornearlos a 180 °C durante 30 minutos o hasta que los panes estén cocidos.

Crema de turrón
1. Hervir la crema y retirarla del fuego. Agregarle el turrón, mover hasta obtener una preparación tersa y dejar enfriar.
2. Incorporar gradualmente la mantequilla con la pala en la batidora eléctrica.
3. Refrigerar la crema de turrón hasta que esté firme.

Mazapán
1. En una cacerola cocer el azúcar con el agua a punto de bola suave (ver pág. 375).
2. Agregar las almendras en polvo y mezclar hasta que la preparación espese y se despegue del borde de la cacerola formando una masa uniforme.
3. Enfriar un poco la masa trabajándola en un procesador de alimentos, deberá estar caliente al tacto pero no quemar.
4. Incorporar la clara con la esencia de almendras y procesar hasta tener una masa uniforme.

Montaje y decoración
1. Rebanar los 4 panes de almendra en 3 capas. Colocar una de las capas de cada uno de los panes sobre el disco de cartón del tamaño que le corresponda.
2. Cubrir las bases de pan con crema de turrón, poner encima otra capa de pan, más crema de turrón y colocar encima la última capa de pan. Cubrir los 4 pasteles con el resto de la crema. Montarlos usando las barras de soporte.
3. Espolvorear el azúcar glass sobre el tapete de silicón, extender el mazapán con ayuda de un rodillo y cubrir con éste los pasteles.
4. Introducir el merengue francés en la manga y pegar las frutas de mazapán de almendras.

Feliz cumpleaños

DIFICULTAD: ♦♦♦   **RENDIMIENTO:** 6 porciones

Este pastel combina los sabores que nos gustaban de niños, pero con un toque más sofisticado. Es ideal para celebrar los cumpleaños y cualquier evento importante en el año.

Puedes preparar todos los elementos del pastel por separado hasta con cinco días de anticipación y montarlo un día antes.

Este pan de chocolate tiene un sabor intenso y una textura suave; puedes comerlo simplemente con un poco de azúcar glass.

Pan suave de chocolate
- ½ taza + 2 cucharadas (60 g) de cocoa
- ¾ de taza (180 ml) de agua caliente
- 1¼ tazas (250 g) de mantequilla
- 1 taza (200 g) de azúcar
- ½ taza (100 g) de azúcar mascabado
- 3 huevos (150 g)
- 2 cucharadas (30 ml) de extracto de vainilla
- 1¾ tazas (245 g) de harina
- 2 cucharaditas (4 g) de polvo para hornear

Ganache firme de chocolate blanco
- 2⅓ tazas (560 ml) de crema para batir
- 3⅔ tazas (660 g) de chocolate blanco picado
- ½ cucharada (4 g) de grenetina en polvo o 2 láminas

Toffee con nuez de macadamia
- ¾ de taza (150 g) de azúcar
- ½ taza (120 ml) de crema para batir caliente
- 3½ tazas (500 g) de nuez de macadamia

Decoración
- 1 taza (320 g) de ganache de chocolate con leche, tibio (ver pág. 379)
- Moño de chocolate con transfer (ver pág. 383)

> 2 MOLDES DE 15 CM DE DIÁMETRO ENGRASADOS Y ENHARINADOS, O 1 MOLDE DE 22 CM ENGRASADO Y ENHARINADO.

Pan suave de chocolate
1. Mezclar la cocoa con el agua caliente y dejar enfriar.
2. Acremar la mantequilla con ambos azúcares agregándolos gradualmente.
3. Combinar los huevos con el extracto de vainilla y añadirlos poco a poco a la mantequilla, sin dejar de batir, hasta que la preparación esté pálida y ligera.
4. Mezclar en un tazón la harina con el polvo para hornear. Añadirlos a la mezcla anterior, alternando con la cocoa. Batir sin trabajar demasiado hasta obtener una masa uniforme.
5. Vaciar la mezcla en los moldes y hornear a 180 ºC durante 40 minutos o hasta que al insertar un palillo en el centro de los panes, éste salga limpio. (En caso de que el pan comience a dorarse y no se haya terminado de cocer, cubrirlo con papel aluminio.) Sacarlos del horno y dejarlos enfriar antes de desmoldarlos.

Ganache firme de chocolate blanco
1. Hervir la crema para batir y agregar el chocolate blanco picado; mezclarlo hasta que se funda.
2. Hidratar la grenetina, dejarla reposar e incorporarla a la crema con chocolate caliente; mezclarla hasta que se funda.
3. Dejar enfriar el ganache y refrigerarlo durante 1 hora.

Toffee con nuez de macadamia
1. Calentar el azúcar en una cacerola amplia hasta que adquiera un color marrón.
2. Incorporar cuidadosamente la crema para batir caliente. Retirarla del fuego e incorporar la mantequilla sin dejar de batir. Dejar enfriar.
3. Trocear las nueces de macadamia, tostarlas en seco en un sartén y añadirlas a la mezcla anterior.

Montaje y decoración
1. Rebanar los panes suaves de chocolate en capas delgadas. Apilar las capas intercalándolas con un poco del ganache de chocolate blanco y del *toffee* con nuez de macadamia. Refrigerar durante 40 minutos.
2. Cubrir el pastel con el ganache de chocolate con leche restante y refrigerarlo por 20 minutos o hasta que el ganache se endurezca.
3. Decorar con el moño de chocolate y una velita.

Florentinas

Estas delicias reúnen en un abrazo chocolate y almendras sobre una base ligeramente acaramelada. No son galletas ni chocolates, pero tienen lo mejor de ambos: son el regalo ideal.

Para una versión más clásica, agrega a la mezcla cerezas y cáscaras de naranja confitadas picadas finamente.

Se pueden conservar en un recipiente hermético hasta por quince días.

- 1¼ tazas (250 g) de mantequilla
- ¼ de taza (87.5 g) de glucosa o jarabe de maíz
- ¾ de taza (180 ml) de crema para batir
- 2 tazas (400 g) de azúcar
- 2½ tazas (250 g) de almendras en polvo
- 2 tazas (250 g) de almendras picadas finamente

Decoración
- 1 taza (180 g) de chocolate blanco picado
- 1 taza (180 g) de chocolate oscuro picado
- 1 taza (180 g) de chocolate con leche, picado

MOLDE DE SILICÓN PARA FLORENTINAS O CHAROLA CON TAPETE DE SILICÓN, MOLDES GRABADOS PARA LÁMINAS DE CHOCOLATE O ACETATOS.

1. Hervir la mantequilla con la glucosa, la crema para batir y el azúcar. Agregar las almendras en polvo y las picadas. Cocinar la preparación hasta que espese y se forme una masa que al moverla se despegue de la cacerola.
2. Rellenar los moldes con la mezcla y hornear las florentinas a 150 °C durante 15 minutos. En caso de no tener un molde para florentinas, formar pequeños círculos con la mezcla sobre la charola con tapete de silicón; al hornearse se extienden un poco, así que mientras todavía están calientes, hay que darles forma con un cortador circular.
3. Dejar enfriar las florentinas y despegarlas cuidadosamente.

Decoración
1. Temperar por separado cada chocolate y extenderlos en un molde grabado o un acetato. Antes de que el chocolate se endurezca, cortar círculos del mismo tamaño que las galletas. Se puede usar también un esténcil (ver pág. 382).
2. Pegar los círculos a las galletas con un poco del mismo chocolate fundido.

Fruit cake

Llega Navidad
y es inevitable que
empiecen a circular
por todos lados
fruit cakes, pero
ninguno tan rico
como éste. El
equilibrio entre la
fruta y el pan suave
y húmedo es tan
delicioso que
convence hasta
los paladares más
difíciles.

El *fruit cake* se puede
conservar en un recipiente
hermético hasta por
un mes.

Para un pastel más
húmedo, al salir del horno
se puede bañar con media
taza de cognac o licor
de naranja al coñac.
Conforme pase el tiempo,
adquirirá un sabor
delicioso.

- ½ taza (100 g) de mantequilla
- ⅔ de taza (133 g) de azúcar mascabado
- 2 huevos (100 g)
- ¼ de taza (75 g) de jalea de chabacano
- ¾ de taza (190 g) de pulpa de chabacano
- 2 cucharadas (30 ml) de licor de naranja al coñac
- 1 cucharada (5 g) de ralladura de naranja
- 1½ tazas (210 g) de harina
- ½ cucharadita (2 g) de sal
- ¼ de cucharadita (1 g) de nuez moscada molida

- ½ cucharadita (2 g) de canela molida
- ¼ de cucharadita (1 g) de clavo de olor molido
- ½ cucharadita (1 g) de polvo para hornear
- ½ taza (60 g) de ciruelas pasa picadas
- ½ taza (60 g) de dátiles picados
- 1 taza (120 g) de pasas
- 1 taza (100 g) de fruta cristalizada (cereza, acitrón, naranja, limón, higo) picada finamente
- ½ taza (60 g) de nueces picadas

Decoración

- ½ taza (150 g) de jalea de chabacano
- 4 tazas (400 g) de frutas secas (dátil, manzana, pera, naranja, cerezas, nuez, arándano, pasa, etcétera.)

---

2 MOLDES DE 15 CM DE DIÁMETRO ENGRASADOS Y ENHARINADOS O FORRADOS CON PAPEL SILICONADO.

---

1. Acremar la mantequilla con el azúcar mascabado; agregar los huevos gradualmente y continuar batiendo hasta incorporarlos.
2. Añadir, sin dejar de batir, la jalea y la pulpa de chabacano, el licor de naranja al coñac y la ralladura de naranja.
3. Cernir la harina con la sal, las especias y el polvo para hornear.
4. Combinar en un tazón todas las frutas secas, las cristalizadas y las nueces; añadirles 3 cucharadas de la mezcla de harina y revolverlas con las manos para cubrirlas.
5. Combinar, con movimientos envolventes, la mezcla de mantequilla con la de harina, añadir las frutas secas y dividirla entre los moldes.
6. Hornear la mezcla a 180 °C durante 45 minutos o hasta que al insertar un palillo en el centro del *fruit cake,* éste salga limpio.

Decoración

1. Barnizar el *fruit cake* con la jalea de chabacano.
2. Decorar con las frutas secas.

Galletas
a.m.

DIFICULTAD: ♩ **RENDIMIENTO:** 1.5 kilogramos

Estas galletitas son ideales para el ataque de hambre a media mañana. Las semillas integrales las hacen más nutritivas y son ricas en fibra. El sabor de la mantequilla y su textura suave satisfacen cualquier antojo.

Conservando las mismas proporciones en los ingredientes, puedes agregar otras semillas, cereales o frutos secos como pasitas o dátiles picados. Prueba hacer diferentes combinaciones.

Las galletas se conservan en un recipiente hermético hasta por dos semanas.

Galletas de vainilla y canela

- 1½ tazas (300 g) de mantequilla
- 1⅓ tazas + 2 cucharadas (290 g) de azúcar mascabado
- 4 huevos (200 g)
- 2 cucharadas (30 ml) de extracto de vainilla
- 2¾ tazas + 1 cucharada (400 g) de harina
- ¼ de cucharadita (1 g) de bicarbonato
- ½ cucharadita (2 g) de sal
- 1 cucharadita (3 g) de canela molida

Variantes

- 2 tazas (400 g) de linaza entera
- 3 tazas (330 g) de hojuelas de avena
- 3 tazas (90 g) de amaranto tostado

CHAROLAS PARA HORNO CON ANTIADHERENTE O ENGRASADAS Y ENHARINADAS, O CON PAPEL SILICONADO.

Galletas de vainilla y canela

1. Acremar la mantequilla con el azúcar mascabado; incorporar los huevos uno por uno sin dejar de batir y añadir el extracto de vainilla.
2. Mezclar la harina con el bicarbonato, la sal y la canela e incorporarla a la mezcla de mantequilla con movimientos envolventes.
3. Colocar en las charolas cucharadas de la masa separadas por algunos cm.
4. Hornear las galletas a 180 ºC durante 15 minutos o hasta que estén ligeramente doradas.

Variantes

1. Agregar a la masa de las galletas antes de hornearlas una de las 3 opciones de semillas o cereales; o bien, añadir una mezcla de ellas en cantidades proporcionales.

Gelatina
de almendras

DIFICULTAD: ▲   RENDIMIENTO: 8 porciones

Desde la Edad Media se preparaban en Europa y en los países árabes distintos tipos de gelatinas de almendras. En México también ha sido un favorito a lo largo de la historia.

Si buscas un sabor más misterioso y sofisticado, agrégale a la receta un poco de agua de azahar o de rosas, y sirve la gelatina con lichis, sorbete de mango o de chabacano.

- 2½ cucharadas (20 g) de grenetina en polvo o 10 láminas
- 1 lata (397 g) de leche condensada
- 1 lata (352 ml) de leche evaporada
- 1 lata (225 g) de media crema
- 1 taza (150 g) de almendras peladas
- ½ cucharadita (2.5 ml) de esencia de almendras

Decoración
- 1 taza (397 g) de leche condensada
- ⅔ de taza (80 g) de almendras cortadas en tiras, tostadas

MOLDE CUADRADO DE 20 CM.

1. Hidratar la grenetina, dejarla reposar y fundirla.
2. Licuar los ingredientes restantes hasta que las almendras estén molidas muy finamente. Con el motor de la licuadora encendida, añadir la grenetina.
3. Vaciar la mezcla en el molde y refrigerar hasta que la gelatina cuaje.

Decoración

1. Al momento de servir, cortar la gelatina en cubos y colocarlos en copas; bañarlos con la leche condensada y decorarlos con las almendras.

Mousse
de turrón de Jijona

Perfectos para Navidad o para cuando te invade la nostalgia por los sabores decembrinos.

Si deseas simplificar la presentación del postre sin demeritar su delicioso sabor, cuaja la mousse de turrón en copas y decóralas con chocolate fundido y turrón troceado. Puedes dividir o multiplicar las cantidades de la receta para disminuir o aumentar su rendimiento.

- 3 cucharadas (24 g) de grenetina en polvo o 12 láminas
- 2 tazas (480 ml) de leche
- 2 tazas (300 g) de almendras peladas
- 1 taza (200 g) de azúcar
- 2 paquetes (500 g) de turrón de Jijona
- 4¼ tazas (1.2 ℓ) de crema para batir

Montaje y decoración
- 40 soletas chicas (ver pág. 366)
- Spray de chocolate oscuro (ver pág. 378)
- 1 taza (320 g) de ganache de chocolate oscuro (ver pág. 379)
- ½ paquete (125 g) de turrón de Jijona troceado

---

20 MOLDES FLEXIPAN OVALADOS DE 8.5 CM DE DIÁMETRO Y 3 CM DE PROFUNDIDAD.

---

1. Hidratar la grenetina.
2. Hervir la leche con las almendras y el azúcar durante 10 minutos o hasta que espese. Retirarla del fuego y dejarla entibiar.
3. Licuar muy bien la preparación anterior. Fundir la grenetina e incorporarla. Añadir el turrón y licuar nuevamente hasta que la mezcla tenga una consistencia tersa y ligeramente espesa. Dejarla enfriar.
4. Batir la crema hasta que forme picos firmes e incorporarla con movimientos envolventes a la mezcla de turrón.

Montaje y decoración

1. Cortar las soletas de manera que no midan más de 8 centímetros de largo. Vaciar la mousse de turrón en los moldes hasta llenar tres cuartas partes de su capacidad; colocar encima 2 soletas y presionarlas ligeramente para que se sumen en la mousse. Refrigerar durante 2 horas.
2. Desmoldar las mousses y decorarlas con el spray de chocolate, el ganache de chocolate oscuro y el turrón troceado.

Parisino

DIFICULTAD: 🥄🥄🥄🥄   **RENDIMIENTO:** 12 porciones

La exquisita combinación de avellanas con chocolate es muy común en Europa. Comer estos pastelitos es lo más cercano a morder en el recreo un chocolate relleno con una presentación de gran gala.

Algunos de los ingredientes de esta receta son especializados; se consiguen en tiendas que importan materias primas para pastelería.

Puedes hacer el *feuilletine* moliendo toscamente galletas tipo abanico.

El *dacquoise* es muy versátil. Puedes variar las combinaciones a tu gusto, por ejemplo, con nueces, para lograr sabores distintos. Complementa muy bien con chocolate, caramelo o café.

Avellanas caramelizadas
- ¼ de taza (60 ml) de agua
- ⅔ de taza (130 g) de azúcar
- 12 avellanas (40 g) peladas
- 1 cucharadita (5 g) de manteca de cacao

CHAROLA CON PAPEL SILICONADO O TAPETE DE SILICÓN, MANGA CON DUYA DE PUNTA APLANADA DE 1 CM.

Praliné hojaldrado de avellanas
- 1 taza (250 g) de praliné de avellanas (ver pág.172)
- 1 taza + 2 cucharadas (250 g) de pasta de avellanas
- 1 taza (200 g) de chocolate con leche fundido
- ⅓ de taza (50 g) de avellanas tostadas, peladas y troceadas
- 3 tazas (250 g) de *feuilletine*
- ¼ de taza (50 g) de mantequilla fundida, a temperatura ambiente

- 1 receta de *dacquoise* de avellana cocido en un molde de 24 × 12 cm (ver pág. 364)

Chantilly de chocolate
- 1¼ tazas (300 ml) de crema para batir
- 1 taza (200 g) de chocolate con leche fundido, a temperatura ambiente

Montaje
- 48 rectángulos de 8 × 3 cm de chocolate con leche (ver pág. 383)

Avellanas caramelizadas
1. Mezclar el agua con el azúcar en un sartén con paredes altas, agregar las avellanas y moverlas constantemente hasta que el jarabe adquiera un color marrón.
2. Agregar la manteca de cacao, mezclar y vaciar las avellanas sobre el tapete de silicón. Separarlas con un tenedor y dejarlas enfriar.

Praliné hojaldrado de avellanas
1. Mezclar el praliné y la pasta de avellanas con el chocolate con leche fundido, las avellanas troceadas y el *feuilletine*. Incorporar la mantequilla fundida.
2. Untar el praliné hojaldrado sobre el *dacquoise* de avellana y refrigerar hasta que el praliné se endurezca. Cortar el *dacquoise* en 12 rectángulos de 8 × 3 cm y reservarlos en refrigeración.

Chantilly de chocolate
1. Batir la crema hasta que forme picos firmes e incorporarla, con movimientos envolventes, al chocolate. (Si el chocolate estuviese muy espeso, calentarlo algunos segundos en el microondas.) Refrigerar.

Montaje
1. Cubrir la superficie de los rectángulos de *dacquoise* con una capa muy delgada de chantilly de chocolate y colocar 1 rectángulo de chocolate con leche encima de cada uno.
2. Introducir el resto de la chantilly de chocolate en la manga con duya. Cubrir los rectángulos de chocolate con crema chantilly haciendo movimientos hacia delante y hacia atrás con la manga y colocarles encima otro rectángulo de chocolate. Repetir la operación 2 veces más.
3. Decorar cada pastel con las avellanas caramelizadas y refrigerar hasta el momento de servir.

Polvorones
de cacahuate

DIFICULTAD:  **RENDIMIENTO:** 30 piezas

Estas delicias de tradición andaluza, adoptadas con fervor en México, se deshacen en la boca. Tómate el tiempo para envolver tus polvorones con papel de colores; serán aún más especiales.

- 2⅔ tazas (470 g) de manteca vegetal
- 1⅔ tazas (200 g) de azúcar glass
- 5 tazas (700 g) de harina
- 1¾ tazas (180 g) de cacahuate molido

30 MOLDES DE 5 CM DE DIÁMETRO Y 2 CM DE ALTO, CHAROLAS PARA HORNO.

Puedes sustituir el cacahuate por nueces, pistaches, almendras o piñones; todos serán muy ricos.

Se conservan en un recipiente hermético hasta por tres semanas.

1. Acremar la manteca vegetal con el azúcar glass e incorporar la harina y el cacahuate molido sin trabajar demasiado los ingredientes.
2. Colocar la mezcla en los moldes acomodados sobre las charolas, presionándola con los dedos.
3. Hornear los polvorones a 150 °C durante 20 minutos o hasta que estén cocidos, pero no dorados.
4. Dejarlos enfriar antes de envolverlos.

Tartaletas
de frutos secos

DIFICULTAD: 🥄🥄 **RENDIMIENTO:** 8 tartaletas

Estas tartaletas son perfectas para un regalo. Colócalas dentro de una canasta y decórala a tu gusto; el relleno es suficientemente firme para que se conserven intactas.

Para garantizar unas tartaletas con textura ligera, asegúrate de preparar la masa con mantequilla congelada y de agregar el vinagre; la cantidad de este último ingrediente es tan sutil que su sabor no se distingue al probar la tarta.

Puedes preparar la masa hasta con un mes de anticipación y conservarla en congelación.

Masa para tartaletas

- 1⅔ tazas (260 g) de mantequilla, cortada en cubos y congelada
- 2⅔ tazas (375 g) de harina
- 1 cucharadita (4 g) de sal
- ½ cucharadita (1 g) de polvo para hornear
- 6 cucharadas (90 ml) de agua con hielo
- 1 cucharadita (5 ml) de vinagre de manzana

Relleno de frutos secos

- 3 huevos (150 g)
- 1 pizca de sal
- 1 taza (300 g) de cajeta
- ⅔ de taza (150 g) de frutas secas picadas (chabacanos, pasitas, dátiles)
- ½ taza + 2 cucharaditas (70 g) de nueces y almendras picadas

Decoración

- ½ taza (150 g) de cajeta
- 8 bolas de helado de vainilla

_____

8 MOLDES INDIVIDUALES PARA TARTALETA.

_____

Masa para tartaletas

1. Trabajar en un procesador la mantequilla con la harina, la sal y el polvo para hornear hasta obtener una consistencia de arena.
2. Incorporar el agua y el vinagre, trabajando lo menos posible la masa, hasta obtener una consistencia uniforme y lisa.
3. Cubrir la masa con plástico adherente y dejarla reposar durante 30 minutos en el refrigerador.
4. Extender la masa sobre una superficie lisa espolvoreada con un poco de harina y forrar con ella los moldes para tartaleta.
5. Picar toda la superficie de las tartaletas con un tenedor y hornearlas a 180 °C durante 10 minutos, sin que se doren.

Relleno de frutos secos

1. Mezclar todos los ingredientes y rellenar las tartaletas generosamente.
2. Hornear las tartaletas a 170 °C por 15 minutos, o hasta que se hayan dorado y el relleno se sienta ligeramente firme. Dejar enfriar.

Decoración

1. Servir las tartaletas con 1 bola de helado y decorar con un poco de cajeta.

Un regalo
de tejas

Las tejas son galletas francesas, frágiles y crujientes que se moldean para tener la apariencia de las losetas curvas de barro que se ponen en los techos. Brindan un contraste de textura y color a cualquier postre, pero son deliciosas por sí solas.

Se pueden preparar hasta con una semana de anticipación, consérvalas en cajas herméticas con gel sílica o trozos de cal viva para que no se humedezcan.

Moldea las tejas al salir del horno sobre un tazón pequeño invertido y tendrás unas lindas bases para helado.

Tejas de almendra o pistache
- ½ taza (100 g) de mantequilla
- 2 cucharadas (40 g) de glucosa o jarabe de maíz
- ⅓ de taza + 1 cucharadita (70 g) de azúcar
- ⅓ de taza (80 ml) de crema para batir
- ⅔ de taza (80 g) de almendras picadas finamente
- ½ taza (45 g) de almendras fileteadas o pistaches picados

Tejas de naranja o maracuyá
- ⅓ de taza (70 g) de mantequilla
- ½ taza (70 g) de harina
- 1⅔ tazas (200 g) de azúcar glass
- 1 cucharadita (2 g) de ralladura de naranja
- ⅓ de taza (80 ml) de jugo de naranja o maracuyá
- ¼ de taza + 1 cucharadita (30 g) de almendras en polvo
- ½ taza (45 g) de almendras fileteadas

Tejas de chocolate
- ¼ de taza (50 g) de mantequilla
- ⅓ de taza (50 g) de pasta de cacao, torceada
- 2 cucharadas (40 g) de glucosa o jarabe de maíz
- ½ taza (120 ml) de agua
- ¾ de taza (150 g) de azúcar
- 1 cucharadita (2.5 g) de pectina

CHAROLAS PARA HORNO CON ANTIADHERENTE,
O CON PAPEL SILICONADO, O TAPETE DE SILICÓN.

Para obtener unas deliciosas tejas de coco, agrega a la masa de las tejas de almendra una cucharadita de ralladura de limón y 1 taza de coco rallado sin azúcar y seco. Puedes complementar el sabor de las tejas de naranja o maracuyá, agregando a la masa una cucharada de semillas de amapola.

Tejas de almendra o pistache

1. Hervir la mantequilla con la glucosa o el jarabe de maíz, el azúcar y la crema.

2. Agregar las almendras picadas y cocer la preparación hasta que se forme una masa que al moverla se despegue de la cacerola. Dejarla enfriar.

3. Formar las tejas en las charolas extendiéndolas con una espátula o con el dorso de una cuchara. Espolvorearlas con las almendras fileteadas o los pistaches.

4. Hornear las tejas a 180 °C durante 10 minutos o hasta que estén doradas. Presionarlas en un rodillo mientras todavía están calientes para que adquieran forma curvada.

Tejas de naranja o maracuyá

1. Derretir la mantequilla y agregarle el resto de los ingredientes. Batir hasta que la mezcla esté tersa y refrigerarla durante 2 horas como mínimo.

2. Formar círculos en las charolas y hornearlos a 150 °C hasta que estén dorados. Darles forma curvada con un rodillo al salir del horno.

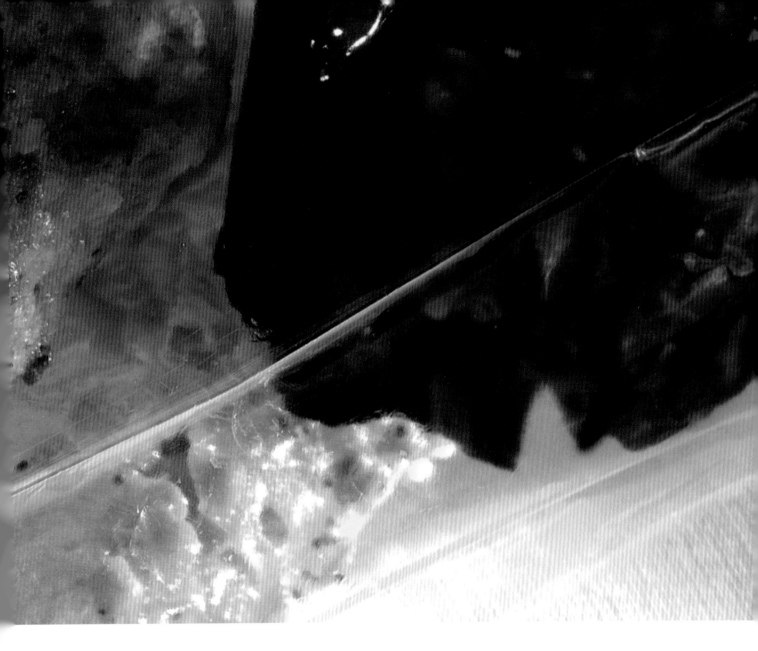

Tejas de chocolate

1. Fundir la mantequilla, la pasta de cacao y la glucosa o jarabe de maíz.

2. Agregar el resto de los ingredientes y hervir la mezcla hasta que espese.

3. Refrigerar durante 2 horas.

4. Extender la pasta en las charolas formando círculos y hornearlos a 160 °C hasta que dejen de burbujear.

5. Darles forma curvada con un rodillo al salir del horno.

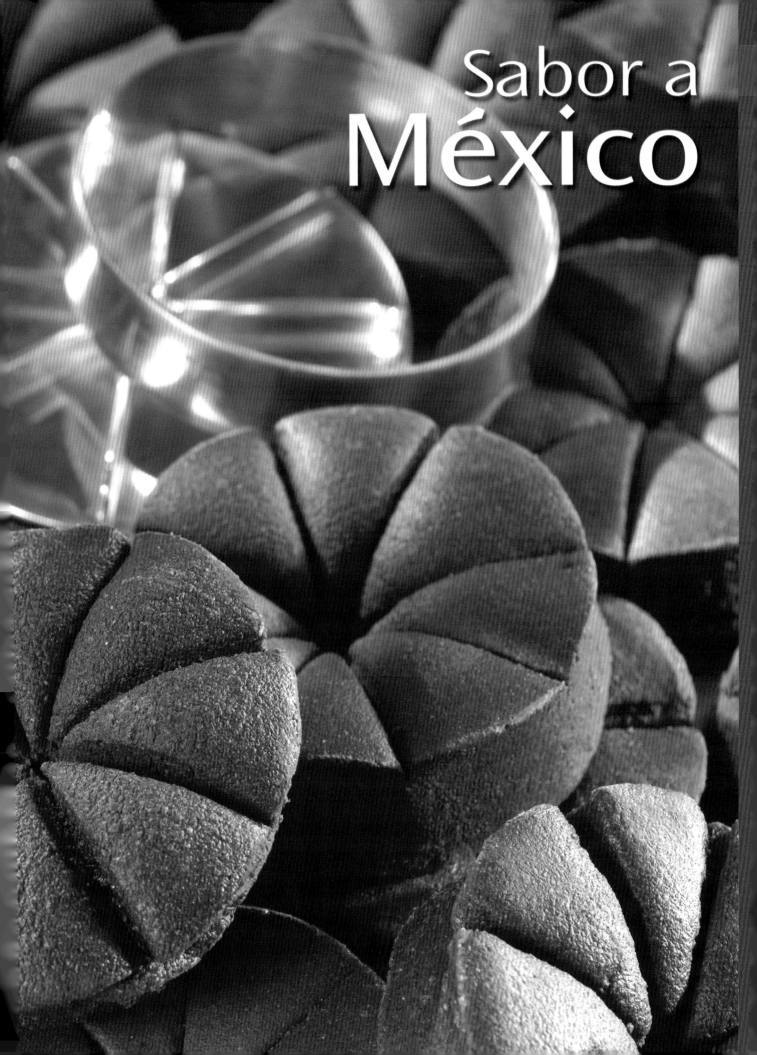

Sabor a
México

El que nace pa' tamal
del cielo le caen las hojas.

Dicho popular

Las tradiciones mexicanas se hermanan con la cocina y la repostería a través de las celebraciones religiosas y las fiestas patrias.

El año comienza con el día de los Reyes Magos y la tradición de la rosca que lleva su nombre. Las familias y los amigos se reúnen para cortar una rebanada del singular pan festivo, además de sopearlo en una taza de chocolate o atole.

Cada maestro panadero integra una receta a base de harina, azúcar, huevos, mantequilla y ralladura de naranja. El pan se hornea barnizado con huevo y decorado con frutas cubiertas como higos verdes y negros, naranjas, acitrón, piña y cerezas.

La rosca de Reyes es una reminiscencia de cierto pan romano hecho a base de higos y dátiles. Se elaboraba durante las fiestas decembrinas llamadas "saturnales", cuando en honor a Saturno se ponía fin a los días más oscuros del año, del 17 al 23 de diciembre, y se esperaba el nacimiento de la nueva luz o renacimiento de un *Sol invictus*. El pan contenía oculta un haba para nombrar rey del festín a quien la sacara. Esa misma tradición pasó de la Hispania romana a la España medieval y de ahí a México. Los indígenas recién catequizados unieron la fiesta de los reyes magos con el recibimiento de la luz de la natividad del Señor, al colocar la figura de un Niño Dios oculto en la masa en forma de corona de reyes para quien lo recibiera, acogiera sus bendiciones y con gran gozo celebrara otro día de luces, el día de las candelas o de la Virgen de la Candelaria.

A lo largo de la historia, el niño de la rosca tomó aspectos diferentes, al principio era uno solo. Primero fue de hueso, después de marfil, luego de porcelana, hoy en día los panaderos esconden en una sola rosca más de cuatro niños de plástico corriente. Quienes parten una rebanada donde por azar está el niño deben hacer una tamalada el 2 de febrero, el día en que levantan al niño Jesús. Ese mismo día los indígenas celebran el inicio de la siembra.

Los tamales estuvieron presentes en las festividades de los dioses prehispánicos; se esponjaban con el tequesquite y se hacían de diversos ingredientes, entre ellos de amaranto. Ya desde entonces hubo tamales dulces hechos a base de mieles de abejas autóctonas o de miel de maguey, teñidos de rojo con cochinilla o de azul con la florecita de matlalxóchitl; y aunque el tamal prehispánico nació sin manteca, la cocina mexicana hospitalaria recibió con cordialidad al puerco sin romper su continuidad ancestral.

Los tamales gozan de sus empaques naturales para darles forma: hojas de plátano o de maíz, hojas de milpa y hasta hojas de juncos para tamales como las corundas michoacanas, cuyo dulzor permite saborearlas con crema, como postre, o con la típica salsa roja y crema como platillo salado.

Cada familia cuenta al menos con una receta de tamales de dulce, y aunque los más populares se hacen a base de esencias artificiales de "fresa" y colorante rojo, algunos mantienen la tradición de hacerlos con fresas naturales, coloreados con grana cochinilla. Hablando de tamales dulces, también en Oaxaca se hacen los famosos tamales canarios, a base de harina de arroz, leche y huevos. Su relleno es de nueces, pasitas y un chorrito de Jerez.

Las nuevas tendencias en la cocina han sofisticado al tamal hasta lograr asombrosas maravillas como tamales de pistache, chocolate, durazno o mango, y aquellos de vainilla con chispas de chocolate o los de frutas frescas, donde al momento se sirven con un relleno de crema Chantilly.

Dentro de las tradiciones mexicanas de cocina abundan las celebraciones religiosas. La cuaresma y la Semana Santa son de vigilia y abstinencia. Entonces surgen diferentes preparaciones para transformar el sacrificio en deleite. Los dulzores no se pueden escapar. Aparecen los panes en sus diferentes manifestaciones, los tradicionales de pulque, los de piloncillo con forma de cochinitos, ladrillos o esferas; los buñuelos hechos con técnica de rodilla, o de viento complementados con requesón.

Afuera de las iglesias abundan estos buñuelos con sus jarabes de anís o de piloncillo. En La Villa de Guadalupe las señoras con su rebozo y su anafre ofrecen "gorditas de La Villa".

No faltan los escandalosos carritos de camote, con plátanos y camotes horneados cuyos jarabes escurren como almíbar del azúcar fundido en sus entrañas. También abundan los vendedores verdaderamente ambulantes; mientras deambulan, pregonan con sus canastas y cajitas las alegrías y pepitorias, los muéganos, composiciones enmarañadas de bolitas de harina frita, cubiertos y aglomerados con jarabes de piloncillo de punto subido.

Nos atraen los pregones de los merengueros, que fabrican sus productos utilizando claras de huevo y pulque. Hacen unos como buñuelos con tequesquite, huevo y harina para hacer los gaznates fritos en rollito, que inyectan con un merengue suave como el italiano.

Además aparecen los algodoneros. El algodón nace del fuego intenso y de aire de un escape donde los giros de un rotor generan finísimos hilos de azúcar colorida para enredar nubes de algodón sobre un palito de madera. Así el mexicano disfruta del sabor del azúcar azul o rosa, de la finísima madeja de fibras semejantes al pelo de ángel o a las nubes de algodón.

Pero si la vida del mexicano comienza con fiesta, la muerte se celebra con dulzura. El 2 de noviembre, día de muertos, las panaderías preparan el pan de muerto hecho con aromas de azahar. El duelo por la ausencia de los seres queridos se convierte en fiesta. Aparece la muerte mexicana, dulce y colorida, con el amarillo intenso del cempasúchil, el papel picado, las vajillas brillantes y, por supuesto, las blancas calaveras.

La muerte es galante, baila, juega y convive con los vivos. Los esqueletos disfrutan el banquete: pulque, deliciosas frutas de temporada, cazuelas con camotes amarillos, blancos o morados, antes de zapote prieto y cazuelas con calabaza en tacha chorreadas de piloncillo trigueño.

Las calacas se ponen catrinas y atractivas, franqueadas por cazuelas de mole, panes de pulque y los populares del día, con su aroma de azahar y su forma elocuente con los huesos de la cabeza, los brazos y las piernas.

El día de muertos es festejo de la dulcería de México, al estilo barroco de la vida y para recuerdo de los muertos. Las mesas se cubren con papel de China de diferentes colores y con papel picado, huele a copal y a aromas de frutas cristalizadas. Las ofrendas incluyen higos negros en conserva, limones rellenos de coco, naranjas brillantes, barras de acitrón, triángulos y cuadros de calabazates, gajos de chilacayote, amén de charamuscas, palanquetas de cacahuate o de pepita; así como charolas y canastas con bolsitas de celofán con garapiñados de cacahuates en rojo o dorados de nuez. Están también los dulces regionales de distintas partes como duraznos prensados, tirillas o cueritos de sabores, ates de guayaba, membrillo o perón, frutitas de mazapán, bocados reales, macarrones, encaneladas, marinas y jamoncillos de leche. Para terminar esta dulce y colorida lista, hay que mencionar los dulces de pepita, alfajores de coco, charamuscas, trompadas y, por supuesto, las calaveras de alegría con sus acompañantes: las obleas de colores y las dobladas de pepitoria, en cuyo interior guardan la rica pepita de calabaza y piloncillo.

Ante
de durazno con jerez

DIFICULTAD: ⌀⌀⌀   **RENDIMIENTO:** 12 porciones

Delicia de delicias. Los antes constan de capas de mamón (pan neutro a base de huevo) rellenas con dulces de fruta. La lista es tan interminable como la imaginación de las cocineras de la época colonial.

La decoración de este ante es poco tradicional, ya que antaño, las semillas se acomodaban directamente sobre el dulce de frutas. En esta versión, el mazapán, que ciertamente se usaba en ese entonces, brinda una base estable para hacer diseños elaborados.

Mamón
- 9 huevos (450 g)
- 1½ tazas (300 g) de azúcar
- 1 cucharada (15 ml) de extracto de vainilla
- 1¾ tazas (245 g) de harina
- ½ taza (100 g) de mantequilla fundida, a temperatura ambiente

Dulce de duraznos
- 6 duraznos (1 kg)
- 1 taza (200 g) de azúcar
- 1 cucharadita (3 g) de canela molida
- ¾ de taza (180 ml) de agua

Montaje y decoración
- 1 taza (240 ml) de jerez dulce
- 1 taza (150 g) de merengue francés (pág. 374)
- 400 g de mazapán de almendras (ver pág. 244)
- ½ taza (60 g) de pasas
- 1 taza (150 g) de almendras
- 1 taza (150 g) de piñones rosas
- 1 taza (150 g) de piñones blancos
- 1 taza (140 g) de avellanas
- 1 taza (150 g) de semillas de girasol
- 1 taza (110 g) de nueces
- 1 taza (120 g) de nueces picadas
- Banderas de papel picado

MOLDE DE 22 CM DE DIÁMETRO ENGRASADO Y ENHARINADO.

Mamón

1. Batir los huevos con el azúcar y el extracto de vainilla hasta que estén pálidos y dupliquen su volumen.
2. Separar en un tazón una tercera parte de los huevos batidos y añadirlos a la harina y la mantequilla fundida con movimientos envolventes. Mezclarlos de la misma manera con los huevos restantes.
3. Vaciar la preparación en el molde y hornearla a 180 °C durante 30 minutos o hasta que al insertar un palillo en el centro del mamón, éste salga limpio. Retirarlo del horno y dejarlo enfriar.

Dulce de duraznos

1. Pasar los duraznos unos segundos por agua hirviendo; escurrirlos y pelarlos.
2. Retirar la semilla de cada durazno, picarlos y cocerlos con el azúcar, la canela molida y el agua hasta que se deshagan y la preparación esté espesa. Retirar el dulce del fuego y dejarlo enfriar.

Montaje y decoración

1. Rebanar el mamón en 3 capas, embeberlas con el jerez dulce y apilarlas intercalando con el dulce de duraznos.
2. Cubrir todo el ante con una capa delgada del merengue francés. Extender el mazapán y acomodarlo sobre todo el ante, presionando a los lados para que no se formen burbujas de aire.
3. Untar los costados con un poco de merengue y acomodar las semillas creando un diseño simétrico. Repetir este paso en la parte superior del ante y decorar con las banderas de papel.

EN LA HISTORIA...

LA INFLUENCIA DE LA COCINA ESPAÑOLA NOS TRAJO FRUTAS COMO LOS DURAZNOS Y EL VINO DE JEREZ, ADEMÁS DE CIERTOS PLATILLOS LLAMADOS PRINCIPIOS O "ANTES" PARA SERVIR ANTES DE LAS COMIDAS. AHORA ESOS ANTES SE SIRVEN "DESPUÉS", COMO POSTRE.

Buñuelos
de viento y rodilla

DIFICULTAD: 🥄🥄   **RENDIMIENTO:** 30 buñuelos de cada receta

Los buñuelos de rodilla forman parte de todas las ferias en México. En diciembre hacen impresionantes torres de estas frágiles delicias.

Los moldes para buñuelos de viento no se lavan, sólo se limpian con una servilleta para evitar que en el siguiente uso se pegue la masa de buñuelos.

Tradicionalmente los buñuelos se hacían con agua de tequesquite hervido con cáscaras de tomate verde. Hoy, el polvo para hornear cumple la misma función.

Buñuelos de viento

- 1⅔ tazas (190 g) de harina
- 1 taza (240 ml) de leche
- 1 huevo (50 g)
- 2 yemas (40 g)
- 1 cucharada (15 g) de azúcar
- 1 cucharadita (4 g) de sal
- ½ cucharadita (1 g) de polvo para hornear
- ½ cucharada (2.5 g) de ralladura de naranja
- Aceite de maíz para freír
- 1 taza (200 g) de azúcar mezclada con canela molida al gusto

———————————————

MOLDE DE METAL PARA BUÑUELOS
DE VIENTO.

———————————————

Buñuelos de rodilla

- ¾ de taza (180 ml) de agua
- 1 cucharada (15 ml) de licor de anís
- 2 tazas (280 g) de harina
- 1 cucharadita (2 g) de polvo para hornear
- 1 huevo (50 g)
- 1 cucharada (15 g) de azúcar
- 1½ cucharadas (22.5 g) de mantequilla
- Aceite de maíz para freír

Miel de piloncillo perfumada

- 1 cono (200 g) de piloncillo de 10 cm
- 1 raja (5 g) de canela de 10 cm
- 1 cucharada (5 g) de semillas de anís
- 1 guayaba (60 g)
- 2 tazas (480 ml) de agua

Buñuelos de viento

1. Licuar todos los ingredientes, excepto el aceite de maíz y el azúcar con canela, hasta obtener una mezcla tersa y homogénea.
2. Calentar el aceite a 200 °C. Sumergir el molde para buñuelos en la mezcla de buñuelos para formar una capa delgada sin que llegue hasta el borde superior. Introducirlo en el aceite y freír el buñuelo hasta que esté ligeramente dorado. Repetir este paso hasta terminar con toda la mezcla..
3. Escurrir los buñuelos en papel absorbente y revolcarlos en el azúcar con canela.

Buñuelos de rodilla

1. Calentar el agua con el licor de anís y dejarla entibiar.
2. Colocar en un tazón la harina con el polvo para hornear y poner al centro el huevo, el azúcar y la mantequilla. Combinar todos los ingredientes, agregando el agua tibia con el licor de anís conforme sea necesario. Amasar durante 10 minutos o hasta obtener una masa tersa.
3. Cubrir la masa y dejarla reposar durante 40 minutos.

4. Dividir la masa en bolas pequeñas. Extenderlas hasta que midan 15 cm de diámetro. Colocar un tazón boca abajo y cubrirlo con un trapo; extender sobre él cada bola de masa, jalando hacia afuera el buñuelo con las yemas de los dedos conforme se hace más delgado, a fin de que quede muy delgado.
5. Calentar el aceite de maíz y freír los buñuelos. Escurrirlos en papel absorbente.

Miel de piloncillo perfumada

1. Combinar los ingredientes y hervir hasta que la miel tenga consistencia espesa. Servirla con los buñuelos de rodilla.

EN LA HISTORIA…

LOS ROMANOS HACÍAN UNA PREPARACIÓN SIMILAR APLANADA CON SUS PUÑOS QUE LLAMARON BUÑUELOS, DE AHÍ EL NOMBRE. EN MÉXICO A LOS BUÑUELOS DE RODILLA LOS LLAMAMOS ASÍ PORQUE ANTES SE ESTIRABAN SOBRE LA SUPERFICIE DE LA RODILLA.

Churros
y champurrado

Champurrar es modismo de mezclar. En esta receta, se champurra el cacao con el maíz. La fraternidad culinaria hermana el gusto mexicano de un buen champurrado con esta versión de los churros españoles perfumada con especias.

Para obtener churros más suaves, sustituye la mitad del agua por leche.

Es mejor consumir los churros el mismo día que se preparan, mejor aún si están recién hechos. Puedes preparar la masa hasta con una semana de anticipación y conservarla en refrigeración.

Churros
- 4 tazas (960 ml) de agua
- 1 cucharadita (4 g) de sal
- 1 cucharada (15 g) de azúcar
- 1 raja (5 g) de canela de 10 cm
- 1 cucharadita (3 g) de nuez moscada molida
- 2 cucharadas (30 ml) de extracto de vainilla
- 3½ tazas +1 cucharada (500 g) de harina
- Aceite de maíz para freír
- 1 taza (200 g) de azúcar mezclada con canela molida al gusto

Champurrado de leche
- 1½ tazas (300 g) de masa de maíz
- 2 tazas (480 ml) de agua
- 2 tazas (480 ml) de leche
- 1 raja (5 g) de canela de 10 cm
- 1 taza (180 g) de chocolate de metate en tablillas, picado
- ½ taza (100 g) de azúcar

MANGA PASTELERA CON DUYA RIZADA.

Churros

1. Hervir el agua con la sal, el azúcar, la raja de canela, la nuez moscada y el extracto de vainilla. Retirar la canela.
2. Agregar la harina de una sola vez y mezclar enérgicamente. Cocinar a fuego bajo hasta obtener una masa espesa y firme. Retirarla del fuego y dejarla enfriar.
3. Calentar el aceite a 200 ºC o hasta que al introducir una bolita de masa burbujee abundantemente. Introducir la masa en la manga con duya y formar los churros dejándolos caer sobre el aceite.
4. Freír los churros dándoles la vuelta hasta que estén ligeramente dorados. Escurrirlos sobre papel absorbente y revolcarlos en el azúcar con canela.

Champurrado de leche

1. Disolver la masa en el agua y colar.
2. Calentar la leche con la raja de canela y agregarle la masa diluida.
3. Añadir el chocolate picado y el azúcar. Cocinar a fuego bajo sin dejar de mover hasta que el chocolate se disuelva y el atole espese.
4. Servir el champurrado caliente con los churros.

EN LA HISTORIA...

EN EL SIGLO XVI, LA LLEGADA DEL CHOCOLATE A EUROPA PROVOCÓ UN DEBATE ECLESIÁSTICO. SE DISCUTÍA SI SU CONSUMO DEBÍA SER PERMITIDO EN EL AYUNO Y LA CUARESMA. INCLUSO SE PUBLICÓ UN LIBRO SOBRE EL TEMA, EN EL CUAL SE LLEGÓ A LA CONCLUSIÓN DE QUE PODÍA SER BEBIDO AUN DENTRO DE LAS IGLESIAS.

Clarisas y borrachines

Los rompopes son poemas del convento de Santa Clara. La repostería se engalana con la reminiscencia de los sabores conventuales hechos gelatina.

Éste es un particular homenaje a las vitrinas portátiles de gelatinas que todavía se ven brillar por la ciudad, luminosas como joyas.

Las gelatinas no se pueden congelar, pues se modifica su estructura y pierden su consistencia.

Puedes servir las gelatinas de rompope con nuez picada, pasas, nuez moscada molida y más rompope.

La gelatina de jerez es deliciosa con frutas como duraznos, uvas y peras.

Gelatina de rompope
- 3 cucharadas (24 g) de grenetina en polvo o 12 láminas
- 2 tazas (480 ml) de rompope
- 1 taza (240 ml) de leche

Gelatina de jerez
- 3 cucharadas (24 g) de grenetina en polvo o 12 láminas
- 1 taza (240 ml) de agua
- 2 tazas (480 ml) de jerez dulce
- ⅔ de taza (130 g) de azúcar

---

12 MOLDES CON CAPACIDAD DE ½ TAZA.

Gelatina de rompope

1. Hidratar la grenetina.
2. Hervir el rompope con la leche. Incorporar la grenetina y mover hasta que se funda. Vaciar la mezcla en 6 moldes y refrigerar hasta que cuajen las gletinas.
3. Desmoldar y servir.

Gelatina de jerez

1. Hidratar la grenetina.
2. Hervir el jerez con la leche. Incorporar la grenetina y mover hasta que se funda. Vaciar la mezcla en los moldes restantes y refrigerar hasta que cuajen las gelatinas.
3. Desmoldar y servir.

EN LA HISTORIA...

LAS GELATINAS HAN FORMADO PARTE DE LOS MENÚS DESDE EL RENACIMIENTO. ERA MUY COMPLICADO OBTENER LA GRENETINA. GENERALMENTE SE EXTRAÍA HIRVIENDO HUESOS DE TERNERA, DE VENADO O COLAS DE PESCADO. EN SUS INICIOS, LAS GELATINAS ERAN SALADAS; MÁS TARDE SE HICIERON CON FRUTAS, LICORES Y FRUTOS SECOS. LOS MOLDES DE LAS GELATINAS QUE FORMABAN PARTE DE LOS BUFFETS DEL SIGLO XIX SON PARTICULARMENTE IMPRESIONANTES POR SUS FORMAS COMPLEJAS.

Cupcakes
de chocolate

DIFICULTAD: | **RENDIMIENTO:** 12 cupcakes

Estos cupcakes representan el balance perfecto entre un pan de consistencia ligera –casi etérea–, un intenso sabor a chocolate y un betún cremoso con carácter.

Cupcakes

- ¾ de taza (150 g) de mantequilla
- 1¾ tazas (350 g) de azúcar
- 3 huevos (150 g)
- 2 tazas (280 g) de harina
- ¾ de taza (75 g) de cocoa
- 1½ cucharaditas (3 g) de polvo para hornear
- ½ cucharadita (2 g) de sal
- ⅔ de taza (160 ml) de leche
- ¾ de taza (180 ml) de crema para batir
- 1 cucharada (15 ml) de extracto de vainilla

Betún de chocolate mexicano

- ¾ de taza (180 ml) de crema para batir
- 1 taza (160 g) de chocolate de metate en tablillas, troceado
- ½ taza (100 g) de mantequilla a temperatura ambiente
- Chocolate oscuro picado

---

12 MOLDES PARA CUPCAKES FORRADOS CON CAPACILLOS, MANGA PASTELERA CON DUYA LISA.

Cupcakes

1. Acremar la mantequilla con el azúcar y batir hasta que la mezcla esté pálida y ligera.
2. Añadir uno a uno los huevos, batiendo bien antes de añadir el siguiente, para que queden bien incorporados.
3. Cernir la harina con la cocoa, el polvo para hornear y la sal. Mezclar la leche con la crema para batir y el extracto de vainilla.
4. Incorporar a la preparación de mantequilla y huevo la mezcla de harina y cocoa con movimientos envolventes, alternado con la combinación de leche y crema.
5. Vaciar la mezcla dentro de los moldes hasta llenar tres cuartas partes de su capacidad.
6. Hornear los cupcakes a 170 °C durante 20 minutos o hasta que al insertarles un palillo en el centro, éste salga limpio. Sacarlos del horno y dejarlos enfriar.

Betún de chocolate mexicano

1. Hervir la crema para batir y agregar el chocolate troceado. Bajar el fuego y mezclar constantemente hasta que el chocolate se derrita y la preparación tenga una consistencia tersa. Retirarla del fuego y dejarla enfriar.
2. Acremar la mantequilla e incorporarla a la mezcla de crema y chocolate. Batir hasta que tenga consistencia untable.
3. Introducir el betún de chocolate mexicano en la manga con duya y decorar los cupcakes; espolvorear el chocolate picado.

Crepas
con cajeta

No solamente existe la fusión iberoamericana en la cocina mexicana. También se da la presencia de otros países. He aquí un ejemplo francoguanajuatense.

- 1¾ tazas (525 g) de cajeta quemada o cajeta de vainilla
- 1½ tazas (360 ml) de leche
- ¼ de taza (60 ml) de ron añejo
- 4 cucharadas (60 g) de mantequilla
- 24 crepas (ver pág. 367)
- ½ taza (60 g) de nueces picadas

Puedes preparar la salsa de cajeta hasta con una semana de anticipación y conservarla en refrigeración.

Prueba añadir tequila añejo o licor de naranja a la salsa de cajeta; le darás un giro de sabor muy original.

1. Hervir la cajeta con la leche y retirarla del fuego.
2. Fundir 1 cucharadita de mantequilla en un sartén y calentar 2 crepas por ambos lados. Reservar las crepas calientes y repetir la operación con el resto de las crepas y la mantequilla.
3. Doblar las crepas en cuatro, colocarlas en platos individuales y bañarlas con la salsa de cajeta; decorarlas con las nueces picadas.

En la historia...

La cajeta recibe su nombre de las pequeñas cajas donde se empacaba el dulce de leche, de apetitoso color caramelo, hecho tradicionalmente con leche de cabra.

Dulce
de camote

DIFICULTAD: ♦♦   RENDIMIENTO: 60 dulces

Dulce de camote
- 2 camotes amarillos (1 kg)
- 1 taza (240 ml) de agua
- 1 taza (200 g) de azúcar
- 4 tazas (960 ml) de jugo de piña
- 2 cucharadas (16 g) de grenetina en polvo u 8 láminas

Plancha de vainilla y yemas
- ⅔ de taza (133 g) de mantequilla
- 5 huevos (250 g)
- ¾ de taza (150 g) de azúcar
- 4 yemas (80 g)
- 1 cucharada (15 ml) de extracto de vainilla
- 1 taza + 1 cucharada (150 g) de harina

Glaseado ligero
- 2 claras (60 g)
- 3¾ tazas (450 g) de azúcar glass
- 1 cucharada (15 ml) de extracto de vainilla
- ⅓ de taza (80 ml) de agua
- Colorante vegetal rosa

Decoración
- Perlas moradas de azúcar

CHAROLA PARA HORNO ANTIADHERENTE, ENGRASADA Y ENHARINADA O CON PAPEL SILICONADO, 1 CORTADOR PARA GALLETAS DE 3 CM DE DIÁMETRO, MOLDES FLEXIPAN PARA *PETIT FOUR* DE 3 CM DE DIÁMETRO Y 4 CM DE PROFUNDIDAD, MANGA PASTELERA CON DUYA DELGADA Y LISA.

Dulce de camote
1. Pelar los camotes, rebanarlos y cocerlos con el agua, el azúcar y el jugo de piña durante 30 minutos o hasta que estén muy suaves.
2. Hidratar la grenetina, dejarla reposar y fundirla.
3. Moler los camotes aún calientes en un procesador y agregarles la grenetina; trabajar la mezcla hasta obtener un puré terso.

Plancha de vainilla y yemas
1. Fundir la mantequilla y dejarla entibiar.
2. Batir los huevos con el azúcar hasta que estén pálidos y aumenten su volumen.
3. Combinar las yemas con la mantequilla fundida y el extracto de vainilla. Incorporarlas a los huevos batidos con movimientos envolventes, alternando con la harina.
4. Extender la mezcla en la charola y hornearla a 180 °C durante 15 minutos o hasta que la superficie del pan esté ligeramente dorada.
5. Dejar enfriar el pan y cortarlo en 60 círculos con el cortador para galletas.

Glaseado ligero
1. Mezclar las claras con el azúcar glass y agregar el extracto de vainilla.
2. Incorporar el agua necesaria para obtener un glaseado de consistencia espesa.
3. Reservar una cuarta parte del glaseado y pintar de rosa el resto.

Montaje y decoración
1. Rellenar los moldes flexipan con el dulce de camote y cubrirlos con los discos de pan.
2. Congelarlos durante 30 minutos para que se endurezcan y facilitar el glaseado.
3. Desmoldar los dulces de camote y bañarlos con el glaseado rosa. Introducir el glaseado blanco en la manga con duya y decorar la superficie de los dulces; terminar con las perlas de azúcar.

Un homenaje a los dulces poblanos resumido en un bocado.

Puedes preparar el dulce de camote y usarlo como relleno para un ante, un pastel, o simplemente servirlo en un lindo platón.

Para un acabado más profesional, puedes sustituir el glaseado ligero por fondant. Adquiérelo en una tienda especializada y dilúyelo con un poco de agua hasta obtener la consistencia deseada.

EN LA HISTORIA...

SAN PASCUAL BAILÓN ES EL PATRONO DE LOS COCINEROS. LA LEYENDA CUENTA QUE EN MUCHAS COCINAS POBLANAS DE LA COLONIA ESTABA SU IMAGEN. HAY MUCHAS ORACIONES PARA PEDIR SU AYUDA; LA MÁS CONOCIDA DICE: "...YO TE OFREZCO ESTE GUISITO Y TÚ LE PONES LA SAZÓN".

Esponja
de guanábana

DIFICULTAD: ♪♪   RENDIMIENTO: 8 porciones

La delicada y espumosa textura de la blanca guanábana mexicana se regocija con el color oscuro del tamarindo de la India. Ambas frutas tienen un delicioso sabor acidito.

Para obtener una pulpa de guanábana más tersa, licúala con un poco de leche o agua y pásala por un colador fino.

Hierve los tamarindos para desprenderles las semillas fácilmente.

Esponja de guanábana
- 2 cucharadas (16 g) de grenetina en polvo u 8 láminas
- 1 taza (235 g) de pulpa de guanábana
- ½ taza (120 ml) de agua
- 1½ tazas (300 g) de azúcar

Reducción de tamarindo y chile piquín
- 1 taza (260 g) de pulpa de tamarindo
- 1 taza (240 ml) de agua
- 1 taza (200 g) de azúcar
- 2 cucharaditas (6 g) de chile piquín en polvo

Decoración
- ½ cucharadita (1.5 g) de chile piquín en polvo
- Lagrimitas de colores
- Pepitorias de colores troceadas

8 COPAS O CHAROLAS CON PAPEL SILICONADO.

Esponja de guanábana
1. Hidratar la grenetina, dejarla reposar y fundirla.
2. Batir la pulpa de guanábana con el agua y el azúcar.
3. Incorporar la grenetina fundida y continuar batiendo hasta obtener una preparación firme y muy esponjosa.
4. Rellenar las copas con la preparación de guanábana o colocar con una cuchara sopera porciones sobre las charolas. Refrigerar las esponjas hasta que cuajen.

Reducción de tamarindo y chile piquín
1. Hervir la pulpa de tamarindo con el agua y el azúcar hasta que la mezcla espese. Incorporar el chile piquín en polvo.

Decoración
1. Poner sobre las esponjas de guanábana un poco de la reducción de tamarindo y espolvorear con el chile piquín. Decorar con las lagrimitas de colores y las pepitorias troceadas.

Estrategia de mango

DIFICULTAD: ♟♟♟   RENDIMIENTO: 8 porciones

Ésta es una creación norteña, relativamente nueva, que ya se ha convertido en un gran favorito. Está basada en los mostachones antiguos que combinaban merengue con galletas molidas.

Es una receta cuya lista de ingredientes no tiene mucho sentido, pero al probarla se comprende todo a través de la magia de la repostería.

Es mejor consumir el pastel el mismo día que se prepara para disfrutar el juego de texturas al máximo.

Merengue con galletas
- 4 claras (120 g)
- 1⅓ tazas (265 g) de azúcar
- 1 cucharada (15 ml) de extracto de vainilla
- 1 cucharadita (5 ml) de vinagre blanco
- ½ taza (45 g) de galletas de vainilla molidas toscamente
- 1⅓ tazas (120 g) de galletas saladas molidas
- 2 cucharadas (16 g) de fécula de maíz
- 1½ tazas (180 g) de nueces picadas

Relleno cremoso de queso
- 2 tazas (380 g) de queso crema
- 1⅔ tazas (200 g) de azúcar glass
- 1 cucharadita (5 ml) de extracto de vainilla
- 1 cucharada (15 ml) de jugo de limón
- 1 cucharadita (2 g) de ralladura de limón
- 1¼ tazas (300 ml) de crema para batir

Montaje y decoración
- 2 mangos petacones (600 g) no muy maduros
- 8 cuadros de 4 cm de chocolate blanco (ver pág. 383)
- 8 cuadros de 4 cm de chocolate oscuro (ver pág. 383)
- Piezas de ajedrez de chocolate decoradas con polvo de oro

MOLDE CUADRADO DE 16 CM ENGRASADO Y ENHARINADO O FORRADO CON PAPEL SILICONADO, MANGA PASTELERA CON DUYA RIZADA.

Merengue con galletas

1. Batir las claras hasta que estén espumosas; agregar el azúcar y continuar batiendo hasta que se formen picos firmes. Incorporar el extracto de vainilla y el vinagre blanco.
2. Combinar las galletas de vainilla con 1 cucharada de fécula de maíz; hacer lo mismo con las galletas saladas molidas.
3. Separar una cuarta parte de las claras batidas y mezclarlas con las galletas de vainilla molidas con movimientos envolventes.
4. Incorporar, con movimientos envolventes, el resto de las claras batidas con la mezcla de galletas saladas y las nueces picadas.
5. Colocar la mezcla de galletas de vainilla en la base del molde y poner encima la mezcla de galletas saladas y nueces.
6. Hornear el merengue a 160 °C durante 20 minutos o hasta que esté cocido. Sacarlo del horno, dejarlo enfriar y desmoldarlo.

Relleno cremoso de queso

1. Batir el queso crema con el azúcar glass, el extracto de vainilla, el jugo y la ralladura de limón.
2. Batir la crema hasta que forme picos firmes y mezclarla con la mezcla de queso con movimientos envolventes. Introducir el relleno en la manga con duya.

Montaje y decoración

1. Cortar los mangos en cubos pequeños. Ponerlos sobre el merengue y cubrirlos con el relleno cremoso de queso.
2. Decorar con los cuadros de chocolate blanco y oscuro formando un patrón de tablero de ajedrez y colocar encima las piezas de ajedrez de chocolate.

Fiesta
de elote

Una oda al maíz en un esponjado y delicioso pan.

El pastel de elote se conserva en refrigeración hasta por una semana, pero es mejor consumirlo recién preparado.

Decoración de semillas
- 3 cucharadas (30 g) de ajonjolí
- 3 cucharadas (3 g) de amaranto tostado
- 4 cucharadas (30 g) de nueces troceadas
- 4 cucharadas (30 g) de almendras con cáscara, fileteadas
- 2 cucharadas (30 g) de mantequilla
- 1 cucharada (10 g) de harina

Salsa de rompope
- 1 taza (240 ml) de crema inglesa (ver pág. 372)
- 1 taza (240 ml) de rompope

Pan de elote
- 1 taza (140 g) de harina
- 1½ cucharaditas (3 g) de polvo para hornear
- 2 tazas (400 g) de granos de elote
- 1½ tazas (300 g) de granos de elote amarillo
- 1 lata (397 g) de leche condensada
- 4 huevos (200 g)
- ¾ de taza (180 ml) de aceite de maíz
- 2 cucharadas (30 ml) de extracto de vainilla
- Palomitas de maíz

REFRACTARIO CUADRADO DE 20 CM ENGRASADO Y ENHARINADO.

Decoración de semillas
1. Combinar en un tazón todos los ingredientes y reservar.

Salsa de rompope
1. Combinar los ingredientes y refrigerar.

Pan de elote
1. Cernir en un tazón la harina con el polvo para hornear.
2. Licuar los ingredientes restantes excepto las palomitas. Vaciar la mezcla en el tazón con la harina y combinarla sin trabajar demasiado.
3. Verter la preparación en el refractario y colocar encima la decoración de semillas.
4. Hornear el pan de elote a 180 °C durante 45 minutos o hasta que esté cocido y ligeramente dorado. Sacarlo del horno y dejarlo enfriar.
5. Cortar el pan de elote en 8 porciones y servirlas con la salsa de rompope y las palomitas de maíz.

Garibaldis

DIFICULTAD: ♠♠ RENDIMIENTO: 24 garibaldis

Un baño de grageas de blanco nácar y estos vaporosos panquecitos se convierten en un son para bailar.

La costra de los panqués contrasta con la suavidad del interior, pero la mermelada equilibra las dos consistencias a la perfección.

Si no los vas a servir el mismo día, consérvalos en un recipiente hermético sin cubrirlos con la mermelada.

- 2 tazas (400 g) de mantequilla
- 1¼ tazas (250 g) de azúcar
- 5 huevos (250 g)
- 3½ tazas + 1 cucharada (500 g) de harina
- 1 cucharada (10 g) de polvo para hornear
- ¾ de taza (180 ml) de crema para batir
- ⅔ de taza (200 g) de jalea de chabacano
- 2 tazas (300 g) de grageas blancas

MOLDES DE 7 CM DE DIÁMETRO ENGRASADOS Y ENHARINADOS O CON ANTIADHERENTE, REJILLA DE ALAMBRE.

1. Acremar la mantequilla con el azúcar hasta que se esponje y blanquee.
2. Agregar los huevos uno a uno, batiendo bien antes de añadir el siguiente para que queden incorporados.
3. Cernir la harina con el polvo para hornear e incorporarlos, con movimientos envolventes, a la mezcla de mantequilla alternando con la crema para batir. Trabajar lo menos posible hasta obtener una masa uniforme.
4. Vaciar la masa en los moldes dejando un espacio libre de 1 cm en el borde.
5. Hornear los garibaldis a 180 °C durante 15 minutos o hasta que al insertar un palillo en el centro, éste salga limpio.
6. Sacar los garibaldis del horno, desmoldarlos y colocarlos en rejillas para enfriarlos.
7. Entibiar la jalea de chabacano y, con una brocha, barnizar los garibaldis. Espolvorearlos con las grageas.

Gaznates

Todavía se ven por algunas ciudades a los merengueros con sus charolas que brillan con el rosa eléctrico de los merengues y gaznates. Ingeniosamente tienen una charola que se convierte en mesita. La negociación tradicional con el merenguero se hacía con un volado: si perdías, tenías que comprar doble; si ganabas, te tocaba pilón.

Los gaznates tienen una costra crujiente y deliciosa, a la cual le puedes poner muchos rellenos en lugar del merengue, como dulce de leche, queso, requesón o mousses de frutas como guayaba… suelta tu imaginación. Consérvalos sin rellenar en un recipiente hermético hasta por una semana.

El merengue suizo es muy estable, ideal para cubrir *pies* de limón que se doran al horno o para decorar pasteles que deben conservarse en buen estado varias horas antes de servirlos.

Gaznates
- 3 tazas (420 g) de harina
- 1 cucharadita (4 g) de sal
- 8 yemas (160 g)
- 2 huevos (100 g)
- 1 taza (240 ml) de agua fría
- Aceite de maíz

Merengue suizo
- 6 claras (180 g)
- 1½ tazas (300 g) de azúcar
- Colorante vegetal rosa

CANUTILLOS DE METAL, MANGA PASTELERA CON DUYA GRUESA Y RIZADA.

Gaznates
1. Mezclar en una batidora con la pala o con la mano, la harina con la sal, las yemas y los huevos. Trabajar la mezcla hasta obtener una masa elástica, agregando el agua necesaria. Refrigerar durante 1 hora.
2. Calentar el aceite a 200 ºC o hasta que al sumergir una bolita de masa burbujee abundantemente.
3. Dividir la masa en 20 porciones y enharinar una mesa. Estirar con un rodillo cada porción, lo más delgada que sea posible, y envolver con ellas los canutillos.
4. Freír los gaznates hasta que estén dorados. Escurrirlos en papel absorbente y sacarlos del canutillo.

Merengue suizo
1. Colocar en un tazón las claras con el azúcar. Batirlas sobre una cacerola con agua hirviendo hasta que alcancen 45 ºC.
2. Vaciar las claras en el tazón de la batidora y trabajar a alta velocidad hasta que dupliquen su volumen y estén firmes.
3. Incorporar el colorante rosa con movimientos envolventes.

Montaje
1. Introducir el merengue suizo en la manga con duya y rellenar los gaznates.

Gorditas
de La Villa

DIFICULTAD: **RENDIMIENTO:** 24 gorditas

Las gorditas de La Villa son parte indispensable de la visita que se hace al santuario guadalupano de la Ciudad de México. Tradicionalmente se preparan con harina de maíz cacahuazintle, la cual resulta muy difícil de conseguir. Agregar un poco de polenta a la masa ayuda a acentuar el sabor a maíz y a conseguir una textura crujiente.

Sírvelas envueltas en el tradicional papel de China. Su sabor es mejor cuando están recién hechas, pero también las puedes preparar con anticipación y calentarlas unos minutos en un sartén o comal antes de comerlas.

- 1⅓ tazas (150 g) de harina de maíz nixtamalizado
- ⅓ de taza (50 g) de polenta
- ½ cono (100 g) de piloncillo de 10 cm, molido
- 1 cucharadita (2 g) de polvo para hornear
- ⅓ de taza (70 g) de mantequilla a temperatura ambiente
- 6 cucharadas (90 ml) de crema para batir
- 4 yemas (80 g)
- 1 pizca de sal

1. Colocar en un tazón la harina de maíz, la polenta, el piloncillo y el polvo para hornear; combinarlos con un tenedor.
2. Agregar a la mezcla la mantequilla y trabajarla con las yemas de los dedos hasta integrarla y obtener una consistencia de arena.
3. Mezclar la crema para batir con las yemas y la sal. Incorporarla a la mezcla de harina y mantequilla y mezclar hasta obtener una masa húmeda, similar a la masa para hacer tortillas.
4. Dividir la masa en 24 porciones y formar tortitas de 6 cm de diámetro. Cocinarlas por ambos lados en un comal o sartén anti-adherente grueso hasta que estén doradas.

Margarita

Un postre para adultos que cierra perfectamente una mariscada o abre una conversación.

Espuma de limón y tequila
- 1½ cucharadas (12 g) de grenetina en polvo o 6 láminas
- 1 taza (240 ml) de jugo de limón
- ½ taza (120 ml) de yogurt natural
- ¼ de taza (60 ml) de tequila añejo
- ¼ de taza (60 ml) de licor de naranja
- 1 taza (240 ml) de crema para batir
- 3 claras (90 g)
- ¾ de taza (150 g) de azúcar

Decoración
- ½ taza (150 g) de brillo de pastelería o de jalea de naranja
- 1 cucharada (15 ml) de licor de naranja
- Hojas de árbol de limón o de mandarina miniatura
- 8 placas de chocolate blanco (ver pág. 383)

8 COPAS ESCARCHADAS CON AZÚCAR O SAL.

Te sugiero ponerle a las copas el azúcar o la sal antes de vaciarles la espuma; unta el borde con un poco de limón o clara para que se pegue mejor. Atrévete a usar sal, le da un toque muy interesante.

Espuma de limón y tequila
1. Hidratar la grenetina.
2. Combinar el jugo de limón con el yogurt, el tequila añejo y el licor de naranja. Fundir la grenetina e incorporarla.
3. Batir la crema hasta que forme picos suaves.
4. Batir las claras hasta que estén espumosas, incorporar el azúcar y seguir batiendo hasta que formen picos suaves.
5. Mezclar con movimientos envolventes la crema batida con la mezcla de limón e incorporar de la misma forma las claras batidas. Vaciar la preparación en las copas y refrigerarlas hasta que la espuma cuaje.

Decoración
1. Combinar el brillo de pastelería o la jalea con el licor de naranja. Barnizar la superficie de las espumas.
2. Decorar con las hojas de limón o mandarina y las placas de chocolate blanco.

Mis barritas de jamoncillo de leche y pepita

DIFICULTAD: 🥄🥄 **RENDIMIENTO:** 2 jamoncillos medianos

¿Quién no ha elegido entre las maravillas que atesora la canasta del artesano dulcero, un bocado como éste? Sus colores, aromas y textura alegran la vista, el olfato y el gusto.

- 1 ℓ de leche entera
- 2 ½ tazas (½ kg) de azúcar
- 1 gota de colorante vegetal rojo líquido
- ½ taza (50 g) de pepitas de calabaza peladas y tostadas

MOLDE RECTANGULAR DEL TAMAÑO QUE DESEE EL JAMONCILLO.

1. Poner la leche en un cazo de cobre y calentar; cuando hierva, agregar el azúcar. Cocer a fuego bajo hasta que se vea el fondo del cazo. Dividir la mezcla en dos partes, y a una de ellas, agregar el colorante vegetal rojo.
2. Calentar nuevamente cada preparación y batir vigorosamente hasta que obtenga el punto de paniz (ligeramente blanquecino).
3. Vaciar la mezcla color rojo dentro del molde para panqué ligeramente aceitado y cubierto con una manta de cielo humedecida. Agregar las pepitas y el jamoncillo color natural. Compactar el dulce con las manos ligeramente humedecidas y dejar enfriar a temperatura ambiente.
4. Cortar rebanadas del tamaño deseado.

Muéganos

DIFICULTAD: ♠♠♠   RENDIMIENTO: 12 muéganos

Los vendedores de muéganos del siglo XIX tenían pregones muy divertidos e ingeniosos, y es que nadie puede conservar la seriedad al morder una de estas delicias.

Otra forma deliciosa de servir los muéganos es colocar en un plato hondo los cuadros de pasta frita y bañarlos con una miel ligera de piloncillo similar a la de los buñuelos.

Pasta frita
- ¼ de cono (50 g) de piloncillo de 10 cm, troceado
- 1 taza (240 ml) de agua tibia
- 3½ tazas + 1 cucharada (500 g) de harina
- 2 cucharaditas (4 g) de polvo para hornear
- 1 cucharadita (4 g) de sal
- 1 huevo (50 g)
- Aceite vegetal, para freír

Montaje
- ¾ de taza (180 ml) de agua
- 1 cono (200 g) de piloncillo de 10 cm
- 1 raja (5 g) de canela de 10 cm

Pasta frita
1. Hervir los trozos de piloncillo con la mitad del agua hasta obtener un jarabe espeso. Retirarlo del fuego y dejarlo enfriar.
2. Mezclar en un tazón la harina con el polvo para hornear y la sal. Formar con ella un volcán y colocar el huevo y el jarabe de piloncillo en el centro.
3. Mezclar los ingredientes poco a poco hasta incorporarlos; agregar el agua restante y continuar mezclando hasta obtener una pasta tersa y homogénea. (Es probable que no sea necesario usar toda el agua.) Dejar reposar durante 40 minutos.
4. Espolvorear una mesa de trabajo con un poco de harina y extender la pasta hasta que quede muy delgada. Cortar cuadros o rombos pequeños.
5. Calentar el aceite a 200 °C o hasta que al sumergir un trozo de la pasta burbujee abundantemente.
6. Freír los cuadros o rombos de pasta hasta que estén dorados. Escurrirlos en papel absorbente y dejarlos secar durante unas horas para que estén más crujientes.

Montaje
1. Hervir el agua con el piloncillo y la raja de canela. Cuando empiece a espesar, retirar la canela y continuar hirviendo hasta que el jarabe espese más. Estará listo cuando al poner una gota del jarabe en agua fría, se ponga firme. Retirarlo del fuego y dejarlo enfriar ligeramente.
2. Pegar algunos cuadros o rombos de pasta frita con el jarabe de piloncillo para formar los muéganos.

EN LA HISTORIA...

LOS MUÉGANOS SON DULCES DE GRAN TRADICIÓN EN PUEBLA. SU VENTA INICIABA EN LAS FECHAS DECEMBRINAS Y CONCLUÍA EN SEMANA SANTA. LOS ELABORABAN PANADEROS Y ARTESANOS DULCEROS POR IGUAL Y SE VENDÍAN EN LOS CAFÉS MÁS ELEGANTES, ASÍ COMO EN LOS PUESTOS CALLEJEROS.

Niño envuelto
de Morelia

Morelia, la ciudad de piedra rosa, tiene sus entrañas hechas de ates de guayaba y muchas otras golosinas. Fue la inspiración para integrar dos favoritos en un pastel.

Dulce de guayaba

- 16 guayabas (1 kg)
- 2 tazas (400 g) de azúcar
- 1 raja (5 g) de canela de 10 cm
- 3 tazas (720 ml) de agua

Montaje y decoración

- 1 plancha flexible de vainilla (ver pág. 363)
- 2 tazas (650 g) de dulce de leche
- ½ taza (60 g) de azúcar glass
- 1 palito de galleta de vainilla
- 1 guayaba rosa

CHAROLA PARA HORNO CON PAPEL
SILICONADO O DE ESTRAZA,
BROCHETA DE METAL.

Esta combinación de guayaba con dulce de leche es un gran clásico, delicioso para rellenar bocadillos o pasteles.

Dulce de guayaba

1. Partir las guayabas por la mitad y cocerlas con el azúcar, la raja de canela y el agua hasta que estén suaves.
2. Pasarlas por una coladera para quitarles las semillas y la cáscara. Regresar la pulpa de las guayabas al fuego y hervirla hasta que espese. Retirarla del fuego y dejarla enfriar.

Montaje y decoración

1. Untar la plancha flexible de vainilla con el dulce de guayaba y ponerle encima el dulce de leche.
2. Enrollar la plancha a lo largo, sobre sí misma, y cortar las puntas con un cuchillo de sierra.
3. Espolvorear el niño envuelto con el azúcar glass. Calentar la brocheta de metal y hacerle una marca sobre el azúcar para caramelizarla. Decorar con el palito de galleta y la guayaba rebanada.

Pan de muerto

"¡Pan bendito que hasta la muerte me haz de acompañar!"

"Por valiente el panadero y por andar de bribón, junto al bizcochero tristes calaveras son… lo mismo es el dulcero y el que vende macarrón, uno y otro panadero, calaveras del montón."

El agua de azahar se vende en tiendas de insumos de comida árabe. La puedes sustituir por 1 cucharada (5 g) de ralladura de naranja y 1 cucharada (5 g) de ralladura de limón.

Para una versión poco ortodoxa, mezcla con frutas secas la masa antes de moldearla; pueden ser cerezas, arándanos o pasas.

- 1 cucharada (10 g) de levadura en polvo
- 1 cucharada (10 g) de harina + 4¾ tazas (670 g)
- ½ taza (120 ml) de agua tibia
- ½ taza (100 g) de azúcar
- 1 cucharada (15 ml) de agua de azahar
- 1 cucharadita (4 g) de sal
- ½ taza (120 ml) de leche
- 3 huevos (150 g)
- 3 yemas (60 g)
- ⅔ de taza (133 g) de mantequilla a temperatura ambiente, cortada en cubos
- 1 huevo (50 g) batido con 1 cucharada (15 ml) de agua

Decoración
- ¼ de taza (50 g) de mantequilla a temperatura ambiente
- 1 taza (200 g) de azúcar rosa

1. Combinar la levadura con la cucharada de harina y el agua tibia. Dejarla reposar durante 10 minutos o hasta que esté espumosa.
2. Colocar la harina restante, el azúcar, el agua de azahar, la sal y la leche en la batidora eléctrica con gancho para pan. Amasar hasta que se integren los ingredientes y añadir los huevos y las yemas. Continuar trabajando hasta tener una masa lisa, aproximadamente 10 minutos.
3. Incorporar la mezcla de levadura y amasar hasta que se forme una bola lisa, suave y flexible. Agregar la mantequilla gradualmente, amasando para que se integre. (Si la mantequilla está firme, suavizarla para que tenga consistencia similar a la de la masa del pan.)
4. Colocar la masa en un tazón y cubrirlo con un trapo húmedo; dejarla reposar a temperatura ambiente hasta que duplique su volumen, alrededor de 2 horas. Ponchar la masa y amasarla ligeramente.
5. Tomar ⅔ de la masa y formar una bola doblándola hacia abajo sobre sí misma. Colocarla en la charola.
6. Formar las canillas con el resto de la masa y pegarlas a la bola de masa con el huevo con agua.
7. Cubrir el pan y dejarlo crecer al doble del tamaño. Barnizarlo con el huevo batido con agua y hornearlo a 180 ºC durante 25 minutos o hasta que esté dorado.

Decoración
1. Al sacar el pan del horno, untarlo con la mantequilla y espolvorearlo con el azúcar rosa.

EN LA HISTORIA…

EL TRIGO EN AMÉRICA SIRVIÓ, EN ALGUNOS CASOS, PARA CONVERTIR AL CRISTIANISMO A LOS ANTIGUOS MESOAMERICANOS. EL PAN FESTIVO PRESENTA AL MUERTO CON CABEZA Y HUESOS IMPREGNADO CON AROMA DE AZAHAR.

Ponche
de Navidad y sus juegos

DIFICULTAD: | **RENDIMIENTO:** 12 porciones

- 25 tazas (6 ℓ) de agua
- 1 taza (40 g) de flores de Jamaica
- 1 cono (200 g) de piloncillo de 10 cm
- 12 ciruelas pasa (120 g)

- 4 manzanas (800 g)
- 4 peras (700 g)
- 4 guayabas (240 g)
- 4 tamarindos pelados (100 g)
- 1 membrillo (200 g)

- 4 pedazos (200 g) de caña de azúcar de 10 cm, cortados en bastones
- 12 tejocotes (240 g)
- 2 rajas (10 g) de canela de 10 cm

Más indispensable que la piñata, un ponche en la posada: espeso y perfumado.

Al final de la receta hay varias opciones para jugar y experimentar con el ponche que queda después de la posada. Es un elixir que verdaderamente hay que aprovechar.

No olvides ponerle un "piquete" de ron añejo si es para adultos.

Ponche

1. Hervir el agua y agregar las flores de Jamaica; continuar la cocción por 10 minutos, retirar del fuego y colar.
2. Trocear el piloncillo y mezclarlo con el agua de Jamaica.
3. Limpiar las frutas y cortarlas en cubos o rebanarlas.
4. Hervir todos los ingredientes a fuego bajo durante 1 hora o hasta que la fruta esté suave.
5. Servir el poche caliente. Utilizar el ponche restante como base para preparar una salsa, sorbete o gelatina.

Salsa

1. Colar el ponche y hervirlo hasta obtener una salsa espesa con consistencia de jarabe. Se puede usar para acompañar helados, pasteles y buñuelos.

Sorbete

1. Colar el ponche y hervirlo hasta obtener una salsa espesa con consistencia de jarabe. Enfriar y congelar según las instrucciones de la máquina para helados.

Gelatina

1. Colar el ponche y hervirlo hasta obtener una salsa espesa con consistencia de jarabe. Medir 2 tazas y combinarlas con 1 cucharada o 4 láminas de grenetina hidratada y fundida.
2. Vaciarla en un molde y refrigerarla hasta que cuaje.

EN LA HISTORIA...

EN EL SIGLO XIX SE IMPUSO EN MÉXICO EL *PUNCH* INGLÉS HECHO A BASE DE TÉ CON FRUTAS SECAS Y RON. LOS MEXICANOS LO ADAPTARON HACIENDO UN CALDO DE FRUTAS CON GUAYABAS, TEJOCOTES, TAMARINDOS, CAÑAS DE AZÚCAR Y CIRUELAS PASA, CONSERVANDO EL RON. HUBO PONCHERÍAS Y PONCHEROS, TRADICIÓN QUE DESAPARECIÓ EN EL SIGLO XX.

Rosca de Reyes
y su chocolatito

DIFICULTAD: ⚭⚭⚭   RENDIMIENTO: 12 porciones

Después de las fiestas decembrinas, a los mexicanos todavía nos queda una celebración más que expresamos con la colorida rosca de Reyes. No puede faltar el indispensable chocolate espumado con molinillo.

Puedes formar la rosca en la mañana y refrigerarla hasta el momento de servirla; perfumará toda la casa mientras se hornea.

Si prefieres que la rosca no esté rellena con fruta cristalizada, simplemente omite este paso.

Rosca de Reyes

- 1 cucharada (10 g) de levadura en polvo
- 1 cucharada (10 g) de harina + 4¾ tazas (670 g)
- ½ taza (120 ml) de agua tibia
- ½ taza (100 g) de azúcar
- 1 cucharada (5 g) de ralladura de naranja
- 1 cucharada (5 g) de ralladura de limón
- 1 cucharada (15 ml) de extracto de vainilla
- 1 cucharadita (4 g) de sal
- ½ taza (120 ml) de leche
- 3 huevos (150 g)
- 3 yemas (60 g)
- ¾ de taza (150 g) de mantequilla a temperatura ambiente, cortada en cubos
- 1½ tazas (200 g) de fruta cristalizada, picada

Cubierta de mantequilla

- 2 cucharadas (25 g) de manteca vegetal
- ¼ de taza (50 g) de mantequilla
- ⅔ de taza (80 g) de azúcar glass
- ⅓ de taza (65 g) de azúcar
- 1 cucharadita (5 ml) de extracto de vainilla
- ½ taza (70 g) de harina

Decoración

- 1 huevo (50 g) batido
- 1 taza (100 g) de frutas cristalizadas (cerezas, durazno, higo, acitrón, cáscara de naranja, etc.) cortadas en tiras

Chocolate caliente

- 8⅓ tazas (2 l) de leche
- 3 tazas (720 ml) de crema para batir
- 1 raja (5 g) de canela de 10 cm
- 4 tazas (640 g) de chocolate oscuro troceado

CHAROLA PARA HORNO ENGRASADA O CON PAPEL SILICONADO, MUÑECO PARA ROSCA.

Rosca de Reyes

1. Combinar la levadura con la cucharada de harina y el agua tibia. Dejarla reposar durante 10 minutos.
2. Mezclar la harina restante con el azúcar, las ralladuras de cítricos, el extracto de vainilla, la sal y la leche en una batidora eléctrica con el gancho para pan. Añadir uno a uno los huevos y las yemas, sin dejar de batir. Continuar trabajando hasta tener una masa lisa. Agregar la mezcla de levadura y amasar hasta que se forme una bola lisa, suave y flexible, que no se pegue a los bordes del tazón.
3. Incorporar la mantequilla poco a poco a la masa; amasar hasta que esté bien integrada.
4. Colocar la masa en un tazón y cubrirlo con un trapo húmedo; dejarla reposar a temperatura ambiente hasta que la masa duplique su volumen.
5. Ponchar la masa y amasarla ligeramente.
6. Espolvorear una mesa de trabajo con un poco de harina y extender la masa formando un rectángulo. Rellenarlo con la fruta cristalizada picada y el muñeco, enrollarlo firmemente dejando la unión por la parte de abajo. Formar la rosca y colocarla sobre la charola para horno engrasada.

Cubierta de mantequilla

1. Batir la manteca y mantequilla con ambas azúcares hasta que éstas se disuelvan.
2. Agregar el extracto de vainilla y la harina y mezclar hasta obtener una pasta. Refrigerar por 20 minutos.

Decoración

1. Decorar la rosca con tiras de cubierta de mantequilla.
2. Barnizarla con el huevo batido y decorarla con las frutas cristalizadas.
3. Dejarla reposar durante 1 hora o hasta que duplique su tamaño. Hornearla a 190 °C entre 35 y 40 minutos.

Chocolate caliente

1. Hervir la leche y la crema para batir con la raja de canela.
2. Agregar el chocolate oscuro y cocinar a fuego bajo hasta que se espese, moviendo ocasionalmente. Servir caliente.

EN LA HISTORIA...

LA PRÁCTICA DE PARTIR UNA ROSCA ES ANTERIOR A LA TRADICIÓN CRISTIANA. LOS ROMANOS LO HACÍAN EN HONOR A SATURNO. ESTA COSTUMBRE LLEGÓ A MÉXICO VÍA LOS ESPAÑOLES, PUES LA ROSCA SE ELABORA CON UN PAN MUY SIMILAR AL BRIOCHE QUE SE CORONA CON FRUTOS SECOS. LA TRADICIÓN EN MÉXICO DICTA QUE A QUIEN LE SALGA EL NIÑO EN LA ROSCA, TENDRÁ QUE PONER LOS TAMALES EN LA CELEBRACIÓN DEL DÍA DE LA CANDELARIA, MIENTRAS QUE LOS ANTIGUOS ROMANOS ACOSTUMBRABAN PEDIR UN DISCURSO.

Suspiros de monja

En algún lugar del camino se perdió la traducción de este postre conventual francés llamado *pets-de-nonne*. Será porque en la época de la Colonia no éramos tan irreverentes.

La textura es mejor si se consumen el mismo día que se preparan, aunque puedes hacer la masa y refrigerarla por una semana.

Suspiros de monja

- 4 tazas (960 ml) de agua
- 1 trozo (5 g) de cáscara de limón de 5 cm
- ¼ de taza (50 g) de mantequilla
- 1 cucharadita (4 g) de sal
- 3½ tazas +1 cucharada (500 g) de harina
- 8 huevos (400 g)
- Aceite vegetal

Miel de nardos

- Los pétalos de 2 nardos comestibles
- 1 taza (240 ml) de agua
- 1 taza (200 g) de azúcar

Suspiros de monja

1. Hervir el agua con la cáscara de limón, la mantequilla y la sal.
2. Retirar la cáscara de limón e incorporar la harina moviendo enérgicamente; cocinar a fuego bajo hasta que se forme una bola de masa muy espesa.
3. Agregar los huevos uno por uno, batiendo hasta incorporarlos antes de añadir el siguiente.
4. Calentar el aceite a 200 °C o hasta que al sumergir un poco de la masa burbujee abundantemente.
5. Freír cucharadas de masa hasta que floten y estén ligeramente doradas. Escurrir los suspiros en papel absorbente.

Miel de nardos

1. Reservar algunos pétalos de nardos para decorar.
2. Combinar los ingredientes restantes con los pétalos de nardos y hervirlos hasta obtener un jarabe espeso con consistencia de miel.

Montaje

1. Colocar los suspiros en un platón y bañarlos con la miel de nardos; decorar con los pétalos reservados.

En la historia...

Los dulces de los conventos virreinales son parte del repertorio gastronómico e histórico de México. Los nombres barrocos evocan una vida de recogimiento, amor y rezos.

Tamalitos
de zarzamora

DIFICULTAD: ♦♦♦♦   RENDIMIENTO: 24 tamalitos

Tamalitos de zarzamora

- 2½ tazas (300 g) de harina de maíz para tamal
- ½ taza (120 ml) de agua
- ¾ de taza (150 g) de manteca de cerdo o vegetal
- 2 cucharaditas (4 g) de polvo para hornear
- ½ taza (100 g) de azúcar
- 2 tazas (330 g) de zarzamoras
- 24 hojas de maíz para tamal hidratadas

Atole de fresa y almendra

- 4 tazas (960 ml) de leche
- 1¼ tazas (250 g) de azúcar
- ½ taza + 2 cucharadas (70 g) de fécula de maíz
- 1 taza (230 g) de puré de fresas
- ½ taza + 1 cucharada (70 g) de almendras, tostadas y picadas

"¡Señor de las aguas, Padre Celestial, mándanos atole con un buen tamal!"

El atole hecho con fécula de maíz tiene una personalidad suave, ideal para combinarlo con las fresas. Si deseas un sabor más tradicional, diluye masa de maíz en agua en lugar de usar la fécula.

Tamalitos de zarzamora

1. Combinar la harina de maíz con el agua y trabajarla hasta obtener una masa similar a una masa para tortillas. Agregar más agua si fuera necesario. Reservar.
2. Batir la manteca con el polvo para hornear hasta que se blanquee y esponje. Incorporar el azúcar y continuar batiendo hasta que ésta se disuelva.
3. Añadir la masa de maíz y batir hasta que tenga consistencia ligera, y que al poner una bolita de masa en un vaso con agua, ésta flote.
4. Extender un poco de la masa en el extremo más ancho de las hojas de maíz, añadir las zarzamoras y cubrirlas con más mezcla.
5. Para doblar el tamal, cerrar la hoja traslapando los costados de la misma en el centro; compactar la masa en la mitad inferior de la hoja y doblar la punta hacia atrás. Amarrar el tamal con tiras de hoja de maíz si lo desea.
6. Cocer los tamales al vapor durante 1 hora o hasta que se desprendan fácilmente de la hoja.

Atole de fresa y almendra

1. Hervir 3½ tazas (840 ml) de leche con el azúcar. Combinar la leche restante con la fécula de maíz e incorporarla; mezclar hasta que espese. Añadir el puré de fresa, cocinar 1 minuto más y retirar del fuego.
2. Agregar las almendras picadas y servir inmediatamente.

EN LA HISTORIA...

UNA FUSIÓN DE DOS MUNDOS HECHA TAMAL: LA ZARZAMORA, INTENSAMENTE ROJA, AGRIA Y DULCE, CONTRASTA CON EL TAMAL, NEUTRO Y ESPONJADO.

Torta
de cielo

DIFICULTAD: **RENDIMIENTO:** 6 porciones

La cocina de los ángeles llega a la repostería para darnos un bocado de cielo, que muchos dicen, es de Yucatán, aunque su origen es árabe.

- 1 lata (397 g) de leche condensada
- 1 cucharadita (5 ml) de esencia de almendra
- 6 huevos (300 g)
- 2 tazas (300 g) de almendras peladas
- 1 cucharadita (2 g) de polvo para hornear

Decoración
- 4 cucharadas (40 g) de azúcar glass
- ¼ de taza (30 g) de almendras peladas y picadas

MOLDE DE 18 CM DE DIÁMETRO, ENGRASADO Y ENHARINADO.

1. Licuar todos los ingredientes hasta obtener una mezcla tersa.
2. Vaciar la preparación en el molde y hornearla a 170 °C durante 1 hora o hasta que al insertar un palillo en el centro de la torta, éste salga limpio. Dejarla enfriar antes de desmoldarla.

Decoración
1. Espolvorear la torta con el azúcar glass y decorarla con las almendras picadas.

Puedes perfumar la masa con ¼ de taza (60 ml) de licor de anís.

Puedes conservar la torta durante dos semanas en un recipiente hermético.

EN LA HISTORIA...

LAS ALMENDRAS, MIEMBROS DE LA MISMA FAMILIA QUE LAS CIRUELAS, RECORRIERON UN LARGO CAMINO EN LA HISTORIA ANTES DE FORMAR PARTE TAN IMPORTANTE EN LA REPOSTERÍA. ORIGINARIAS DE LAS ESTEPAS DE ASIA CENTRAL, SE COMERCIALIZABAN EN LA RUTA DE LA SEDA POR DONDE LLEGARON AL MEDITERRÁNEO PARA SER CULTIVADAS CON GRAN ÉXITO, ESPECIALMENTE EN ESPAÑA E ITALIA. SON EL INGREDIENTE MÁS IMPORTANTE DE LA REPOSTERÍA ÁRABE. A NUESTRO CONTINENTE LLEGARON POR TIERRAS CALIFORNIANAS GRACIAS A LOS MISIONEROS FRANCISCANOS.

Dulces.
Confitar Frutas.

Se dá el nombre de frutas en seco a
confitada que tenga alguna consistenc
por el baño y su brillantez. Una vez
do del jarabe se van poniendo en
con la espumadera sumergiéndose
suida se van poniendo en una
sobre una charola y se pone a
sol sin dejarlas en lugar
se hace para que despren
manera de preparar el ba
a los
no es otra cosa que d
los deja lustrosas y co
enjuague sin ensuciarse
se pone el jarabe
tome punt
del fuego
a lo

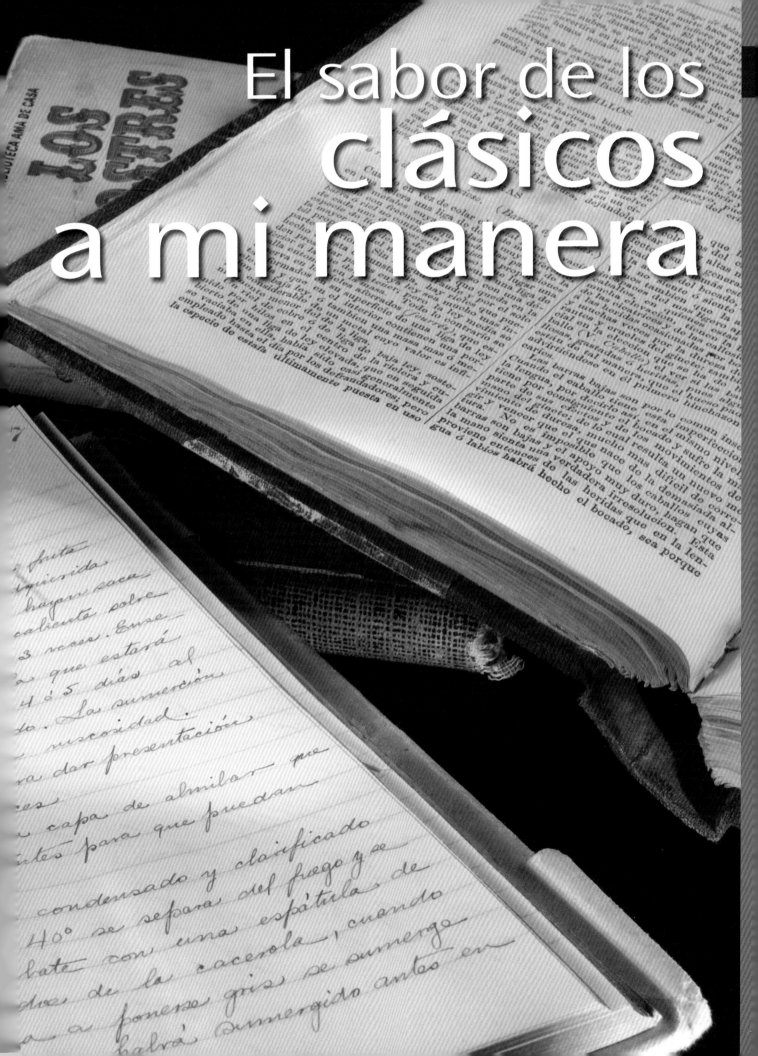

El sabor de los
clásicos
a mi manera

La preparación más convincente es la que sin duda logra el equilibrio entre una tradición relativa y una novedad aparente.

Chef Alain Chapel

¿Qué hace a un clásico?

Ciertamente es la forma en que resiste el paso del tiempo, a pesar del vaivén de las tendencias. En el caso de las recetas, hay ciertos postres que la gente siempre pide: favoritos que nunca dejan de producir emoción al llegar a la mesa, cuyos sabores familiares nos traen recuerdos de momentos y personas especiales. Los clásicos trascienden las modas, el tiempo y el espacio; también se definen por la influencia que tienen para inspirar nuevas creaciones, sin duda se comunican de una forma diferente con cada generación.

Cada país tiene sus propios grandes clásicos de acuerdo con su historia, costumbres, condición geográfica y productos. Un viaje por los postres de los países nos llevará a descubrir, por ejemplo, el Selva Negra alemán; el *Sachertorte* y el *Linzertorte* austriacos, además de otras creaciones con influencia turca; el *Dobosztorte* húngaro, las delicias a base de yemas de España y Portugal, y las grandes instituciones de la pastelería inglesa como el *Fruit cake*. Italia tiene su *Cassata*, su *Zabaglione* y, por supuesto, el Tiramisú, además de miles de especialidades regionales; mientras que Rusia hace gala de creaciones dulces en Pascua, sin entrar a la larga lista de creaciones mexicanas o, por supuesto, francesas. Todas ellas forman parte indisociable del patrimonio gastronómico.

Detrás de un nombre

El terreno de los nombres de los pasteles ofrece un campo infinito por descubrir, tan amplio y complejo como la mente humana. Los pasteles pueden ser metáforas, sueños alrededor de juegos de palabras, asimismo existen los mitos, historias y anécdotas vividos alrededor de ellos. Su simbolismo hace que vuelvan una y otra vez a nuestras mesas.

La nomenclatura de los postres nunca está concluida, hay que ser curioso e inventivo, plasmar eventos contemporáneos o tendencias de otras ramas del quehacer humano.

Muchas veces los nombres se ligan con anécdotas personales, formas y sabores. Estos nombres son sin duda reflejo de la sociedad que los produce, reflejo de los eventos importantes en su vida, sus deseos, sus ritos y sus fiestas. Los nombres de los pasteles tienen también cierto misterio, prestigio social y valor conceptual.

En estas páginas se interpretan clásicos de la repostería de todo el mundo. Algunas elecciones son evidentes, algunas han sido modificadas para adaptarse a los recursos modernos. Ya sea con clásicos o contemporáneos nunca hay que perder de vista que la repostería es una invitación permanente a la conversación, los sabores y los placeres.

Brazo
de gitano

DIFICULTAD: ⚭⚭⚭   RENDIMIENTO: 10 porciones

Este pastel de herencia española es indispensable en el repertorio tanto de *amateurs* como de profesionales. La versión clásica está rellena de crema pastelera o batida y es decorada generosamente con azúcar glass. Algunas pastelerías tradicionales, "planchan" el azúcar para caramelizarla.

Si te gusta un relleno más ligero, usa simplemente crema batida mezclada con frambuesas.

- ¼ de taza (50 g) de mantequilla a temperatura ambiente
- 1 receta de crema pastelera (ver pág. 373)
- 1 plancha flexible de vainilla (ver pág. 363)
- 2 tazas (400 g) de mangos o duraznos en almíbar, cortados en rebanadas delgadas
- ¼ de taza (60 ml) de jerez (opcional)

Decoración
- 4 cucharadas (40 g) de azúcar glass
- 1 taza (125 g) de frambuesas
- ½ taza (50 g) de duraznos en almíbar rebanados
- Hojas de menta

CHAROLA PARA HORNO CON BORDE ALTO, ENGRASADA Y ENHARINADA O CUBIERTA CON PAPEL SILICONADO.

---

1. Acremar la mantequilla y mezclarla con la crema pastelera.
2. Untar la plancha de vainilla con la mezcla anterior y distribuir encima las rebanadas de mango o de durazno. Rociar la crema y la fruta con el jerez, en caso de utilizarlo.
3. Enrollar la plancha sobre sí misma a lo largo, presionando ligeramente en cada vuelta para que el rollo quede firme. Refrigerarlo durante 3 horas.

Decoración
1. Cortar las puntas del rollo usando un cuchillo de sierra.
2. Espolvorear el rollo con el azúcar glass y porcionarlo. Servir las rebanadas en platos individuales y acompañarlas con las frambuesas, los duraznos rebanados y las hojas de menta.

Concorde

Merengue fino de chocolate
- 10 claras (300 g)
- 1 taza (200 g) de azúcar
- 1 taza (120 g) de azúcar glass
- ½ taza + 2 cucharadas (60 g) de cocoa
- Granillo de chocolate

Mousse de chocolate
- 1½ tazas (240 g) de chocolate oscuro troceado
- 4 yemas (80 g)
- ¾ de taza (150 g) de mantequilla a temperatura ambiente
- 6 claras (180 g)
- ¼ de taza (50 g) de azúcar
- ⅔ de taza (160 ml) de crema para batir

MANGA PASTELERA CON DUYA GRUESA Y LISA, CHAROLAS PARA HORNO CON PAPEL SILICONADO O TAPETE DE SILICÓN.

Esta versión casual de un nuevo clásico es exclusiva para los apasionados del chocolate.

Puedes elaborar el merengue y la mousse hasta con cinco días de anticipación y armar el pastel antes de servirlo para que conserve una textura crujiente.

Merengue fino de chocolate

1. Batir las claras hasta que estén espumosas. Agregarles el azúcar gradualmente y continuar batiéndolas hasta obtener un merengue que forme picos firmes.
2. Cernir el azúcar glass con la cocoa e incorporarlas, de forma envolvente, a las claras batidas. Introducir el merengue en la manga.
3. Formar 5 discos de merengue sobre las charolas, cada uno de las siguientes medidas: 22, 20, 18, 16 y 14 cm de diámetro. Hacer merengues pequeños semicirculares con el merengue restante.
4. Espolvorear todos los merengues con el granillo de chocolate y hornearlos a 100 °C durante 30 minutos o hasta que estén secos. Sacarlos del horno y dejarlos enfriar.

Mousse de chocolate

1. Fundir el chocolate oscuro y dejarlo entibiar.
2. Batir las yemas hasta que se blanqueen y dupliquen su tamaño. Incorporarles la mantequilla y el chocolate con movimientos envolventes.
3. Batir las claras hasta que estén espumosas. Agregarles el azúcar y continuar batiéndolas hasta que formen picos firmes. Incorporarlas, con movimientos envolventes, a la mezcla de yemas y chocolate.
4. Batir la crema hasta que forme picos suaves e integrarla a la mezcla anterior con movimientos envolventes. Refrigerar.

Montaje y decoración

1. Al momento de servir, poner la mousse de chocolate en la manga con duya.
2. Distribuir un poco de mousse de chocolate encima del círculo de merengue más grande. Poner encima el siguiente círculo en tamaño y continuar formando capas de mousse y merengue hasta terminar con el círculo de merengue más pequeño.
3. Para decorar, colocar un poco de mousse de chocolate en la superficie y distribuir encima los merengues pequeños de manera desordenada.

EN LA HISTORIA...

GASTON LENÔTRE CREÓ ESTE PASTEL EN HOMENAJE A LA BELLA PLAZA DE PARÍS CON LA QUE COMPARTE NOMBRE. CON MENOS DE CUARENTA AÑOS DE EXISTENCIA, ES UNO DE LOS PASTELES MÁS VENDIDOS EN FRANCIA.

Crema de vainilla
con sus islas flotantes

DIFICULTAD: ▯   **RENDIMIENTO:** 8 porciones

La isla flotante es un postre clásico francés que combina la textura suave de un merengue horneado con el sabor dulce y perfumado de la vainilla.

Merengue
- 12 (360 g) claras
- ½ cucharadita (2 g) de cremor tártaro
- 1 ¾ tazas (350 g) de azúcar

MOLDE DE FLEXIPAN DE SEMIESFERAS DE 8 CM DE DIÁMETRO

Crema de vainilla
- 6 (120 g) yemas
- 2/3 de taza (130 g) de azúcar
- 1 taza (240 ml) de crema para batir
- 1 ½ tazas (360 ml) de leche
- 1 vaina de vainilla
- 1 cucharada (15 ml) de extracto de vainilla

Montaje
- decoraciones de chocolate
- hoja de oro

Merengue

1. Batir las claras hasta que estén espumosas, añadirles el cremor tártaro y batir hasta que las burbujas se vean más pequeñas.
2. Incorporar la mitad del azúcar y batir hasta que espese. Anadir el resto del azúcar y batir hasta que se vea brillante y, al tomar un poco de la mezcla con los dedos, ya no se sientan los cristales de azúcar.
3. Vaciar la mezcla en los moldes.
4. Meter al horno de microondas por intervalos de 20 segundos hasta que la preparación se infle y se salga del molde.
5. Desmoldar y servir con la salsa.

Crema de vainilla

1. Batir las yemas con la mitad del azúcar hasta que estén pálidas.
2. Hervir la crema y la leche con la otra mitad del azúcar y la vaina de vainilla abierta.
3. Combinar las yemas con un poco de esta mezcla y añadirlas a la cacerola. Cocinar a fuego bajo, sin dejar de mover, hasta que espese.
4. Agregar el extracto de vainilla y colar a un tazón sobre agua y hielos para enfriarla rápidamente.

Montaje

1. Caramelizar con un soplete la superficie de cada isla flotante. Servir con la salsa de vainilla y las decoraciones de chocolate y hoja de oro.

Crêpes
Suzette

DIFICULTAD: 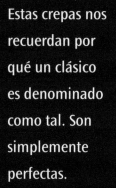   **RENDIMIENTO:** 6 porciones

Estas crepas nos recuerdan por qué un clásico es denominado como tal. Son simplemente perfectas.

Puedes preparar el jarabe y la salsa de naranja varias horas antes y calentarlos al momento de servir. Es mejor si este postre se consume el mismo día que se preparó.

Jarabe de naranja
- ½ taza de cáscara de naranja cortada en tiras delgadas
- ½ taza (100 g) de azúcar
- ½ taza (120 ml) de agua

Salsa de naranja
- 1 taza (180 g) de cubos pequeños de azúcar
- La cáscara y el jugo de 1 naranja (250 g)
- ½ taza (100 g) de mantequilla
- ½ taza (120 ml) de licor de naranja al coñac
- 3 tazas (720 ml) de jugo de naranja
- ½ taza (120 ml) de jugo de limón

Montaje y decoración
- 24 crepas (ver pág. 367)
- 1 taza (300 g) de supremas de naranja
- Hojas de menta

Jarabe de naranja
1. Hervir las tiras de cáscara de naranja en suficiente agua por 5 minutos y escurrirlas. Repetir este procedimiento 4 veces más.
2. Hervir el azúcar con el agua hasta obtener un jarabe espeso. Retirarlo del fuego y añadirle las tiras de cáscara de naranja y dejarlo enfriar.

Salsa de naranja
1. Frotar algunos cubos de azúcar en la cáscara de la naranja para impregnarlos con su aroma.
2. Calentar la mantequilla hasta que se funda e incorporarle todos los cubos de azúcar. Cocinar la mezcla a fuego bajo hasta que el azúcar se funda y se obtenga un caramelo con color ámbar claro.

3. Agregar a la salsa el licor de naranja al coñac y hervir hasta que se reduzca. Incorporarle el jugo de limón y el de naranja y continuar la cocción a fuego bajo hasta obtener una salsa espesa.

Montaje y decoración
1. Doblar las crepas dentro de la salsa de naranja, de una en una, y acomodarlas en platos; bañarlas con la salsa restante.
2. Acompañar las crepas con las supremas de naranja y el jarabe de naranja. Decorarlas con las hojas de menta.

EN LA HISTORIA...

COMO SUCEDE CON VARIOS CLÁSICOS, MÚLTIPLES CHEFS SE DISPUTAN SU CREACIÓN. UNA VERSIÓN DICE QUE EL CHEF DE JOHN D. ROCKEFELLER LAS CREÓ EN EL CAFÉ DE PARÍS, EN MONTECARLO, CUANDO ERA UN APRENDIZ, LO CUAL ES POCO PROBABLE. LA MÁS CREÍBLE ES QUE FUERON CREADAS POR EL CÉLEBRE ESCOFFIER, EN SU VERSIÓN CON JUGO DE MANDARINA.

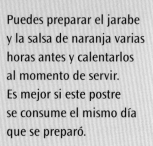

Fraisier

La mayoría de las pastelerías tienen alguna versión de pastel de fresas con crema. El *fraisier* prevalece como un clásico por ser un pastel fresco, ligero y sobre todo muy bonito.

La personalidad de esta versión con la base de pistache es fuerte y festiva.

El colorante verde, aunque no es necesario, refuerza el color de la pasta de pistache.

Pan de pistache
- ½ taza (100 g) de mantequilla
- Colorante verde
- 2 tazas (440 g) de pasta de almendra
- ½ taza (110 g) de pasta de pistache
- 4 huevos (200 g)
- ¾ de taza (90 g) de harina

Montaje y decoración
- 1 receta de merengue francés (ver pág. 374)
- 2⅔ tazas (640 ml) de crema para batir
- 1 cucharada (15 ml) de extracto de vainilla
- ⅔ de taza (80 g) de azúcar glass
- 16 fresas (160 g) del mismo tamaño, partidas por la mitad
- 1½ tazas (180 g) de frambuesas y/o fresas partidas en cuatro
- Espirales de chocolate blanco (ver pág. 382)

CHAROLAS PARA HORNO ENGRASADAS Y ENHARINADAS O CON PAPEL SILICONADO, MOLDE OVALADO DE 17 CM DE DIÁMETRO FORRADO CON UNA TIRA DE ACETATO DE 10 CM DE ALTURA.

Pan de pistache

1. Fundir la mantequilla y dejarla entibiar. Agregarle unas gotas de colorante verde y mezclar.
2. Trabajar las pastas de almendra y de pistache en una batidora eléctrica con el aditamento de pala. Agregar los huevos uno por uno, sin dejar de batir, e incorporar la mantequilla fundida y la harina.
3. Extender la preparación en una charola y hornear el pan a 180 °C durante 20 minutos. Sacarlo del horno y dejarlo enfriar.
4. Cortar dos óvalos de pan del mismo tamaño que el molde.

Montaje y decoración

1. Extender una capa delgada de merengue francés sobre 2 charolas. Hornearlos a 100 °C durante 1 hora o hasta que estén secos pero no dorados. Retirarlos del horno, dejarlos enfriar y cortarlos en trozos medianos.
2. Batir la crema con el extracto de vainilla y el azúcar glass hasta que se formen picos firmes.
3. Colocar un óvalo de pan de pistache al fondo del molde y acomodar las fresas encima, pegadas a las paredes del molde. Reservar algunas frambuesas para la decoración y colocar en el centro del pan las restantes.
4. Cubrir con dos terceras partes de la crema batida y algunos trozos de merengue. Agregar el resto de la crema batida y colocar encima el óvalo de pan restante. Refrigerar durante 2 horas.
5. Desmoldar el pastel y quitar el acetato. Decorarlo con los trozos de merengue, las frambuesas restantes y las espirales de chocolate blanco.

Macarrones

Estos bocaditos han causado revuelo en el mundo de la pastelería. Tal parece que la competencia está en crear sabores y combinaciones originales, un divertido reto una vez que dominas la base.

Para que la consistencia sea perfecta, es importante conservar las claras en refrigeración un día antes de preparar los macarrones. Ese proceso las deshidrata un poco, lo cual es de ayuda durante el horneado.

Los macarrones se pueden conservar varias semanas en recipientes herméticos.

Bases
- 2½ tazas (250 g) de almendra en polvo
- 2 tazas + 1 cucharada (250 g) de azúcar glass
- 3 claras (90 g)
- Colorantes vegetales de color verde, rosa, morado y amarillo

Merengue italiano
- 3 claras (90 g)
- ½ taza (120 ml) de agua
- 1¼ tazas (250 g) de azúcar

Relleno para macarrones
- 1 taza (240 ml) de crema para batir
- 2 cucharadas (40 g) de glucosa o jarabe de maíz
- 1 cucharada (15 g) de azúcar invertido o miel de abeja
- 2 vainas de vainilla abiertas por la mitad a lo largo
- ¾ de taza (200 g) de manteca de cacao, pulverizada
- 2 tazas (440 g) de pasta de almendra

- ¼ de taza (30 g) de pistaches sin sal, picados
- 1½ cucharadas (20 g) de jalea de frambuesa
- 1½ cucharadas (20 g) de jalea de blueberries
- ½ cucharada (7.5 ml) de esencia de café

---

5 MANGAS PASTELERAS CON DUYAS LISAS, CHAROLAS PARA HORNO CON PAPEL SILICONADO O TAPETES DE SILICÓN.

Bases
1. Combinar la almendra en polvo con el azúcar glass. Molerlas en un procesador y cernirlas para obtener un polvo muy fino. Mezclarlo con las claras hasta que se integren.
2. Dividir la mezcla en 5 porciones y colorear 4 de ellas con alguno de los colorantes vegetales. Reservar.

Merengue italiano
1. Batir las claras con ¼ de taza del azúcar hasta que se formen picos suaves.
2. Mientras las claras se baten, hervir el agua con el azúcar hasta obtener un jarabe que alcance punto de bola suave.
3. Verter el jarabe poco a poco sobre las claras, sin dejar de batir. Continuar batiendo hasta que el merengue se enfríe y dividirlo en 5 porciones.
4. Mezclar, con movimientos envolventes, una tercera parte de una porción de merengue con una de las bases. Una vez que estén bien integrados, incorporar el resto de merengue. Hacer lo mismo con las cuatro porciones restantes de merengue y de las bases.

5. Vaciar las mezclas en las mangas. Formar círculos pequeños sobre las charolas y dejarlos reposar durante 30 minutos.
6. Hornear los círculos a 150 °C durante 18 minutos o hasta que estén cocidos y se despeguen fácilmente del tapete o papel siliconado.

Relleno para macarrones
1. Hervir la crema para batir con la glucosa o el jarabe de maíz, el azúcar invertido o la miel de abeja y las vainas de vainilla. Dejarla reposar durante 20 minutos e incorporar la manteca de cacao.
2. Amasar la pasta de almendra hasta que esté suave e incorporarla poco a poco a la mezcla de crema. Refrigerar durante una noche.
3. Dividir el relleno en 5 partes iguales y mezclar 4 de ellas con el resto de los ingredientes.

Montaje
1. Rellenar los macarrones de acuerdo con el color y el relleno correspondiente. Dejarlos secar durante 2 horas a temperatura ambiente.

Malvaviscos
y chocolate caliente

Es una tradición estadounidense poner malvaviscos en el chocolate caliente; se funden y hacen aún más cremosa y espesa la bebida.

En restaurantes de manteles largos, se ha convertido en una tendencia ofrecer malvaviscos con especias al final de la comida; es un toque divertido para aligerar la formalidad.

Puedes sustituir el agua para hidratar la grenetina por puré de fruta como frambuesa o maracuyá; o bien, mezclarla con especias molidas o extractos de vainilla, violetas, naranja o menta.

Malvaviscos
- 3 cucharadas (24 g) de grenetina en polvo o 12 láminas
- 1 taza (240 ml) de agua
- 2 tazas (400 g) de azúcar
- ½ taza (175 ml) de jarabe de maíz
- 1 cucharadita (4 g) de sal

Chocolate caliente
- 3 cucharadas (24 g) de fécula de maíz
- 5 tazas (1.2 ℓ) de leche
- ¾ de taza (180 ml) de crema para batir
- 1 vaina de vainilla abierta por la mitad a lo largo
- ½ taza (100 g) de azúcar
- ½ cucharadita (2 g) de sal
- 2 tazas (320 g) de chocolate oscuro, troceado

Montaje
- 1 clara (30 g)
- ½ taza (100 g) de azúcar

CHAROLA ESPOLVOREADA GENEROSAMENTE CON AZÚCAR GLASS, CORTADORES PARA GALLETAS O TIJERAS.

Malvaviscos
1. Colocar la grenetina en el tazón de la batidora y añadir la mitad del agua.
2. Poner en una cacerola el resto del agua, el azúcar, el jarabe de maíz y la sal. Hervir hasta que el jarabe alcance 121 ºC o tenga punto de bola suave.
3. Encender a velocidad baja la batidora y verter en el tazón el jarabe gradualmente. Cuando la grenetina se haya disuelto, subir la velocidad y batir hasta obtener una preparación esponjosa. Vaciarla en la charola.
4. Dejar secar el malvavisco durante 4 horas como mínimo y cortarlo con los cortadores para galletas o con tijeras.

Chocolate caliente
1. Disolver la fécula de maíz en 1 taza (240 ml) de leche.
2. Calentar la leche restante con la crema, la vaina de vainilla y el azúcar. Apagar el fuego y dejarla enfriar.
3. Mezclar la leche con la fécula disuelta y calentar esta preparación hasta que hierva y se espese ligeramente. Añadir el chocolate y mover hasta que se funda.

Montaje
1. Barnizar los malvaviscos con un poco de clara y espolvorearlos con el azúcar.
2. Servir el chocolate caliente y decorarlo con los malvaviscos.

Mil hojas

DIFICULTAD: ♩♩   RENDIMIENTO: 12 porciones

Este pastel francés se empezó a servir en México en los cafés y pastelerías europeos del siglo XIX; hasta la fecha es uno de los más gustados.

Puedes elaborar las hojas de hojaldre y la crema pastelera con tres días de anticipación. Consérvalas en recipientes herméticos.

- ½ taza (100 g) de azúcar granulada
- 500 g de pasta hojaldre
- 1 huevo (50 g)
- 2 recetas de crema pastelera (ver pág. 373)

CHAROLA PARA HORNO ENGRASADA DE 36 × 48 CM.

1. Espolvorear una mesa de trabajo con la mitad del azúcar y extender la pasta hojaldre con un rodillo hasta que tenga el mismo tamaño de la charola. Colocarla encima.

2. Barnizar la superficie con el huevo y espolvorearla con el resto del azúcar.

3. Picar toda la superficie con un tenedor y refrigerarla durante 30 minutos para que no se encoja al hornearla.

4. Hornearla a 200 °C hasta que esté cocida y dorada. Retirarla del horno, dejarla enfriar y cortarla en 3 rectángulos de 12 × 48 cm.

5. Colocar uno de los rectángulos en un platón de servicio y poner encima la mitad de la crema pastelera; cubrir con otro rectángulo, agregar el resto de la crema y terminar con el rectángulo restante.

EN LA HISTORIA...

SU NOMBRE ES UNA METÁFORA PARA DESCRIBIR LAS DELICADAS CAPAS DE PASTA HOJALDRADA. ESTA PASTA TIENE SU ORIGEN DESDE INICIOS DE LAS CIVILIZACIONES GRIEGA Y ÁRABE; LLEGÓ A OCCIDENTE DURANTE LAS CRUZADAS. ALGUNOS SIGLOS MÁS TARDE, PASTELEROS FRANCESES SE ADJUDICARON LA CREACIÓN DE LA VERSIÓN QUE CONOCEMOS HOY, PERO FUE CARÊME, EL COCINERO DE LOS REYES Y EL REY DE LOS COCINEROS, QUIEN HIZO EL PRIMER MIL HOJAS.

Ópera

Muchos clásicos de la cocina fueron creados en el siglo XIX, cuando la popularidad de la ópera estaba en auge y las cantantes, sobre todo, eran fuente de inspiración para muchos chefs.

La habilidad de un pastelero se observa claramente al ver si las capas de su pastel ópera son uniformes. Para lograrlo, utiliza una espátula metálica grande y flexible. Debes realizar movimientos certeros.

Bizcocho de almendra
- 1 taza (120 g) de azúcar glass
- 1½ tazas (150 g) de almendra en polvo
- 4 huevos (200 g)
- 4 yemas (80 g)
- 7 claras (210 g)
- ½ taza (100 g) de azúcar
- 1 taza (140 g) de harina

Almíbar de café
- 2 tazas (480 ml) de agua
- 1 taza (200 g) de azúcar
- ¼ de taza (60 ml) café exprés o ¼ de taza (25 g) de café instantáneo

Crema de mantequilla al café
- 2½ tazas (500 g) de azúcar
- ¾ de taza (180 ml) de agua
- 10 yemas (200 g)
- 5 tazas (800 g) de mantequilla fría, cortada en cubos
- ¼ de taza (60 ml) de concentrado de café

Ganache directo de chocolate
- 2¼ tazas (540 ml) de crema para batir
- 2¾ tazas (440 g) de chocolate oscuro troceado

Decoración
- 1 taza (150 g) de chocolates en forma de granos de café

CHAROLA PARA HORNO CON PAPEL SILICONADO O DE ESTRAZA.

EN LA HISTORIA...

EL MARISCAL FOCH LLEVÓ A SUS CAMPAÑAS DE LA PRIMERA GUERRA MUNDIAL AL PASTELERO LOUIS CLICHY, EL CREADOR DE ESTE PASTEL, BUENA COMPAÑÍA PARA TIEMPOS DIFÍCILES.

Bizcocho de almendra

1. Batir el azúcar glass con la almendra en polvo, los huevos y las yemas.
2. Batir las claras hasta que estén espumosas e incorporarles el azúcar gradualmente; continuar batiéndolas hasta que se formen picos firmes.
3. Cernir la harina e incorporarla a la mezcla de almendra y huevo con movimientos envolventes; añadir a una tercera parte de las claras batidas. Integrar el resto de las claras batidas de la misma forma y vaciar la preparación en la charola.
4. Hornear la preparación a 180 °C durante 15 minutos o hasta que el bizcocho esté ligeramente dorado. Sacarlo del horno y dejarlo enfriar.

Almíbar de café

1. Hervir el agua con el azúcar hasta obtener un jarabe ligeramente espeso. Retirarlo del fuego y agregar el café exprés o el café instantáneo; mezclar y dejar enfriar.

Crema de mantequilla al café

1. Hervir el azúcar a punto de bola suave o hasta que alcance una temperatura de 120 ºC.

2. Mientras hierve el azúcar, batir las yemas en la batidora hasta que esponjen. Incorporar el jarabe poco a poco y continuar batiendo la mezcla hasta que esté tibia.
3. Con la batidora encendida, agregar poco a poco la mantequilla a la mezcla de yemas y continuar batiendo hasta obtener una preparación cremosa. Incorporar el extracto de café y reservar.

Ganache directo de chocolate

1. Hervir la crema para batir y agregar el chocolate oscuro troceado; mover hasta que se derrita y obtenga una mezcla tersa. Dejar enfriar y refrigerar.

Montaje y decoración

1. Desmoldar el bizcocho de almendra y partirlo por la mitad a lo largo.
2. Colocar una mitad de bizcocho como base y barnizarla con la mitad del almíbar de café.
3. Untarle encima la mitad de la crema de mantequilla al café y bañar con una tercera parte del ganache de chocolate. Refrigerar hasta que esté firme.
4. Repetir la operación y terminar bañando todo el pastel con el resto del ganache. Cortar los bordes con un cuchillo de sierra y decorar con los chocolates en forma de granos de café.

Pastel
tres leches

El pastel de tres leches es el más vendido en México y en las pastelerías del resto del mundo con clientes mexicanos. Apela a nuestro gusto por lo dulce y sin duda tiene una personalidad muy casera.

La mezcla de tres leches tiene un sabor neutro y una consistencia ligera. La puedes personalizar cambiando la leche por media crema o crema ácida y perfumándola con licores, leche de coco o purés de frutas. También puedes partir el pastel por la mitad y rellenarlo con mangos, duraznos, fresas, o crema pastelera.

La cobertura más común de un pastel de tres leches es crema batida. Sin embargo, hay quienes aseguran que debe cubrirse con merengue. Así sucede con las recetas tan inmiscuidas en nuestra identidad: cada quien tiene una versión que asegura es la definitiva.

- 1 taza (240 ml) de leche
- 1 lata (397 g) de leche condensada
- 1 lata (352 ml) de leche evaporada
- 1 cucharada (15 ml) de extracto de vainilla
- 1 vaina de vainilla abierta por la mitad a lo largo
- ½ taza (120 ml) de rompope
- ½ taza (100 g) de chocolate oscuro fundido

Decoración
- 1 pan de vainilla (ver pag. 362)
- 1 taza (240 ml) de crema para batir
- ¼ de taza (30 g) de azúcar glass
- ½ taza (40 g) de coco rallado, tostado

MOLDE PARA PASTEL DE 22 CM DE DIÁMETRO, ENGRASADO Y ENHARINADO.

1. Combinar las 3 leches y dividirlas en 3 porciones. Mezclar una con el extracto y el interior de la vaina de vainilla, otra con el rompope y la última con el chocolate fundido. Refrigerar las 3 porciones.

Montaje y decoración

1. Picar el pan de vainilla con una brocheta de madera. Verter poco a poco dos terceras partes de la leche de vainilla.
2. Batir la crema con el azúcar glass hasta que forme picos firmes.
3. Cubrir la superficie del pastel con la crema batida y espolvorear el coco rallado.
4. Servir la leche de vainilla restante, así como las leches de rompope y de chocolate en vasos o tazas para que cada comensal agregue más leche al gusto.

Peras
belle Hélène

Este gran clásico fue creado en honor a una opereta de Jacques Offenbach. Las peras y el chocolate son una combinación verdaderamente armoniosa. Mejoran significativamente con el toque mexicano del licor de xtabentún.

Las peras tienen un corte original para variar la presentación.

Para un postre más sofisticado, puedes descorazonar las peras y rellenar el hueco con nueces o almendras molidas.

Agregar un poco de aguardiente de pera al final de la cocción de las peras o, en este caso, el licor de xtabentún, les da un toque de sofisticación. Puedes incorporarlo también a la salsa.

Puedes sustituir el helado de vainilla por helado de caramelo o, para los verdaderamente intensos, de chocolate.

Peras en jarabe al xtabentún
- 4 tazas (960 ml) de agua
- 2 tazas (400 g) de azúcar
- 1 vaina de vainilla abierta por la mitad a lo largo
- 6 peras (1 kg) sin cáscara
- ¼ de taza (60 ml) de licor de xtabentún

Salsa de chocolate
- 1⅓ tazas (320 ml) de crema para batir
- ¼ de taza (60 ml) de leche
- 1½ tazas (240 g) de chocolate oscuro troceado

Montaje
- 6 bolas de helado de vainilla

Peras en jarabe al xtabentún
1. Calentar en una cacerola el agua con el azúcar y la vaina de vainilla. Agregar las peras a la cacerola y hervirlas hasta que al insertarles una brocheta, ésta las atraviese fácilmente.
2. Retirar la preparación del fuego e incorporarle el licor de xtabentún; dejar enfriar las peras dentro del jarabe.

Salsa de chocolate
1. Hervir la crema para batir con la leche; bajar el fuego, agregar el chocolate y mezclar hasta que se funda. Retirar la salsa del fuego.

Montaje
1. Acomodar las peras en platos individuales, bañarlas con la salsa de chocolate caliente y acompañarlas con el helado de vainilla.

Profiteroles

DIFICULTAD: ♪♪ **RENDIMIENTO:** 16 profiteroles

Otro de los regalos de Catalina de Medici a la pastelería son los profiteroles de su pastelero italiano. Aunque inicialmente tenían rellenos salados, poco a poco se fueron convirtiendo una rica base para cremas y helados.

Puedes sustituir el praliné de la crema pastelera por licor de chocolate o chocolate fundido.

Crema pastelera aligerada al praliné
- ¾ de taza (180 ml) de crema para batir
- ½ receta de crema pastelera (ver pág. 373)
- ¼ de taza (70 g) de praliné

Montaje y decoración
- 1 taza (200 g) de azúcar
- ¼ de taza (60 ml) de agua
- 1 cucharada (15 ml) de vinagre blanco
- 1 receta de profiteroles (ver pág. 368)
- ½ taza (160 g) de ganache de chocolate oscuro (ver pág. 379)

MANGA PASTELERA CON DUYA DELGADA Y LISA.

Crema pastelera aligerada al praliné
1. Batir la crema hasta que forme picos firmes.
2. Combinar la crema pastelera con el praliné e incorporar la crema batida con movimientos envolventes. Refrigerar.

Montaje y decoración
1. Hervir el azúcar con el agua y el vinagre blanco hasta obtener un caramelo color ámbar claro. Retirarlo del fuego y dejarlo entibiar.
2. Vaciar en la manga la crema pastelera al praliné y rellenar los profiteroles por debajo.
3. Entibiar el ganache de chocolate. Decorar la mitad de los profiteroles con el caramelo y la otra con el ganache.

Receta secreta
de pie de limón

DIFICULTAD: 🥄🥄🥄   RENDIMIENTO: 8 porciones

Este *pie* es un verano soleado en cada mordida. Un clásico con poco más de cincuenta años de vida que fue creado aprovechando los limones de las plantaciones de la península de Florida. Muy pronto formó parte del repertorio de toda ama de casa en Estados Unidos; actualmente, tiene un fuerte resurgimiento en los restaurantes.

El merengue suizo tiene una gran estabilidad, pues resiste la temperatura de refrigeración y se puede dorar en el horno; su método de elaboración no es común, pero el resultado es excelente. También es ideal para utilizarlo en decoraciones con manga pastelera y duya.

La costra original se prepara con galletas integrales tipo Graham, pero debido a que no se consiguen fácilmente, las galletas de vainilla son un excelente sustituto.

Costra de vainilla
- 2 tazas (180 g) de galletas de vainilla pulverizadas
- ¼ de taza + 1 cucharada (60 g) de mantequilla fundida

MOLDE CON BASE DESMONTABLE DE 20 CM DE DIÁMETRO, SOPLETE.

Relleno para pie de limón
- 1½ cucharadas (12 g) de grenetina en polvo o 6 láminas
- 1 lata (397 g) de leche condensada
- 1 lata (352 ml) de leche evaporada
- 1⅓ tazas (250 g) de queso crema
- 1¼ tazas (240 g) de crema pastelera (ver pág. 373)
- 1 taza (240 ml) de jugo de limón

Merengue suizo
- 3 claras (90 g)
- ¾ de taza (150 g) de azúcar

Decoración
- 2 rebanadas delgadas de limón
- 3 frambuesas
- 1 vaina de vainilla azucarada

Costra de vainilla
1. Combinar las galletas con la mantequilla. Vaciar esta mezcla en el molde y presionarla para formar una costra delgada y uniforme.
2. Hornear la costra a 180 ºC durante 10 minutos. Sacarla del horno y reservarla.

Relleno para pie de limón
1. Hidratar la grenetina.
2. Colocar el resto de los ingredientes en un procesador de alimentos o en una licuadora y trabajarlos a velocidad alta hasta obtener una mezcla tersa.
3. Fundir la grenetina y agregarla a la preparación con la licuadora o el procesador encendido.
4. Vaciar la preparación sobre la costra de vainilla y refrigerar el *pie* durante 4 horas como mínimo.

Merengue suizo
1. Colocar en un tazón las claras con el azúcar y ponerlo sobre una cacerola con agua hirviendo; bajar el fuego y batir las claras hasta que alcancen una temperatura de 45 ºC.
2. Vaciar las claras batidas en el tazón de una batidora y trabajar a velocidad alta hasta que tripliquen su volumen y estén firmes.

Montaje y decoración
1. Cubrir el *pie* con el merengue suizo y dorar la superficie con el soplete.
2. Decorar el *pie* con las rebanadas de limón, las frambuesas y la vaina de vainilla azucarada.

Selva Negra moderna

Este tesoro del arte de la pastelería alemana recibe su nombre del lugar donde fue creado. Ha tenido múltiples interpretaciones a lo largo de la historia. Esta versión está pensada para que la puedan disfrutar los niños, es por ello que no tiene aguardiente de cereza.

Las cerezas amarena se consiguen envasadas en almíbar. Puedes sustituirlas por cerezas frescas deshuesadas y cocidas en agua con azúcar.

Pan de chocolate, almendra y cereza

- 1 taza (180 g) de chocolate oscuro picado
- 3⅔ tazas (360 g) de almendra en polvo
- 2½ tazas (300 g) de azúcar glass
- 16 claras (480 g)
- ⅔ de taza (160 ml) de crema para batir
- ½ taza (70 g) de harina
- ¾ de taza (100 g) de cerezas amarena

Crema de vainilla

- 2 cucharadas (16 g) de grenetina en polvo u 8 láminas
- 2 tazas (480 ml) de leche
- 2 vainas de vainilla abiertas por la mitad a lo largo
- 8 yemas (160 g)
- ¾ de taza (150 g) de azúcar
- 2 tazas (480 ml) de crema para batir

Estofado de cerezas amarena

- 1½ tazas (200 g) de cerezas amarena
- ¼ de taza (60 g) de puré de frambuesa
- 2 cucharadas (30 g) de azúcar mascabado
- 1 cucharada (15 ml) de jugo de limón

Decoración

- Sprays de chocolate blanco y oscuro (ver pág. 378)
- 1 tirabuzón de azúcar (ver pág. 384)
- 1 cereza amarena
- Polvo metálico comestible color morado

CHAROLA PARA HORNO CON PAPEL SILICONADO, MOLDE DE SILICÓN DE MEDIA ESFERA DE 14 CM DE DIÁMETRO.

Pan de chocolate, almendra y cereza

1. Fundir el chocolate y dejarlo entibiar.
2. Combinar el resto de los ingredientes, excepto las cerezas, en un procesador de alimentos; agregar gradualmente el chocolate fundido.
3. Vaciar la preparación en la charola y distribuir encima las cerezas. Hornear el pan de chocolate a 180 °C durante 15 minutos o hasta que esté cocido. Retirarlo del horno y dejarlo enfriar.

Crema de vainilla

1. Hidratar la grenetina.
2. Hervir en una cacerola la leche con las vainas de vainilla.
3. Batir las yemas con el azúcar hasta que se esponjen; incorporarles un poco de la leche caliente, mezclar bien y añadir al resto de la leche. Cocinar en la cacerola a fuego bajo, moviendo constantemente hasta obtener una salsa espesa. Retirar del fuego.
4. Añadir a la salsa la grenetina, mezclar hasta que se funda y dejarla enfriar a temperatura ambiente.
5. Batir la crema hasta que forme picos firmes e incorporarla a la salsa de vainilla con movimientos envolventes. Reservar.

Estofado de cerezas amarena

1. Combinar todos los ingredientes en un sartén y cocerlos durante 5 minutos. Retirar el estofado del fuego y dejarlo enfriar.

Montaje

1. Rellenar tres cuartas partes del molde formando capas con discos de pan de chocolate, almendra y cereza, y con dos terceras partes de la crema de vainilla.
2. Terminar de llenar el molde con el estofado de cerezas y el resto de crema de vainilla. Refrigerar durante 4 horas .

Decoración

1. Desmoldar la media esfera y cubrirla con el spray de chocolate blanco. Darle algunos toques de color con el spray de chocolate oscuro.
2. Decorar con el polvo metálico con la ayuda de un pincel y colocar encima la cereza y el tirabuzón de azúcar.

Tarta Tatin

En 1926 el gran crítico gastronómico Curnonsky asistió a un restaurante donde las hermanas Tatin elaboraban una tarta al revés. Reunió a la prensa e hizo famoso este postre para la posteridad.

En esta versión no tan clásica, las manzanas se caramelizan y se cuecen hasta quedar *al dente* en la estufa; posteriormente se terminan de cocer en el horno en moldes individuales. La manera tradicional consiste en cocer las manzanas rebanadas en un sartén con caramelo en el horno, antes de terminar la cocción se cubren con la pasta y se deja dorar. Tradicionalmente, la tarta se sirve con crema espesa.

- 5 manzanas verdes (1 kg)
- ½ taza (100 g) de mantequilla
- ½ de taza (100 g) de azúcar
- 1 vaina de vainilla abierta por la mitad a lo largo
- 500 g de pasta hojaldre
- 10 cucharadas (150 g) de crema espesa de rancho
- Hoja de oro para decorar

10 MOLDES DE SILICÓN CON FORMA DE DOMO O 10 DOMOS INDIVIDUALES.

1. Pelar las manzanas, descorazonarlas y cortarlas en 6 gajos.
2. Fundir la mantequilla en un sartén y mezclarla con el azúcar y el interior de la vaina de vainilla hasta que el azúcar se disuelva.
3. Agregar los gajos de manzana y cocerlos a fuego bajo. Moverlos ocasionalmente hasta que estén suaves y suelten su jugo.
4. Acomodar los gajos de manzana caramelizados dentro de los moldes o domos.
5. Espolvorear una superficie de trabajo con un poco de harina. Extender la pasta hojaldre y cortar círculos del mismo diámetro que la base de los moldes.
6. Cubrir los gajos de manzana con la pasta y hornear las tartas a 200 °C durante 20 minutos o hasta que la pasta esté cocida y dorada.
7. Retirar las tartas del horno y dejarlas entibiar para poder desmoldarlas. Decorarlas con hoja de oro y servirlas calientes con una cucharada de crema espesa de rancho.

Tiramisú
en tulipán

DIFICULTAD: ♆♆♆   **RENDIMIENTO:** 12 porciones

Ésta es una presentación espectacular, digna de un gran postre favorito cuyo nombre literalmente quiere decir "levantarme"; el café fuerte y la energía contenida en la crema elevan los ánimos de cualquiera.

Para una presentación menos difícil, monta el postre en un platón o en copas individuales.

La presentación en tulipán de chocolate es ideal para porciones individuales que se sirven en mesas de postres.

Si utilizas queso mascarpone, no lo batas mucho al combinarlo con el azúcar, ya que es muy delicado; por el contrario, si utilizas queso crema, bátelo hasta que quede ligero.

Tulipán de chocolate
- 1½ tazas (300 g) de chocolate oscuro temperado (ver pág. 377)

Relleno de queso y zabaglione
- 1 cucharada (8 g) de grenetina en polvo o 4 láminas
- 8 yemas (160 g)
- 1 taza (200 g) de azúcar
- ½ taza (120 ml) de vino de marsala o jerez dulce
- 2½ tazas (475 g) de queso mascarpone o queso crema
- 1½ tazas (360 ml) de crema para batir

Montaje
- 48 soletas (ver pág. 366)
- 2 tazas (480 ml) de café exprés concentrado
- 4 cucharadas (20 g) de cocoa

Decoración
- Sprays de chocolate oscuro y blanco (ver pág. 378)
- Tirabuzones y piedras de chocolate blanco (ver pág. 378)
- Chocolates con forma de granos de café

GLOBO INFLADO A 20 CM DE DIÁMETRO, CHAROLA PARA HORNO ENGRASADA Y ENHARINADA O CON PAPEL SILICONADO.

Tulipán de chocolate
1. Colocar el chocolate temperado en un recipiente profundo que tenga como mínimo 20 cm de diámetro. Inflar el globo e introducir la parte más ancha en el chocolate temperado; girar el globo hasta cubrir dos terceras partes.
2. Colocar el globo en forma vertical sobre la charola y dejar que el chocolate se endurezca. (Si la capa de chocolate queda muy delgada, repetir la operación.) Pinchar el globo y desecharlo.

Relleno de queso y zabaglione
1. Hidratar la grenetina.
2. Batir a baño María las yemas con la mitad del azúcar y el vino de marsala hasta que espesen y aumenten su volumen.
3. Batir el mascarpone o el queso crema con el resto del azúcar.

4. Fundir la grenetina. Mezclar con movimientos envolventes una tercera parte de las yemas batidas con el queso y la grenetina. Integrar de la misma forma el resto de las yemas.
5. Batir la crema hasta que forme picos firmes e incorporarla a la mezcla anterior con movimientos envolventes. Refrigerar.

Montaje
1. Rellenar el tulipán de chocolate intercalando capas de soletas mojadas con el café exprés y de relleno de queso y *zabaglione*; espolvorear cada capa con cocoa.

Decoración
1. Cubrir el tiramisú con el spray de chocolate oscuro y agregar algunos detalles con el de chocolate blanco.
2. Acomodar encima las decoraciones de chocolate.

EN LA HISTORIA...

ESTA GLORIA DE LA PASTELERÍA ITALIANA ES DE RECIENTE CREACIÓN; SURGIÓ EN LA DÉCADA DE LOS 70 EN VERONA, A PESAR DE LO QUE DIGAN ALGUNOS VENECIANOS. LA BASE AUTÉNTICA ES UN *ZABAGLIONE* TRADICIONAL CON QUESO MASCARPONE.

Waffles

Estos waffles no se parecen en nada a los que se sirven en el desayuno. Son cremosos, crujientes y francamente deliciosos: muy adictivos.
El gran chef Paul Bocuse los sirve como postre en sus restaurantes en Lyon, Francia. Presenta al centro de la mesa enormes torres de waffles acompañadas con crema batida y chocolate, que detienen la conversación y desaparecen en segundos.

Los waffles tienen una consistencia perfecta recién salidos de la wafflera; sin embargo, si los tienes que preparar con anticipación, déjalos enfriar y envuélvelos con papel encerado y después métulos en bolsas de plástico. Se pueden congelar hasta por dos meses. Antes de servirlos, caliéntalos en el horno sobre rejillas.

WAFFLERA.

- 1¾ tazas (245 g) de harina
- 2 cucharaditas (4 g) de polvo para hornear
- ½ taza (120 ml) de crema para batir
- ½ taza (120 ml) de leche
- ½ taza (100 g) de mantequilla fundida
- 3 yemas (60 g)
- 4 claras (120 g)
- 2 cucharadas (30 g) de azúcar
- 3 cucharadas (30 g) de azúcar glass

1. Cernir la harina con el polvo para hornear.
2. Combinar en un tazón la crema para batir, la leche, la mantequilla fundida y las yemas.
3. Batir las claras hasta que estén espumosas. Incorporar el azúcar y continuar batiéndolas hasta que formen picos firmes.
4. Incorporar, con movimientos envolventes, la harina y la mezcla de crema y yemas, alternando con una tercera parte de claras batidas. Integrar de la misma forma el resto de las claras.
5. Cocinar la mezcla en la wafflera hasta obtener waffles ligeramente dorados. Servirlos espolvoreados con el azúcar glass.

El
saber
hacer

> *Las bellas artes son cinco, a saber: la pintura, la escultura,*
> *la poesía, la música y la arquitectura, la cual tiene*
> *como rama principalísima la pastelería.*
>
> *Marie Antonin Carême*

Historia de la técnica repostera

Durante la llegada de Hernán Cortés a nuestras tierras, los pasteles en Europa consistían en masas de trigo rellenas de carne. Todo lo que tuviese forma aglomerada se llamaba torta y las pastas eran masas de harina o de azúcar. De ahí derivaron nombres como pastillas y pasteles. Cuando las pastas se laminaban y se cortaban en pequeños tamaños se les llamaba "pastillas de boca".

El repostero no era quien hacía los pasteles y otras confecciones sino quien cuidaba la vajilla, generalmente de plata, y la repostaba o reponía cuando fuese necesario.

Aunque los árabes hicieron las primeras pastas de hojaldre, la palabra "hojaldre" aparece publicada hasta 1528 en el libro *Retrato de la Lozana Andaluza* de Francisco Delicado, mientras los franceses mencionan su *pâte feuilletée* como creación de Claude Gelée.

Los primeros libros de cocina del siglo XVII, como el de Francisco Martínez Montiño, *Arte de cozina, pastelería, vizcochería y conservería,* se refieren todavía a los pasteles como preparaciones saladas. Durante los banquetes se servían antes o principios, cocinas o sopas, raciones de asados o cocidos y, por último, los postres. Cada uno de esos "servicios" se hacía en múltiplos de diez o doce. De tal manera que un banquete podía incluir sesenta platos, de los cuales doce eran postres. Hoy en día, en México los antes son postres.

En las cocinas del castillo de Chantilly, en Francia hacia 1670, Karl Fritz Vatel inventó la "crema Chantilly". Vatel era maestro de ceremonias y festejos de Luis II de Borbón, príncipe de Condé. A partir de entonces las pastas se engalanaron con esa crema.

En el siglo XVIII las mesas españolas desplegaban una decoración especial llamada "ramillete", consistente en una elegante plataforma, colocada a lo largo de la mesa. Desde el inicio de un banquete aparecían diferentes postres artísticamente exhibidos en platos y platones de gran belleza, suministrados por la repostería. Así surgieron los cocineros de ramillete, dedicados exclusivamente a preparar tales adornos; más tarde aparecieron los reposteros.

Es hasta 1747 cuando aparece un "repostero de la corte" en el libro *Arte de Repostería, en que se contiene todo género de hacer dulces secos y en líquido, bizcochos, turrones y natas...* de Juan de la Mata. El texto no contiene recetas de pasteles, por ser todavía alimentos salados; sin embargo, los "bizcochos", palabra derivada de "dos veces cocho" o "dos veces cocido", evocan las primeras preparaciones de masas dulces.

En Francia, los pasteles dulces son un alarde de belleza y ornato. Los primeros incluían los estilos arquitectónicos de los Luises y, posteriormente, manifestaban las corrientes imperialistas de Napoleón. Hacia 1800, Marie Antoine Carême, gran cocinero, pastelero, escritor, dibujante e inventor del *Vol-au-vent*, afirmaba: "Las bellas artes son cinco a saber: la pintura, la escultura, la poesía, la música y la arquitectura, la cual tiene como rama principalísima la pastelería".

En efecto, así como el arquitecto proyecta y diseña, levanta cimientos, crea estructuras y realiza acabados y decoraciones; el pastelero crea su receta, considera el número de pisos del pastel, su composición y estructura, la calidad de sus recubrimientos y los elementos de decoración.

La pastelería tuvo su auge en toda Europa, pero destacaron los pasteles del Imperio austro-húngaro, cuando los músicos de los siglos XVIII y XIX frecuentaban las pastelerías y los cafés de Viena, cuando aparecieron los Linzer, Dobosz, Brunellas, Rigo o la Torta española a base de merengues.

Durante el inicio del siglo XIX surgen en México los primeros pasteles dulces en los recetarios españoles y nacionales, así como diferentes propietarios franceses e italianos de cafés, fondas y pastelerías. Tal es el caso de André Remontel, cuya pastelería en Tacubaya fue destruida por soldados mexicanos en 1838 a causa de un zafarrancho. Debido al cobro exagerado de los daños, por parte del embajador de Francia, se desata la llamada "Guerra de los pasteles".

Con Maximiliano y Carlota, y su chef húngaro Tüdosz, llegaron a México pastelerías austriacas y francesas, aparecieron las Carlotas, las tortas de Linz y las españolas y los merengues. Las amas de casa, además de utilizar

libros como el *Nuevo Cocinero Mexicano* en forma de diccionario, consultaban el *Libro de Cocina* de Joules Gouffé, cuyas últimas ediciones contenían recetas mexicanas. Incluso en algunos recetarios franceses aparece como *Gâteau mexicaine* el famoso pastel "Mil hojas". Hacia 1940, con la escuela de doña Josefina Velázquez de León, se ponen de moda los pasteles de mazapán cubiertos de *fondant* y decorados con pastillaje.

El hacer y quehacer de la pastelería es cada día más amplio y competido. Las creaciones pasteleras perfeccionan los ingredientes, los elementos de decoración y la audacia de quien los hace, aunque todavía responden a los nombres clásicos como Charlotte, Ópera, *Pound cake*, *Upsidedown*, Linzer, *Saint Honoré*, Napoleón o Mil hojas.

Los expertos en tecnología señalan como pasteles perfectos el inglés *Pound cake* o el francés *Quatre-quarts*, elaborados con partes iguales en peso de mantequilla, azúcar, huevo y harina, y por no requerir ningún otro ingrediente ni agente leudante en cualquier altitud si se bate con el método del acremado. Con su audacia, los pasteleros modifican las técnicas antiguas y modernas para revolucionar y producir cambios notables en sabor, aroma y textura.

Los utensilios se han perfeccionado y los equipos de cocina son cada día más prácticos. Tal es el caso de las licuadoras, procesadores, molinos y complejas batidoras para batir, mezclar y amasar al alcance de todas las casas.

Desde la Antigüedad, los pasteles requieren medidas precisas. Hace 7 000 años los sumerios inventaron el litro como medida volumétrica aplicable también a sólidos. Curiosamente mencionan litros de harina, de pan y de carne. Hoy en día, con los avances del sistema internacional de unidades, una balanza de precisión y una taza de medir constituyen nuestros mejores aliados. Una vez medidos los ingredientes, quedan en las prodigiosas manos de quien trabaja para mezclar, amasar, extender, meter al horno y decorar las pastas.

Pesar y medir

La pastelería es un arte que contrastantemente requiere de pasión y precisión. Se deben respetar las proporciones y reproducir los pasos en el orden correcto. Definitivamente el medir los ingredientes cuidadosamente es el primer paso para el éxito de una receta. Pero la pastelería tiene también un aspecto de apertura a la creatividad e improvisación, por eso es importante practicar las bases, entender los porqués y de ahí partir para experimentar.

Los ingredientes de las recetas se sugieren en el sistema métrico de peso y en el volumen por tazas, cucharadas y cucharaditas estándar. Con el objetivo de simplificar, se hicieron algunas aproximaciones, por lo que si se multiplican las recetas, siempre será más preciso el trabajo con una báscula. Si se multiplica una receta, es importante considerar la capacidad de la batidora y trabajar por partes.

Para medir ingredientes secos como harina o azúcar, no se deben presionar porque pueden variar las cantidades considerablemente. El chocolate se midió en volumen partiendo de chocolate picado finamente o en chispas, presentación que manejan algunas marcas europeas para facilitar el trabajo.

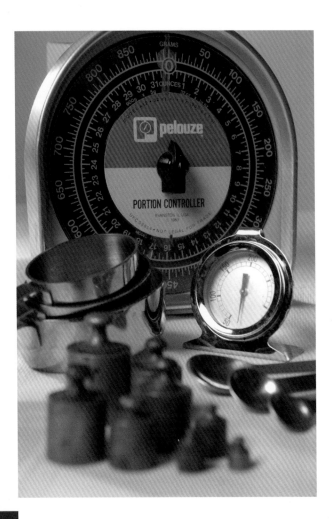

Un punto de suma importancia es el concepto francés de la cocina llamado *mise en place*. Literalmente quiere decir puesta en sitio. Antes de empezar cualquier preparación, es muy importante tener a la mano todos los ingredientes pesados o medidos.

Temperaturas

Salvo en el caso en que se especifica, al momento de hornear los diferentes productos, el horno debe tener la temperatura exacta. Dado que los termostatos de los hornos pueden variar, es ideal tener un termómetro y así trabajar con más exactitud.

Hornear a diferentes niveles de altura

Todas las recetas fueron creadas y probadas en la Ciudad de México que tiene 2 260 metros sobre el nivel del mar. Cualquier altura arriba de los 1 000 metros sobre el nivel del mar, puede afectar los resultados de productos que se hornean, sobre todo en el caso de panes. El hecho de que el agua hierva a temperatura distinta afecta el comportamiento de las masas.

Las claras se deben batir a punto de picos suaves, nunca firmes, arriba de los 1 500 metros; mientras que el polvo para hornear, se debe reducir hasta en ¼ de cucharadita arriba de los 2 500 metros. De la misma forma, por cada taza de líquido se debe incrementar 1 cucharada cada 300 metros arriba de los 2 500. Las temperaturas del horno se deben incrementar también a razón de 10 ºC a partir de los 2 500 metros.

Para realizar estas recetas a nivel del mar, hay que incrementar el polvo para hornear a razón de ¼ de cucharadita por cada cucharada y bajar las temperaturas del horno 20 ºC, así mismo, es necesario reducir los líquidos a razón de 1 cucharada por taza.

Utensilios

Cada día los utensilios para repostería se especializan más y surgen nuevos materiales para facilitar el trabajo. De unos años a la fecha, muchos utensilios que dieron pie a la creación de nuevas técnicas venían de las ferreterías; así, espátulas y peines para acabados en paredes, hoy se usan para dar texturas; lijas metálicas para madera sacan ralladuras y los sopletes que se usaban para soldar plomería, son hoy una herramienta muy común en la maleta de profesionales y *amateurs* por igual.

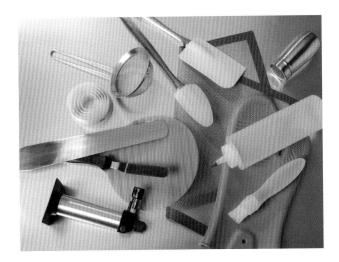

La lista de utensilios útiles en la repostería es enorme, pero con algunos básicos se puede formar una buena base de la cual partir.

Charolas, moldes y aros

Las charolas son indispensables para la pastelería. Hay que seleccionar las más grandes que quepan en el horno y que tengan bordes altos, de material grueso y resistente como el aluminio. Las que tienen superficie antiadherente son muy útiles si se cuidan adecuadamente.

Sin importar la forma, deben ser de un material que transmita eficientemente el calor para obtener un cocimiento parejo. Los de aluminio son ideales; son mejores si no tienen acabado negro.

Existe un sinnúmero de moldes de silicón en todos los tamaños y formas imaginables. Son antiadherentes, sólo es recomendable untarlos ligeramente con aceite antes de usarlos, si se preparan pasteles de chocolate, es bueno engrasarlos y enharinarlos. Adicionalmente, tienen la ventaja de que se enfrían más rápido, por lo que no se continúan cocinando las piezas con calor residual. Al usarlos hay que poner una charola abajo para moverlos cómodamente.

Son una herramienta ideal para gelatinas, mousses y otros productos que se cuajan en refrigeración o congelación.

Los aros metálicos tienen múltiples usos. Si se utilizan sólo para moldear porciones individuales, un tubo de PVC cortado es más que suficiente.

Tapete de silicón o papel siliconado

El papel siliconado se consigue con distribuidores de materias primas y es un gran apoyo para múltiples preparaciones ya que resiste el calor y no se pegan los alimentos. Adicionalmente, ofrece una capa que protege las galletas y merengues en las charolas para que no se doren las bases antes de que estén listas las superficies. El tapete de silicón cumple la misma función, además resulta perfecto para el trabajo con azúcar y caramelo.

Herramienta pequeña

La pastelería no es la excepción a la regla de que en la cocina se necesita un buen juego de cuchillos de alta calidad; son básicos: un cuchillo de chef, uno mondador, y uno de sierra para rebanar panes y algunas frutas. Las cucharas *parisienne*, la herramienta para descorazonar manzanas, un buen pelador y rueda para pasta con figuras, aunque no indispensables, completan al equipo básico.

Las espátulas también son una herramienta indispensable. En cuanto a las metálicas, se necesitan para trabajo diario grandes y pequeñas con láminas finas y flexibles. Las de silicón resisten el calor y son suficientemente flexibles para raspar los tazones.

En cuanto a duyas, los materiales desechables son más higiénicos que las lonas plastificadas tradicionales. Actualmente se fabrican puntas de policarbonato que son higiénicas y resistentes. Un juego básico de puntas redondas y de estrella son suficientes para principiantes. También es útil tener coladeras finas y botellas de plástico.

Herramienta para medir

Para hacer cualquier receta de pastelería es indispensable tener una taza y cucharas estándar para medir, una báscula es muy útil. Otra herramienta invaluable es un termómetro para cocina.

Batidora

Para quienes toman la pastelería en serio, una batidora de pie con capacidad de mínimo cinco litros y aditamentos de globo, gancho y paleta es indispensable. Existen también las batidoras de mano que facilitan el trabajo, hay que buscar que sean resistentes y bien balanceadas.

básicas

Pan de vainilla

RINDE 1 PAN DE 22 CM DE DIÁMETRO.

MOLDE DE 22 CM DE DIÁMETRO ENGRASADO Y ENHARINADO.

SE PUEDE CONSERVAR ENVUELTO A TEMPERATURA AMBIENTE HASTA POR UNA SEMANA

Y EN CONGELACIÓN HASTA POR 4 MESES.

- 9 huevos (450 g)
- 1¼ tazas (250 g) de azúcar
- 2 cucharadas (30 ml) de extracto de vainilla
- 2¼ tazas (315 g) de harina

Si eres principiante, mezcla con movimientos envolventes ⅓ de los huevos batidos con la harina, en el caso de la plancha flexible, incorpora también la mantequilla; posteriormente incorpóralos con movimientos envolventes al resto del batido.

1. Batir los huevos con el azúcar hasta que esponjen, incorporar el extracto de vainilla, sin dejar de batir.

2. Cernir la harina e incorporarla a los huevos batidos con movimientos envolventes. Vaciar en el molde.

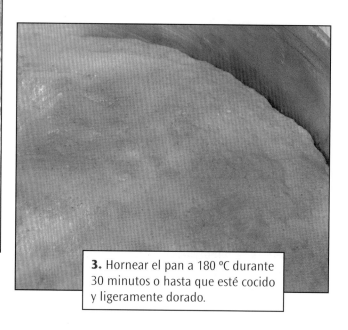

3. Hornear el pan a 180 °C durante 30 minutos o hasta que esté cocido y ligeramente dorado.

Plancha flexible de vainilla

RINDE 1 PLANCHA DE 42 × 28 CM.

CHAROLA PARA HORNO CON PAPEL SILICONADO O ENGRASADA Y ENHARINADA.

LA PLANCHA SIN RELLENO SE PUEDE CONSERVAR ENVUELTA A TEMPERATURA AMBIENTE HASTA POR 5 DÍAS;

Y RELLENA, SE PUEDE CONSERVAR EN CONGELACIÓN HASTA POR 2 MESES.

- ½ taza (100 g) de mantequilla
- 1 cucharada (15 ml) de extracto de vainilla
- 5 huevos (250 g)
- ⅔ de taza (130 g) de azúcar
- 5 yemas (100 g)
- 1¼ tazas (175 g) de harina

Si deseas obtener una plancha más gruesa, usa un molde más pequeño o duplica las cantidades indicadas en la receta.

1. Fundir la mantequilla y dejarla entibiar. Combinarla con el extracto de vainilla.

2. Batir los huevos con el azúcar hasta que esponjen. Agregar las yemas de una en una, sin dejar de batir.

3. Cernir la harina y mezclarla, con movimientos envolventes, a la mezcla anterior alternando con la mantequilla.

4. Vaciar en la charola y hornear la plancha a 180 °C durante 15 minutos o hasta que esté dorada.

5. Desmoldarla encima de un trapo húmedo o un pliego de papel siliconado espolvoreado generosamente con azúcar glass y enrollarla. Dejarla enfriar.

6. Abrirla, rellenarla y volverla a enrollar.

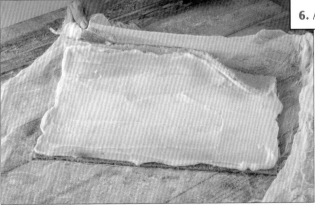

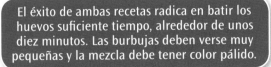

El éxito de ambas recetas radica en batir los huevos suficiente tiempo, alrededor de unos diez minutos. Las burbujas deben verse muy pequeñas y la mezcla debe tener color pálido.

Bizcocho crocante de coco

RINDE 1 PLANCHA DELGADA DE 42 × 28 CM.
CHAROLA PARA HORNO ENGRASADA Y ENHARINADA O CON PAPEL SILICONADO.
SE PUEDE CONSERVAR ENVUELTO A TEMPERATURA AMBIENTE HASTA POR 2 SEMANAS,
Y EN CONGELACIÓN HASTA POR 4 MESES.

Las claras se baten mejor a temperatura ambiente.

- 5 claras (150 g)
- ¼ de taza (50 g) de azúcar
- 1½ tazas (150 g) de coco rallado, seco y molido
- ⅓ de taza (40 g) de almendras molidas
- 1 taza (120 g) de azúcar glass
- Azúcar glass para espolvorear

1. Batir las claras hasta que estén espumosas, agregar el azúcar y continuar batiendo hasta que se formen picos firmes.

2. Combinar el coco y las almendras molidas con el azúcar glass; incorporar a las claras batidas con movimientos envolventes.

3. Extender la preparación en la charola, espolvorearla con azúcar glass, dejarla reposar 10 minutos y espolvorearla nuevamente con azúcar glass.

4. Hornear el bizcocho a 180 °C durante 10 minutos o hasta que esté ligeramente dorado.

Dacquoise de avellana

RINDE 1 PLANCHA DELGADA DE 42 × 28 CM.
CHAROLA PARA HORNO CON PAPEL SILICONADO O CON TAPETE DE SILICÓN.
SE PUEDE CONSERVAR ENVUELTO A TEMPERATURA AMBIENTE HASTA POR 2 SEMANAS Y EN CONGELACIÓN HASTA POR 4 MESES.

- ¾ de taza + 1 cucharada (100 g) de azúcar glass
- ½ taza (50 g) de almendras en polvo
- ⅔ de taza (65 g) de avellanas en polvo
- 2 cucharadas (20 g) de harina
- 5 claras (150 g)
- ¼ de taza (50 g) de azúcar
- Azúcar glass para espolvorear

1. Mezclar el azúcar glass, las almendras y las avellanas en polvo con la harina.

2. Batir las claras hasta que estén espumosas; incorporar el azúcar gradualmente. Continuar batiendo hasta que se formen picos firmes.

3. Mezclar con movimientos envolventes las claras batidas con la mezcla de azúcar glass y frutos secos.

Si eres principiante, incorpora una tercera parte del las claras batidas a la mezcla de azúcar y frutos secos y posteriormente integra, con movimientos envolventes, al resto de las claras batidas; de esta forma la preparación perderá menos volumen.

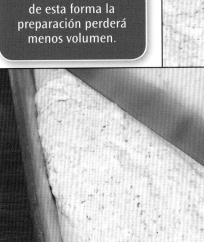

El azúcar glass espolvoreada dos veces forma una superficie crujiente y ligeramente perlada.

4. Vaciar la preparación en la charola. Espolvorear con azúcar glass, dejar reposar 10 minutos y espolvorearla nuevamente con azúcar glass.

5. Hornear el *dacquoise* a 180 °C durante 15 minutos o hasta que esté dorado.

Puedes sustituir las avellanas en polvo por cualquier otro fruto seco molido.

A diferencia del pan de vainilla y la plancha flexible, estas dos preparaciones están hechas a base de claras, así que tienen más vida de anaquel. Si deseas obtener planchas más gruesas, usa una charola más pequeña o duplica las cantidades indicadas en la receta.

Soletas

RINDE 24 PIEZAS.

MANGA PASTELERA CON DUYA LISA, CHAROLA PARA HORNO ENGRASADA Y ENHARINADA O CON PAPEL SILICONADO.

SE PUEDEN CONSERVAR EN UN RECIPIENTE HERMÉTICO HASTA POR UNA SEMANA Y EN CONGELACIÓN HASTA POR 4 MESES.

- 6 yemas (120 g)
- 2 cucharadas (30 g) de azúcar
- 6 claras (180 g)
- ¾ de taza + 1 cucharada (100 g) de azúcar glass
- 1 taza (140 g) de harina
- Azúcar glass para espolvorear

Los huevos deben estar a temperatura ambiente para que el batido tenga más volumen.

1. Batir las yemas con el azúcar hasta que espesen y estén pálidas.

2. Batir las claras hasta que estén espumosas, incorporar el azúcar glass y continuar batiendo hasta que se formen picos firmes.

Es necesario batir las yemas suficiente tiempo, tendrán mejor estructura.

3. Cernir la harina. Mezclarla, con movimientos envolventes, a las yemas batidas y a una tercera parte de las claras; posteriormente incorporar de la misma forma al resto de las claras batidas.

4. Formar las soletas con con la manga con duya sobre la charola. Espolvorearlas con el azúcar glass, dejarlas reposar 5 minutos y espolvorearlas nuevamente.

5. Hornear las soletas a 180 °C durante 6 minutos o hasta que estén cocidas.

Puedes formar tiras sólidas de soletas hechas verticalmente, hacen un borde muy llamativo para carlotas y pasteles con rellenos cremosos.

Crepas

RINDE 24 PIEZAS.

SARTÉN PARA CREPAS O CON ANTIADHERENTE.

SE PUEDEN CONSERVAR EN REFRIGERACIÓN POR 2 SEMANAS Y EN CONGELACIÓN HASTA POR 6 MESES.

Las crepas deben tener color dorado pálido, ser muy delgadas y tener una textura parecida al encaje.

- ¼ de taza (50 g) de mantequilla
- 2 tazas (480 ml) de leche
- ¼ de taza (60 ml) de agua
- 5 huevos (250 g)
- 1½ tazas (210 g) de harina
- 1 cucharadita (4 g) de sal
- ¼ de taza (50 g) de azúcar
- Mantequilla o aceite para engrasar el sartén

1. Calentar la mantequilla hasta que tenga color avellana claro.

2. Licuar los ingredientes restantes e incorporar la mantequilla. Refrigerar durante 3 horas como mínimo.

3. Calentar el sartén y untarlo con un poco de mantequilla o aceite, agregar un cucharón de la mezcla y girar el sartén ligeramente para cubrir toda la superficie. Cocer la crepa por ambos lados hasta que esté ligeramente dorada y reservarla. Repetir este paso con el resto de la mezcla.

Para reservar las crepas al momento de cocinarlas, apílalas en un plato espolvoreando un poco de azúcar entre cada una para que no se peguen. Si deseas conservarlas en refrigeración o congelación, envuélvelas en plástico adherente colocando un trozo de papel encerado entre cada una.

Pasta choux

RINDE 10 ÉCLAIRS MEDIANOS, 16 PROFITEROLES O 12 CHOUX.

MANGA PASTELERA CON DUYA LISA O RIZADA, CHAROLA PARA HORNO ENGRASADA O CON PAPEL SILICONADO.

LAS PIEZAS COCIDAS DE PASTA CHOUX SE PUEDEN CONSERVAR EN UN RECIPIENTE HERMÉTICO HASTA POR 2 SEMANAS.

TAMBIÉN PUEDES CONGELAR LA PASTA O LAS PIEZAS CRUDAS O COCIDAS DURANTE 4 MESES.

- 1 taza (240 ml) de agua
- 1 cucharadita (4 g) de sal
- 1 cucharadita (5 g) de azúcar
- ½ taza (100 g) de mantequilla
- 1 taza (140 g) de harina
- 4 huevos (200 g)

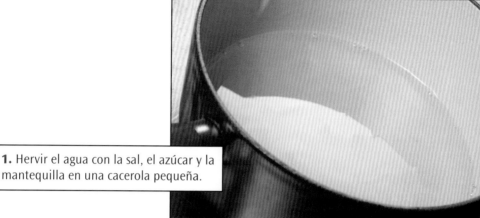

1. Hervir el agua con la sal, el azúcar y la mantequilla en una cacerola pequeña.

2. Agregar la harina y cocinar moviendo hasta que la preparación espese y obtenga una masa en forma de bola.

3. Colocar la masa en una batidora eléctrica y batirla con la pala. Agregar los huevos gradualmente cuidando que estén integrados totalmente antes de añadir el siguiente.

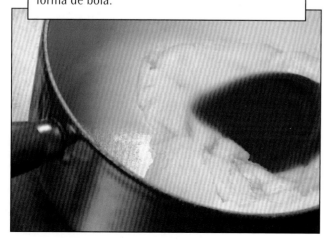

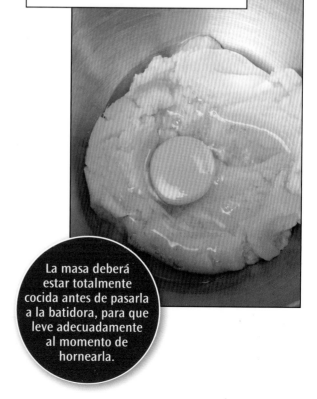

La masa deberá estar totalmente cocida antes de pasarla a la batidora, para que leve adecuadamente al momento de hornearla.

4. Introducir la pasta choux en la manga con duya y formar los éclairs, profiteroles o choux sobre la charola.

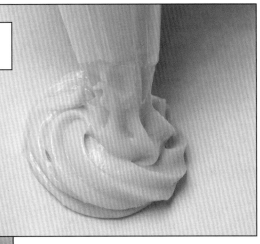

5. Hornearlos a 200 °C hasta que estén dorados.

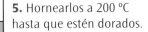

Si deseas piezas con forma más definida, utiliza 3 huevos únicamente para obtener una masa un poco más espesa.

Para decorar las piezas de pasta choux, barnízalas con un poco de huevo y espolvoréalas con frutos secos picados antes de hornearlas.

Pasta tulipán

CHAROLA PARA HORNO CON PAPEL SILICONADO O TAPETE DE SILICÓN.
LAS FIGURAS DE PASTA TULIPÁN SE PUEDEN CONSERVAR EN RECIPIENTES HERMÉTICOS HASTA POR 2 SEMANAS.

- ¼ de taza (50 g) de mantequilla
- 5 claras (150 g)
- 1½ tazas (180 g) de azúcar glass
- 1¾ tazas (245 g) de harina

1. Fundir la mantequilla y dejarla entibiar.

2. Combinar las claras, el azúcar glass y la harina en un tazón.

3. Incorporar la mantequilla y mezclar hasta obtener una pasta tersa.

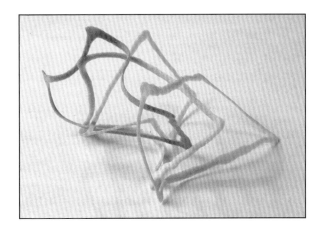

4. Extender la mezcla sobre un tapete de silicón hasta obtener una capa muy delgada; o bien, formar figuras con la ayuda de una manga pastelera con duya. Hornear la pasta a 180 °C hasta que se dore. Retirar del horno y darles forma mientras estén calientes.

Pasta para tarta

RINDE 1 MOLDE DE 26 CM DE DIÁMETRO.

SE PUEDE CONSERVAR EN REFRIGERACIÓN HASTA POR 1 SEMANA O EN CONGELACIÓN HASTA POR 6 MESES.

- 1¾ tazas (245 g) de harina
- ½ taza (100 g) de mantequilla a temperatura ambiente
- ⅓ de taza (40 g) de azúcar glass
- 1 yema (20 g)
- 1 huevo (50 g)
- 1 cucharada (15 ml) de extracto de vainilla
- 1 cucharadita (4 g) de sal

1. Colocar la harina en una mesa de trabajo. Formar un espacio al centro.

> Es muy importante que los ingredientes del centro estén totalmente integrados antes de añadir la harina.

2. Colocar dentro del espacio el resto de los ingredientes.

3. Mezclar estos ingredientes con las yemas de los dedos hasta incorporarlos por completo y obtener una pasta.

4. Añadir la harina y trabajarla hasta obtener una consistencia granulosa. Amasar ligeramente para obtener una masa.

> Usa las yemas de los dedos para integrar la harina trabajándola lo menos posible para que la pasta no quede dura.

> Antes de refrigerar la masa, envuélvela con plástico adherente o introdúcela en una bolsa resellable para evitar que absorba olores.

5. Formar una bola con la masa y refrigerarla durante 1 hora.

Hornear una costra para tarta

1. Espolvorear una superficie de trabajo con muy poca harina y extender la masa con un rodillo hasta obtener el grosor deseado.

2. Enrollarla en el rodillo y levantarla para moverla fácilmente.

3. Dejarla caer naturalmente sobre el molde y presionar con los dedos para cubrir bien las paredes y el fondo del molde.

4. Picar el fondo de la tarta con un tenedor. Hornearla a 180 ºC durante 25 minutos o hasta que esté dorada.

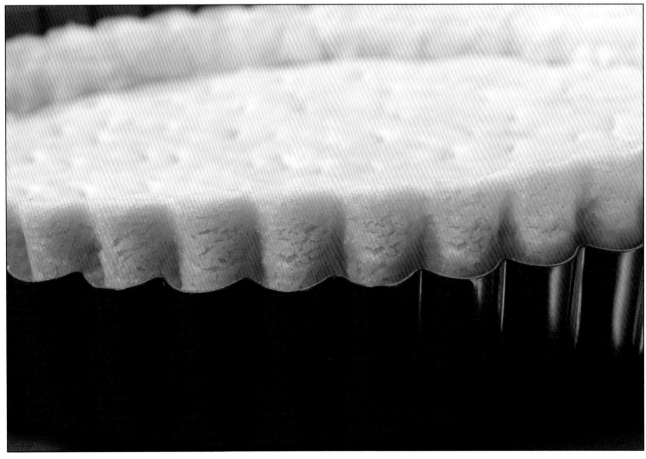

Crema inglesa

RINDE 1½ TAZAS.

SE PUEDE CONSERVAR EN REFRIGERACIÓN HASTA POR 5 DÍAS.

- ¾ de taza (180 ml) de crema para batir
- ¾ de taza (180 ml) de leche
- 1 vaina de vainilla abierta por la mitad a lo largo
- 3 yemas (60 g)
- 2 cucharadas (30 g) de azúcar

1. Hervir en una cacerola pequeña la crema para batir y la leche con la vaina de vainilla.

2. Batir las yemas con el azúcar, agregarles un poco de la leche e incorporarlas a la cacerola.

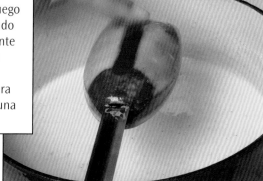

3. Cocer a fuego bajo moviendo continuamente hasta que la preparación espese y cubra el dorso de una cuchara.

4. Colar y dejar enfriar.

Frangipane

RINDE 2 TAZAS.

SE PUEDE CONSERVAR EN REFRIGERACIÓN HASTA POR 4 DÍAS.

- ⅔ de taza (130 g) de mantequilla
- 1¼ tazas (150 g) de azúcar glass
- 3 huevos (150 g)
- 1 cucharada (15 ml) de extracto de vainilla
- 1 cucharadita (5 ml) de esencia de almendra
- 3 cucharadas (30 g) de harina
- 1 taza (100 g) de almendras en polvo

1. Acremar la mantequilla con el azúcar. Incorporar los huevos gradualmente, sin dejar de batir.

2. Añadir el extracto de vainilla y la esencia de almendra.

3. Combinar la harina con la almendras en polvo e incorporarlas, con movimientos envolventes, a la mezcla de mantequilla y huevo.

Crema pastelera

RINDE 2 TAZAS.

SE PUEDE CONSERVAR EN REFRIGERACIÓN HASTA POR UNA SEMANA.

- 2 tazas (480 ml) de leche
- 4 cucharadas (35 g) de fécula de maíz
- ⅓ de taza (65 g) de azúcar
- 5 yemas (100 g)
- 2 cucharadas (30 g) de mantequilla
- 1 cucharada (15 ml) de extracto de vainilla

1. Hervir la leche.

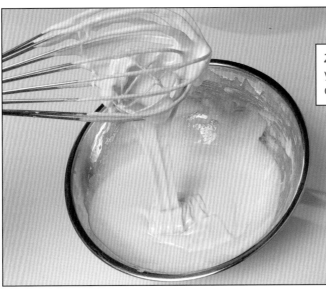

2. Batir la fécula de maíz con el azúcar y las yemas hasta que el azúcar se disuelva. Incorporar a la leche.

3. Cocinar a fuego bajo, moviendo continuamente, hasta que la preparación espese.

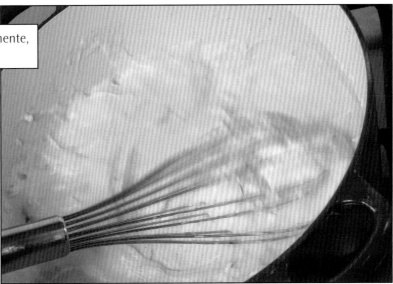

4. Retirar del fuego e incorporar la mantequilla y el extracto de vainilla. Dejar enfriar la crema pastelera cubriendo toda la superficie con plástico adherible para evitar que se forme una costra.

Merengues

EL MERENGUE FRANCÉS ES FIRME E IDEAL PARA HACER FIGURAS; MIENTRAS QUE EL ITALIANO Y EL SUIZO SON SUAVES, EXCELENTES PARA RELLENOS Y CUBIERTAS.

LA RECETA DEL MERENGUE FRANCÉS RINDE PARA FORMAR 4 DISCOS DE 22 CM DE DIÁMETRO.

LAS RECETAS DEL MERENGUE ITALIANO Y SUIZO RINDEN PARA CUBRIR UN PASTEL DE 22 CM DE DIÁMETRO.

CHAROLA PARA HORNO CON PAPEL SILICONADO O TAPETE DE SILICÓN, MANGA PASTELERA CON DUYA LISA.

Francés

- 5 claras (150 g)
- ¾ de taza (150 g) de azúcar
- 1 taza (120 g) de azúcar glass

1. Batir las claras hasta que estén espumosas. Incorporar el azúcar gradualmente y continuar batiendo hasta que se formen picos firmes.

2. Incorporar, con movimientos envolventes, el azúcar glass a las claras batidas.

3. Extender el merengue sobre la charola o introducirlo en la manga pastelera con duya para darles distintas formas.

4. Hornear el merengue a 120 ºC hasta que esté seco, pero no dorado, el tiempo variará según el grosor y tamaño del merengue que se forme.

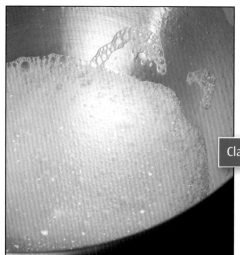

Claras espumosas

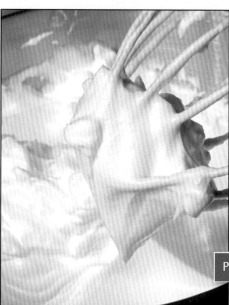

Picos firmes

Italiano

- ¼ de taza (60 ml) de agua
- 1 taza (200 g) de azúcar
- 5 claras (150 g)

1. Hervir el agua con ¾ de taza (150 g) del azúcar hasta que alcance una temperatura de 120 ºC o el punto de bola suave; es decir, cuando al poner una gota del jarabe en agua, se forme una bola suave.

2. Mientras se hace el jarabe, batir las claras hasta que estén espumosas. Incorporar gradualmente el azúcar restante y continuar batiendo hasta que se formen picos suaves.

3. Verter el jarabe lentamente sobre las claras con la batidora encendida, continuar batiendo hasta que el merengue se enfríe.

Jarabe a punto de bola suave

Suizo

- 3 claras (90 g)
- ¾ de taza (150 g) de azúcar

1. Colocar las claras con el azúcar en un tazón; ponerlo sobre una cacerola con agua hirviendo y batir las claras hasta que alcancen una temperatura de 45 ºC.

2. Vaciar en el tazón de la batidora y trabajar a velocidad alta hasta que aumenten su volumen y estén firmes.

Trabajo con
chocolate

Ya sea como protagonista o como complemento, el chocolate ocupa el lugar de honor en el repertorio de los postres.

Alquimia del cacao

Es un viaje largo el que hacen los granos de cacao cultivados en regiones tropicales para convertirse en chocolates.

Una vez cosechados, en las mismas plantaciones se fermentan y secan. Se seleccionan y tuestan al igual que los granos de café. Los aromas y acidez varían mucho según el lugar de origen; en la sabia creación de mezclas radica la habilidad de los chocolateros y la calidad de sus productos.

Los granos de cacao se muelen y presionan para crear el licor de cacao. La cocoa y la manteca de cacao se separan del licor por presión. Algunas cocoas se alcalinizan para que sea más fácil disolverlas.

Para fabricar chocolate se parte del licor de cacao y se le agregan diversos ingredientes como leche en polvo, lecitina o azúcar, según el caso, y se someten al proceso de conchado, que consiste en calentar el chocolate hasta 80 °C moviéndolo continuamente, aquí desarrolla aún más la complejidad de sus aromas. Aquí también radica la diferencia de calidad en los chocolates; aunque la media son 12 horas, algunos chocolates pasan por este proceso muchas horas más.

Después es temperado, moldeado y envasado para hacer el último tramo del viaje.

Almacenar chocolate

El chocolate en todas sus formas es muy susceptible a los olores. Se debe conservar en recipientes herméticos en un lugar fresco y seco, con temperaturas menores a los 22 °C y, de preferencia, fuera de la luz. El chocolate oscuro tiene vida de anaquel hasta por 2 años.

Fundir chocolate

Cuando se funde el chocolate para combinarlo con otros ingredientes, simplemente hay que picarlo, aunque no es indispensable, pero facilita y acorta el proceso. Después, ponerlo a baño María o en el horno de microondas a potencia baja, cuidando que la temperatura nunca suba a más de 60 °C.

El agua del baño María no debe hervir demasiado, con que burbujee levemente es suficiente. El fondo del tazón no debe tocar el agua. Hay que moverlo con una espátula ocasionalmente para que se funda de manera uniforme.

Temperar chocolate

Si se va a usar el chocolate para hacer decoraciones o bombones una vez fundido es necesario temperarlo para que los cristales de manteca de cacao tomen la estructura adecuada al solidificarse.

Una buena cristalización de la manteca de cacao, garantizará un producto terminado con las características ideales: brillo uniforme, textura crujiente y color liso.

El temperado es un proceso simple, pero requiere cuidar las temperaturas con precisión. Para ello es necesario un termómetro que esté bien calibrado.

Las temperaturas referidas son un estándar que puede variar en algunos grados según el chocolate; en el trabajo profesional, es importante consultar con el productor las curvas de temperatura específicas para su producto.

El temperado consiste en los siguientes pasos:

1. Fundido
   - Chocolate oscuro o cobertura a 50 °C, máximo 55 °C en coberturas con alto contenido de manteca de cacao.
   - Chocolate con leche a 45 °C.
   - Chocolate blanco a 40 °C.

2. Precristalización
   Este paso consiste en bajar la temperatura para estabilizar los cristales. Reservar a baño María ⅓ del chocolate. Enfriar los ⅔ restantes, ya sea:
   - Trabajándolo en un mármol con una espátula de metal, moviendo continuamente sin incorporar mucho aire.
   - Metiendo el tazón en otro con agua a 15 °C, mover continuamente para que baje la temperatura de manera uniforme.
   - Dejándolo a temperatura ambiente si no es elevada, moviendo ocasionalmente.

   Las temperaturas que se deben alcanzar son:
   - Chocolate oscuro o cobertura a 27 °C.
   - Chocolate con leche a 26 °C.
   - Chocolate blanco a 25 °C.

3. Subir la temperatura para trabajo
   Una vez que están estables los cristales, se sube la temperatura para poder trabajar el chocolate a su consistencia y estructura de cristales ideales:
   - Combinar el chocolate reservado con la mezcla de baja temperatura, si no se llegara a la temperatura necesaria, calentarlo cuidadosamente hasta llegar a la temperatura requerida.
   - Chocolate oscuro o cobertura a 30-33 °C.
   - Chocolate con leche a 28-30 °C.
   - Chocolate blanco a 27-28 °C.

Un truco profesional

Recientemente salió al mercado una manteca de cacao con un proceso de criogenización, que simplifica radicalmente el proceso del temperado. Se combinan 10 g del producto por cada kilo de chocolate fundido a 45 °C y enfriado a 33 °C; cuando baja la temperatura a 30 °C ya está listo para usarse.

Los chocolates de alta calidad para repostería traen un temperado ideal de fábrica. Si se funde una cuarta parte del chocolate a utilizar a 45 °C y se le agrega poco a poco el resto, nunca subiendo de los 35 °C, se logrará conservar el temperado de fábrica.

Para probar el temperado, sea cual haya sido el método, se puede untar un poco de chocolate en un papel encerado y refrigerarlo. Si se pone firme rápidamente, tiene brillo y se rompe fácilmente, es que está bien temperado.

Color al chocolate

El chocolate blanco se puede teñir con colorantes solubles en grasa. Si los colorantes son en polvo, mezclarlos con manteca de cacao fundida, si no, utilizarlos directamente.

Una vez firme el chocolate, se le puede dar matices con colorantes en polvo, a base de alcohol u oro en polvo, aplicados con un pincel suave.

Spray de chocolate

Se utiliza para dar un acabado ligeramente mate y con textura a pasteles o piezas. Se distribuye mejor con una compresora, pero una botella de spray que produzca goteo fino también dará buen resultado. Se debe aplicar sobre piezas frías.

Para prepararlo, fundir partes iguales de manteca de cacao y chocolate obscuro. En el caso del spray de chocolate blanco o con leche, calcular para cada 50 g de manteca de cacao, 75 g de chocolate.

Ganache

El ganache es una mezcla básica para repostería que tiene infinidad de usos: como relleno, para cubrir o para hacer trufas, por nombrar algunos. Si se bate, tendrá completamente otra apariencia y sabor.

Es mejor prepararlo con anticipación para que se desarrolle mejor el sabor. Para utilizarlo, sólo hay que fundirlo a baño María o en el microondas.

Al hervir la crema se puede aromatizar con especias como clavo, canela, anís, pimienta, jengibre, semillas de cilantro, cardamomo, azafrán o con otros productos como té o menta fresca.

La glucosa, aunque no es necesaria, ayuda a tener una mejor consistencia y brillo.

Decoraciones con hielo

Aunque el agua puede ser muy dañina para el chocolate, usada inteligentemente puede producir resultados originales.

1. Para hacer una decoración con forma de coral, colocar hielo en un tazón.

2. Vaciarle chocolate temperado y cuando empiece a solidificar, retirarlo. Dejarlo en una charola para que se fundan los hielos restantes.

Piedritas y tirabuzones

Poner chocolate, de preferencia en chispas, en un procesador de alimentos y trabajarlo a alta velocidad, cuando empiece a calentarse tendrá textura de piedritas, se puede dejar enfriar en una charola.

Si se continúa trabajando se formará una masa suave. Formar un cilindro fino y enrollarlo alrededor de un rodillo, dejarlo endurecer y tendrá forma de tirabuzón con superficie ligeramente mate.

Ganache

- 1 taza (240 ml) de crema para batir
- 1 cucharada (20 g) de glucosa
- 1 cucharadita (5 ml) de extracto de vainilla
- 1⅓ tazas (240 g) de chocolate oscuro picado, o 1⅔ tazas (300 g) de chocolate blanco, o 1½ tazas (270 g) de chocolate con leche, picado

1. Hervir la crema para batir con la glucosa y el extracto de vainilla.

2. Combinar con el chocolate picado, revolver hasta lograr una textura lisa y brillante.

Decorar con chocolate

UNA VEZ TEMPERADO EL CHOCOLATE, SE REQUIERE UNA PLANCHA DE MÁRMOL, ESPÁTULAS DE METAL, E IMAGINACIÓN PARA DIVERTIRSE CON UNO DE LOS INGREDIENTES MÁS NOBLES.

Llenar moldes

1. Limpiar los moldes frotándolos con un algodón; el material de más alta calidad es el policarbonato, por su firmeza y durabilidad.

3. Voltear el molde para que escurra el exceso de chocolate, se puede hacer sobre papel encerado o en el mármol para recuperarlo.

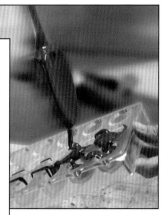

2. Llenar los moldes con chocolate fundido y temperado, golpearlos vigorosamente sobre la mesa haciendo movimientos pequeños y repetitivos para sacar todas las burbujas de aire. Dejar el chocolate en los moldes por unos momentos.

4. Pasar una espátula por la superficie del molde para quitar el exceso de chocolate y tener bordes definidos.

5. Dejar enfriar en refrigeración hasta que el chocolate se endurezca. Desmoldar para obtener copitas o cascos. Para bombones, rellenar las cavidades del molde dejando un par de milímetros sin relleno para poder sellar los bombones.

6. Cubrir los rellenos con chocolate y golpear para sacar el aire, pasar una espátula para quitar el exceso de chocolate y refrigerar durante unos minutos antes de desmoldar.

Holanes o abanicos

1. Extender el chocolate temperado sobre el mármol formando una capa delgada.

2. Raspar el chocolate siguiendo una línea recta y sujetando con una mano una espátula triangular de metal en un ángulo de 45°; detener por una de las orillas el chocolate que se vaya desprendiendo con el dedo índice de la mano contraria. Repetir esta operación para obtener más holanes o abanicos.

3. Reunir varios holanes o abanicos usando un aro de metal como base para darles forma de flor. Refrigerar unos minutos.

Cigarrillos

LOS CIGARRILLOS SON DECORACIONES CLÁSICAS. SE PUEDEN HACER LISOS O CON DIFERENTES TEXTURAS, EN ESTE CASO, SE USA UN PEINE PARA REPOSTERÍA.

1. Extender el chocolate temperado sobre el mármol.

2. Pasar sobre el chocolate un peine de repostería para formar un diseño rayado. Dejarlo endurecer hasta que el chocolate pierda brillo.

3. Vaciar encima chocolate temperado de un color distinto a las rayas y extenderlo con una espátula de metal hasta obtener una capa muy delgada.

4. Dejar endurecer el chocolate hasta que pierda brillo. Enrollar el chocolate, raspando con una espátula de metal en un ángulo de 45° hasta formar un cigarrillo. Repetir esta operación para formar el resto de los cigarrillos.

Nidos y madejas

ESTA TÉCNICA REQUIERE MOVIMIENTOS RÁPIDOS Y SIN TITUBEOS,
EL PROCESO DURA SEGUNDOS.

1. Meter al congelador una charola de metal durante 1 hora. Cubrirla con papel siliconado.

2. Sumergir una espátula en un tazón con chocolate temperado y dejarlo caer en forma de hilo sobe la charola; mover la espátula de manera circular o de arriba hacia abajo para formar diseños con círculos o líneas.

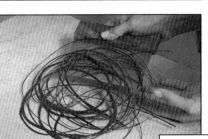

3. Dejar endurecer el chocolate hasta que pierda un poco de brillo y desprenderlo del papel siliconado con una espátula de metal. Darle forma al gusto y dejarlo solidificar unos minutos a temperatura ambiente.

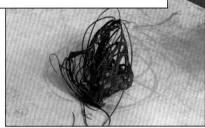

Decoraciones con textura y color

Hojas de chocolate

ES RECOMENDABLE ESCOGER HOJAS CON LAS VENAS MARCADAS COMO LAS DE LIMÓN, NARANJO, ROSAL O MAPLE.

1. Cubrir el dorso de una hoja con una capa delgada de chocolate temperado, con ayuda de un pincel.

2. Refrigerarlas unos minutos y desprender delicadamente las hojas del chocolate.

Mica, plástico y acetato

LA FLEXIBILIDAD DE ESTOS MATERIALES PERMITE CREAR DIVERSAS FORMAS CON EL CHOCOLATE Y OBTENER UN
ACABADO BRILLANTE.

Bandas, espirales e hilos de chocolate

1. Extender una capa delgada de chocolate temperado sobre una lámina de mica, plástico o acetato.

3. Dejarlo endurecer hasta que pierda brillo. Si deseas hacer espirales o bandas curvas, enrollar la lámina sobre sí misma y sujetarla con una liga o listón para que no pierda su forma; para formar hilos o bandas rectas, colocar la lámina en una charola.

2. Para formar bandas, marcar el chocolate con la punta de un cuchillo. Para espirales e hilos, marcarlo con un peine de pastelería.

4. Refrigerar hasta que el chocolate se endurezca y desprenderlo lentamente de la lámina para evitar que se rompa.

Figuras con hoja de relieve

EXISTEN HOJAS DE RELIEVE CON DIVERSOS PATRONES, ASÍ COMO ESTÉNCILES QUE FACILITAN EL TRABAJO CUANDO
SE HACEN MUCHAS PIEZAS DEL MISMO TAMAÑO. SE PUEDEN USAR EN COMBINACIÓN O POR SEPARADO.
PARA MANTENER LAS HOJAS DE RELIEVE EN BUEN ESTADO SE DEBEN LIMPIAR CON UN ALGODÓN.

1. Poner en la superficie de trabajo una hoja de relieve y encima un esténcil.

2. Verter sobre el esténcil suficiente chocolate temperado para llenar los espacios. Extenderlo y quitar el exceso con una espátula.

3. Dejar endurecer el chocolate hasta que haya perdido brillo, retirar el esténcil y desprender delicadamente las figuras de chocolate de la hoja de relieve; dejarlas endurecer por completo.

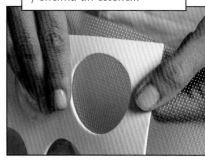
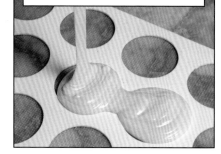

Figuras con transfer

LOS TRANSFERS SON LÁMINAS DE PLÁSTICO CON DISEÑOS IMPRESOS QUE PUEDES COMPRAR EN TIENDAS ESPECIALIZADAS EN REPOSTERÍA. ES UN RECURSO MUY FÁCIL DE USAR CON MAGNÍFICOS RESULTADOS. PUEDES OBTENER LOS MISMOS DISEÑOS PINTANDO EL CHOCOLATE CON MANTECA DE CACAO MEZCLADA CON COLORANTE SOLUBLE EN GRASA; UTILIZA PINCELES, BROCHAS, LOS DEDOS O SERIGRAFÍA.

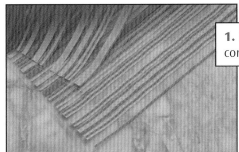

1. Colocar el transfer sobre la superficie de trabajo con la impresión de color hacia arriba.

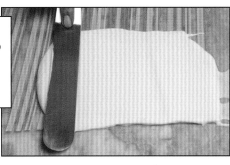

2. Cubrirlo con una capa delgada de chocolate temperado usando una espátula; dejar endurecer el chocolate hasta que pierda brillo.

3. Cortar el chocolate atravesando el transfer para hacer placas o cualquier figura; para formar gotas o lazos para moños, cortar el chocolate en rectángulos y doblarlos por la mitad juntando los bordes de las orillas cortas. Refrigerar hasta que el chocolate se endurezca por completo y desprender el transfer.

4. El chocolate se puede moldear de la misma forma utilizando una lámina de acetato o mica. Lo importante es hacerlo una vez que el chocolate deja de verse brillante, pero todavía está maleable.

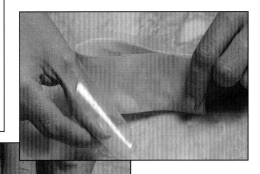

Trabajo con
azúcar

El azúcar es, sin duda, el ingrediente que más se utiliza en la pastelería. Cumple diversas funciones en las recetas, pero cuando se usa para decorar, se convierte en una joya y festejo para los sentidos.

Conocer el azúcar

Para poder trabajar con el azúcar como decoración hay que conocer su comportamiento. Sus usos van desde un simple espolvoreado con azúcar glass hasta complejas piezas de decoración hechas con la técnica del azúcar estirado y soplado; por cierto, muy similar al trabajo artesanal del vidrio, ya que ambos comparten propiedades. Si bien, cualquiera de estas decoraciones cautiva la mirada, no resisten mucho tiempo en ambientes húmedos. Sobre todo en el caso de piezas de azúcar hervido, se deben conservar en recipientes herméticos con gel silica.

Decoraciones con azúcar hervido

El trabajo del azúcar hervido parte de diferentes puntos de temperatura del jarabe de azúcar y termina con el caramelo ámbar.

Es muy importante iniciar el trabajo con azúcar refinado que tenga la menor cantidad posible de impurezas. Curiosamente los cubos de azúcar funcionan muy bien, se les agrega agua para facilitar la fusión y un poco de vinagre, ya que el ácido evita la cristalización. Hay que usar utensilios resistentes y que transmitan eficientemente el calor, como cacerolas de fondo grueso o de cobre.

Conforme eleva su temperatura, el jarabe empieza a espesar. Cuando llega a los 154 ºC, se puede verter sobre un tapete de silicón y crear láminas finas. Si se le ponen unas gotas de alcohol al tapete, burbujeará y se evaporará dejando un interesante rastro. Esa temperatura es ideal también para cubrir frutas resistentes como las uvas, el resultado es brillante, pero efímero.

Al llegar a los 170 ºC empiezan a aparecer matices color ámbar. Es en este punto cuando se puede tomar un tenedor y, con movimientos amplios, hacer el pelo de ángel sobre un marco o madera que lo atrape.

Cuando el jarabe alcanza los 180 ºC, ya es color ámbar claro. Éste es el punto ideal para hacer decoraciones sobre un tapete de silicón, y cuando empiecen a enfriar, manipularlas cautelosamente con las manos engrasadas; o bien, formar jaulas sobre un tazón engrasado.

Un truco profesional

Recientemente llegó a la pastelería un ingrediente que tenía años en la industria del dulce: el isomalt. Puede fundirse directamente sin usar agua y es ideal para hacer decoraciones como pelo de ángel o trabajo de azúcar estirado y soplado. No cambia de color y recibe colorantes de maravilla. Además, resiste mejor la humedad, aunque no totalmente.

Otras técnicas con azúcar

Se pueden hacer decoraciones elaborando masas con azúcar granulada o glass, un ejemplo es el pastillaje. Para hacerlo se combina azúcar glass con grenetina hidratada y fundida (10 g de grenetina por cada 400 g de azúcar glass) y se amasa para hacer figuras que, al secarse, son sólidas y se pueden pintar.

Una forma más es combinar azúcar granulado con suficiente clara para hacer una masa que se extiende y se corta. Se deja secar un día y se puede pintar. Asimismo, se pueden barnizar frutas y flores o vainas de vainilla con clara y espolvorearles azúcar.

Decorar con
color

El color es sin duda parte indisociable de la pastelería, y es que ésta es la única especialidad de la cocina donde se pueden usar colores que no pertenecen a la naturaleza y causar admiración.

Las tendencias en pastelería, en lo que al color se refiere, cambian continuamente, desde la gama de tímidos tonos pastel hasta eléctricos tonos intensos. Hoy en día hay múltiples recursos en el mercado para disfrutar el lado juguetón de la pastelería.

Colorantes

Los colorantes de grado alimenticio se consiguen concentrados en diversas presentaciones. Es muy importante revisar si son solubles en grasa o en líquidos, sobre todo si se van a usar con chocolate.

Las presentaciones son tan variadas como las gamas de colores, las hay en polvo, que se disuelven fácilmente en agua o manteca de cacao; las hay líquidas con base de alcohol o agua; en gel, para ciertos usos de pastelería; o en pasta.

Para pintar hay que agregar cuidadosamente el colorante para no excederse, pensando que es muy difícil dar marcha atrás. Recomiendo tomar una parte de la mezcla e ir dosificando el colorante hasta tener el tono deseado.

Existen también polvos que se usan para dar matices al chocolate, fondant o pasta de almendras, se aplican con pinceles finos o incluso con la yema del dedo, según el efecto deseado. Estos polvos además de venir en colores sólidos, pueden tener también acabados metálicos o nacarados.

Hoja de oro o plata

En la India se decoraban los postres con hoja de plata, muchos siglos antes de que se pusiera de moda este ingrediente entre los pasteleros. Ponían una gota de plata fundida entre dos pedazos de cuero y los martillaban hasta tener hojas infinitamente finas. El oro y la plata son comestibles en las cantidades que tiene una hoja, y usados con mesura ofrecen una decoración muy especial.

Se consiguen en tiendas de material para arte, o también se venden envasadas y cortadas en pequeñas hojuelas. En cualquier caso, se debe buscar el grado de oro y plata más puro.

Finalmente, un recurso muy fácil de usar, pero no menos bonito, son los azúcares de diferentes colores, así como las grajeas metálicas.

Decorar con fruta

Las decoraciones con fruta brindan colorido con el beneficio adicional de ofrecer mucho sabor.

No es necesario hacerle mucho a la fruta, por naturaleza es atractiva; simplemente rebanada o entera, según su tamaño o forma es una decoración que llama mucho la atención. También se puede barnizar con clara y espolvorearle azúcar con cristales de diferentes tamaños. Si se cortan las frutas para decorar mucho tiempo antes de servirlas, lo ideal es barnizarlas con ácido cítrico disuelto en agua, jalea de chabacano o brillo transparente.

Chips

JARABE PARA 1 KILO DE FRUTA.
CHAROLAS PARA HORNO CON PAPEL
SILICONADO O TAPETE DE SILICÓN.

- 2½ tazas (600 ml) de agua
- 4½ tazas (900 g) de azúcar
- Fruta al gusto: piña, manzana, naranja,
  pera, limón, etc., o verduras

1. Hervir el agua con el azúcar por 5 minutos o hasta obtener un jarabe espeso. Dejar enfriar.

2. Separar la cantidad de jarabe necesaria para la cantidad de fruta que se vaya a utilizar y reservar el resto en refrigeración.

3. Cortar la fruta en rebanadas muy delgadas usando una mandolina o rebanadora eléctrica.

4. Dejar reposar las rebanadas de fruta en el jarabe durante 1 hora. Sacarlas del jarabe, colocarlas en la charola y hornear a 100 ºC durante 1 hora o hasta que se deshidraten, cuidando que no se doren.

5. Para saber si los chips está listos, sacar una rebanada de fruta del horno y dejarla enfriar a temperatura ambiente; su textura deberá ser crujiente.

Salsas

Todos los postres se visten de gala con una salsa. Las salsas se han convertido en parte indispensable de la decoración de postres al plato. Adicionalmente, pueden brindar un elemento de contraste o de complemento con los sabores.

Las salsas a base de frutas combinan muy bien con los postres con chocolate; mientras que los postres a base de frutas se benefician con salsas a base de crema inglesa.

Salsas a base de crema inglesa

Ver el procedimiento para hacer la crema inglesa en la página 372.

Licores
Agregar a la crema inglesa coñac, licor de naranja al coñac, aguardientes de frutas, licores o ron; iniciar con 4 cucharadas por cada taza de crema inglesa e incrementar al gusto.

Café
Hervir la leche con café molido y colar antes de añadir las yemas; o bien, incorporar café instantáneo o exprés al gusto a la crema ya terminada.

Chocolate
Agregar cocoa o chocolate picado al gusto cuando la crema espese.

Hierbas y especias
Hervir la leche con especias como canela, clavo, jengibre o semillas de cilantro al gusto. Las hierbas como menta, romero, lavanda, té limón o tomillo, es mejor incorporarlas picadas al momento de servir.

Frutas
Las frutas secas y frescas picadas ofrecen textura a la crema inglesa, mientras que en puré le brindan sabor y color. En el caso de los cítricos es mejor perfumar sólo con ralladuras.

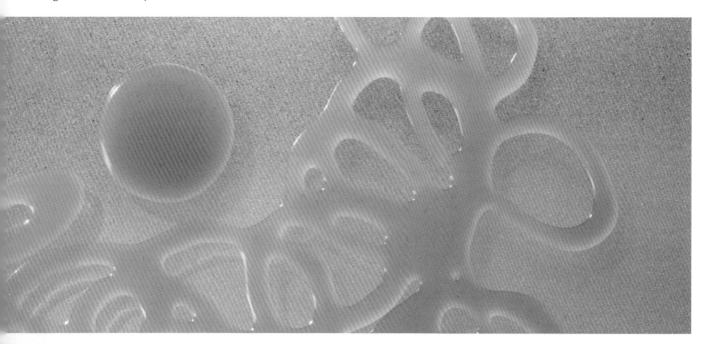

Frutos secos

Se pueden incorporar a la crema inglesa tostados y molidos finamente al momento de servir. El praliné es también un complemento perfecto.

Salsas a base de chocolate

Mezclar cantidades iguales de crema con cualquier tipo de chocolate derretido y ajustar la consistencia de la salsa agregando leche.

Las salsas de chocolate se pueden perfumar con cualquiera de los ingredientes que se mencionaron anteriormente.

Salsas a base de caramelo

Hacer un caramelo de color ámbar pálido e incorporarle crema y leche hasta ajustar la consistencia deseada. Si se agrega chocolate le dará un sabor delicioso.

Salsas a base de fruta

Las salsas a base de fruta ofrecen una gama infinita de sabores y colores. Su acidez natural es el complemento ideal para los dulces.

Purés o coulis
La preparación varía según la fruta:

Frambuesa, zarzamora, fresa
Licuar las frutas con azúcar al gusto y colar. Para una salsa con sabor más intenso, hervir la fruta con azúcar y un poco de agua antes de licuarla. Si es necesario se puede espesar con un poco de fécula de maíz.

Mango, chabacano, guanábana
Licuar la fruta y colarla; ajustar la consistencia con un jarabe sencillo en el caso de las salsas de mango y chabacano, o con un poco de leche en el caso de la de guanábana.

Pera, piña, blueberry, cereza, capulín
Hervir la fruta en agua con azúcar hasta que esté suave y licuarla.

Glosario

Acetato o mica. Lámina o tira plástica que se utiliza en repostería para modelar chocolate o pastas, así como para forrar moldes; evita que las preparaciones se peguen a las superficies de trabajo.

Acremar. Mezclar o batir un ingrediente o una preparación hasta suavizarla para que adquiera una consistencia cremosa.

Azúcar. Edulcorante natural extraído de la caña de azúcar y de la remolacha azucarera. Se comercializa en el mercado nacional en diferentes grados de refinamiento: piloncillo, mascabado, morena, refinada, glass o impalpable, invertido e isomalt.

Baño María. Procedimiento culinario que consiste en poner un recipiente que contiene una preparación dentro de otro con agua hirviendo o caliente, ya sea para cocerlo o para mantenerlo caliente. Esta técnica es utilizada con ingredientes o preparaciones delicados, ya que es posible distribuir el calor uniformemente y controlar la temperatura. Por extensión, se le conoce también con este nombre al utensilio de cocción.

Batidor de globo. Utensilio de cocina con varillas de acero inoxidable curvas, entrecruzadas y unidas por un mango. Sirve para integrar aire a los batidos de huevos o cremas, o para emulsionar salsas.

Batir. Trabajar enérgicamente con un batidor de globo manual o con una batidora un elemento o preparación con el fin de modificar su consistencia, su aspecto y su color. Existen diferentes puntos de batido:

- Picos suaves: término aplicado para crema o claras batidas; al levantar el batidor se formará un pico que se dobla.
- Picos firmes: término aplicado para crema o claras batidas; al levantar el batidor el pico se mantiene en su lugar.
- Punto de listón: término aplicado para claras, yemas y huevos batidos con azúcar; al levantar el batidor se forma una banda ancha y continua que deja marcas al caer sobre el resto del batido.
- Punto de nieve: término aplicado para claras; al levantar el batidor no se forman picos pero la consistencia es firme.
- Punto de turrón: término aplicado para claras; al levantar el batidor se forman picos y estrías de consistencia muy firme.

Cernir o tamizar. Procedimiento culinario que consiste en pasar un ingrediente seco y molido por un tamiz, un cernidor o un colador de malla fina. Es utilizado para mezclar ingredientes e incorporarles aire, como en el caso de la harina, o para eliminar grumos, como en el polvo para hornear o la cocoa.

Chocolate. Producto alimentario elaborado con base en una mezcla de pasta de cacao y azúcar, a la que se le pueden agregar distintos ingredientes: leche, miel, frutos secos, especias, etc. Todos los chocolates de buena calidad parten de esta misma base, pero hay una gran diferencia de sabor entre las diversas marcas; la única forma de descubrir el favorito es probándolos. Las variaciones de sabor se dan por diferentes proporciones en los ingredientes, así como por distintos procesos. Por ejemplo, algunos tienen un mayor porcentaje de licor de chocolate o de manteca de cacao, o una concentración mayor de azúcar. El chocolate se debe almacenar en un recipiente hermético en un lugar fresco, seco y de preferencia oscuro.

Cocoa. Ingrediente en polvo obtenido mediante la pulverización de la pasta de cacao y su posterior separación de la manteca de cacao. Existen dos tipos de cocoa en el mercado: la alcalinizada y la no alcalinizada. La primera es posible adquirirla en tiendas especializadas y se le conoce como cocoa estilo holandés; su sabor es poco ácido, se disuelve fácilmente y, a diferencia de

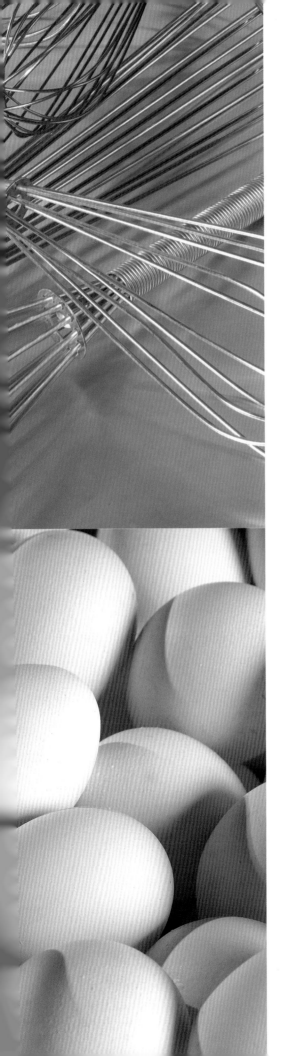

la cocoa no alcalanizada, no produce sabores desagradables si es combinada con bicarbonato de sodio.

Congelar. Tratamiento de conservación de alimentos mediante una temperatura de congelación. Muchos de los postres en este libro, ya sea el producto final o algunos elementos o subrecetas, pueden ser congelados. Para conservar los alimentos en las mejores condiciones y facilitar su manejo se deben seguir los siguientes pasos:

- Envolver herméticamente los alimentos con plástico adherente y después con papel aluminio o con bolsas plásticas resellables.
- Marcar la fecha de elaboración en el empaque.
- Descongelar los alimentos lentamente en refrigeración.
- Respetar los tiempos de conservación máximos que se indiquen en las recetas.

Crema para batir. Producto lácteo de consistencia líquida que brinda a las preparaciones textura suave y sabor y, cuando está batida, ligereza. Tiene un porcentaje de grasa entre 30 y 40%; a mayor contenido de grasa, mayor estabilidad.

Para batir la crema y lograr el máximo de volumen, la crema debe estar fría, por lo tanto, es recomendable introducir por unos minutos en el congelador el tazón donde se batirá la crema. Se debe evitar batir la crema en exceso, ya que se separa y adquiere una apariencia granulosa.

Engrasar y enharinar. Procedimiento que consiste en untar con alguna materia grasa (manteca vegetal o mantequilla) una charola o molde de repostería, y posteriormente, cubrirlo con una capa muy delgada de harina; la finalidad es evitar que las preparaciones se peguen a la charola o al molde durante la cocción, así como facilitar su desmolde. Untar la grasa con una brocha permite cubrir bien todas las esquinas, sobre todo en el caso de moldes con formas complejas. Para enharinar, es recomendable agregar un par de cucharadas de harina al molde y golpearlo suavemente, moviéndolo hasta cubrir toda la superficie; después, es necesario voltearlo para eliminar el exceso de harina.

Las cantidades de mantequilla y harina necesarias para engrasar y enharinar los moldes y charolas en las recetas de este libro no están especificadas; son adicionales a la lista de ingredientes.

Fécula de maíz. Almidón extraído del maíz utilizado como espesante en algunas preparaciones como natillas, atoles, cremas y salsas.

Gel silica. Perlas sintéticas y porosas con capacidad de absorber agua. Normalmente se encuentran envasadas en bolsas pequeñas y transpirables. En cocina, el gel silica sirve para absorber y controlar la humedad dentro de envases o recipientes herméticos con el objetivo de mantener los productos o ingredientes en buen estado. Su utilización es recomendable en la conservación de productos crujientes como tejas, galletas, macarrones o decoraciones de azúcar. Se vende en tiendas de materias primas para la industria.

Glucosa. Azúcar presente en algunas frutas y en la miel. En repostería se utiliza como espesante y estabilizador, así como agente para evitar la cristalización en productos con azúcar o chocolate. El jarabe o miel de maíz que se encuentra en el mercado está hecho con glucosa y agua, por lo que se puede usar como sustituto en la mayoría de los casos. Una vez abierto el envase debe ser conservado en refrigeración.

Grenetina. Producto sin sabor obtenido a partir del colágeno animal utilizado para estabilizar o dar textura. La cantidad ideal es la mínima indispensable: 6 gramos para cuajar 2 tazas de mezcla; sin embargo, se puede ajustar la cantidad según la consistencia deseada. Ya sea en polvo o en láminas, debe hidratarse antes de utilizarse. En el caso de la grenetina en polvo, hay que mezclar 4 cucharadas de agua por cada cucharada de grenetina y dejarla reposar por 5 minutos. En el caso de las láminas, éstas se sumergen en un tazón con la cantidad de agua fría suficiente para cubrirlas, se dejan reposar durante 5 minutos y después se escurren. Posteriormente, en ambos casos, la grenetina debe fundirse, ya sea a baño María o en el microondas a baja potencia. La gelificación llega a su máximo después de 24 horas.

Huevo. Alimento nutritivo rico en proteínas y grasas, las primeras procedentes de la clara principalmente, y las segundas de la yema. Tanto la clara como la yema cumplen una función muy específica en la elaboración de los postres, por lo tanto se deben respetar las cantidades solicitadas. Debido a que el tamaño de un huevo de gallina no es uniforme, es recomendable pesarlos para no alterar las proporciones de las recetas. En las recetas de este libro, el peso de los huevos enteros siempre está indicado en gramos sin el cascarón.

Los huevos deben ser conservados en refrigeración; sin embargo, para lograr mejores resultados al batirlos, es mejor sacarlos del refrigerador una hora antes de utilizarlos. Las claras se pueden congelar en un recipiente hermético durante 6 meses como máximo; en el caso de las yemas, se deben combinar con 1 cucharada de azúcar por pieza y se pueden congelar hasta por 2 meses.

Incorporar o mezclar con movimientos envolventes. Mezclar delicadamente una preparación con una espátula plástica flexible, comenzando por las orillas y cubriendo o envolviendo la preparación sobre sí misma hasta que se homogenice. Generalmente, estas mezclas o preparaciones siempre contienen claras montadas, crema para batir montada, o algún ingrediente al que se le haya introducido aire. Tiene el objetivo de conservar la mayor cantidad de aire dentro de la mezcla.

Infusión. Preparación que se obtiene al dejar reposar un ingrediente en un líquido muy caliente para extraer sus sustancias aromáticas. El término designa también a la bebida obtenida. Generalmente se hacen infusiones con hierbas aromáticas, flores y especias. En el caso de los tés negros, verdes o rojos, el tiempo de reposo no debe sobrepasar los 5 minutos para evitar que se liberen taninos que amargarán la bebida.

Leche de coco. Bebida obtenida tras licuar la pulpa y el agua de los cocos. A diferencia de la crema de coco, la leche de coco no contiene azúcar añadida, por lo cual no pueden ser sustitutos intercambiables.

Macerar. Remojar en un líquido (aguardiente, licor, aceite, jarabe, vino) durante un tiempo determinado alimentos como frutas frescas o confitadas, hierbas, especias o frutos secos para conservarlos, suavizarlos o mejorar su sabor.

Manteca de cacao. Materia grasa pura obtenida de la pasta de cacao. La manteca de cacao de calidad tiene un color pálido intenso. Se debe almacenar en un lugar fresco y oscuro, cubierta con plástico adherente o en una bolsa de papel estraza, encerado o resellable para evitar que absorba aromas.

Mantequilla. Sustancia grasa obtenida de la crema de leche, indispensable para la calidad final de muchos postres. Una buena mantequilla es suave, con olor fresco y color uniforme. En repostería, la mantequilla con sal se utiliza sólo en algunas preparaciones como galletas o aquellas que incluyen caramelo. Las diferentes marcas que se pueden obtener actualmente en el mercado nacional tienen diferentes porcentajes de agua. Si deseas saber cuál es la marca que más te agrada, es recomendable probarlas en recetas que ya conozcas. Se debe almacenar en refrigeración o congelación (hasta por 6 meses) en recipientes herméticos, o envuelta en plástico adherente o papel encerado, pero nunca con papel aluminio. Cuando una receta pide mantequilla a temperatura ambiente, ésta debe estar suave pero no derritiéndose.

Mantequilla clarificada. Mantequilla que se ha fundido a fuego muy lento para separar la grasa del agua y de los sólidos lácticos que provocan su enranciamiento y no le permiten soportar temperaturas elevadas. Durante el proceso el agua se evapora, y posteriormente, los componentes restantes se

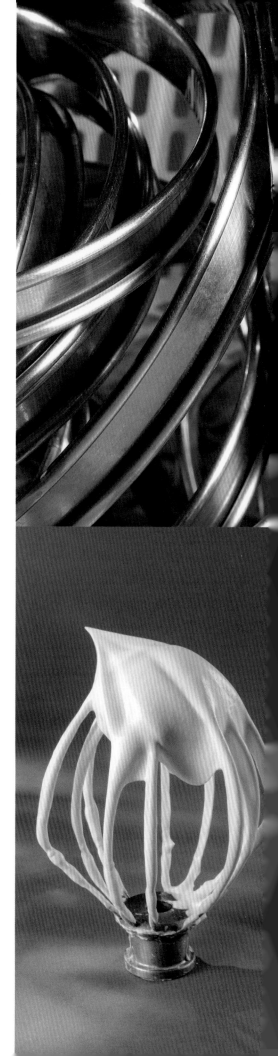

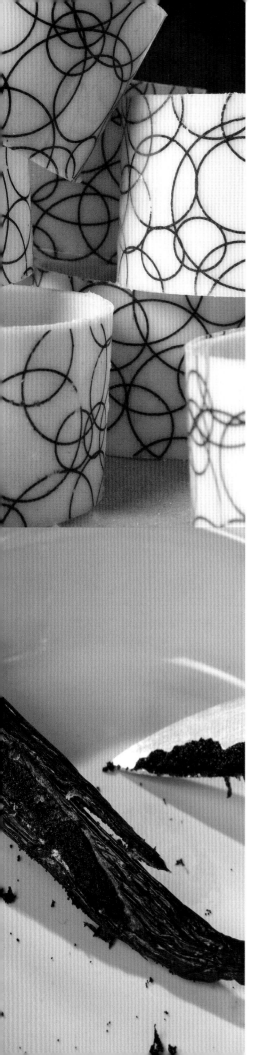

separan por densidad; los sólidos se hunden y la grasa deseada es la que queda en la parte superior.

Mascarpone. Queso italiano con textura muy ligera y cremosa, similar a la crema batida. Se consigue en algunos supermercados y tiendas especializadas.

Papel siliconado. Papel tratado con silicón que ayuda a que no se peguen los productos. En las tiendas de repostería y de materias primas también se le conoce como papel estrella por el diseño de estrellas que posee. Se puede hornear sin problemas y es muy resistente. Es una gran herramienta para diversos usos: para forrar charolas, especialmente en el caso de merengues y galletas, para ayudar a que no se peguen ni se doren por abajo; para hacer conos o para elaborar decoraciones con chocolate, pastas y azúcar.

Pasta de almendra. Preparación de confitería industrial hecha con una base de almendras dulces finamente molidas y mezcladas con dos veces el mismo peso de azúcar en polvo y un poco de glucosa. Se consigue en tiendas de repostería especializadas, aunque se puede sustituir con mazapán, teniendo en consideración que éste tiene un poco más de azúcar. Una vez abierta, se debe almacenar cubierta con plástico adherente o en recipientes herméticos para evitar que se seque. Siempre se debe probar su frescura antes de usarla, ya que la grasa de las almendras puede enranciarse después de cierto tiempo.

Pasta phylo. Pasta de origen mediterráneo presentada en láminas hechas con harina, agua y almidón de maíz. Es muy flexible y su sabor es totalmente neutro. Se consigue en tiendas especializadas en la venta de ingredientes de comida árabe. Al momento de utilizarla se debe cubrir con un trapo de cocina limpio para evitar que se reseque. Se conserva en refrigeración.

Polvo para hornear. Mezcla de bicarbonato de sodio, ácido tartárico y fécula de maíz. Tiene los mismos efectos leudantes que la levadura, pero actúa directamente con el calor de la cocción. Conforme pasa el tiempo pierde su capacidad leudante, por lo que su tiempo de vida útil es de 8 meses, o menos si se encuentra en un lugar húmedo.

Ralladura de cítricos. Las cáscaras de los cítricos concentran todo el sabor en los aceites esenciales. Para obtenerla es mejor usar un rallador fino y evitar rallar la parte blanca de la cáscara, pues es amarga.

Reducir. Hervir un líquido hasta que espesa. Cuando el líquido que se reduce tiene azúcar, lo recomendable es hacerlo a fuego bajo para concentrar los sabores sin caramelizar los azúcares.

Soplete. Herramienta que en cocina se utiliza para dorar la superficie de merengues o cremas y para caramelizar el azúcar. Existen en diferentes tamaños e intensidades. Las versiones más grandes, así como las cargas de gas, se consiguen en ferreterías, aunque para uso casero es recomendable adquirir sopletes más pequeños, ya sea en tiendas departamentales, de materias primas o de materiales para dentistas.

Suprema. Gajo de un cítrico sin la piel que lo recubre naturalmente y sin semillas.

Tapete de silicón. Plancha cubierta con silicón flexible y antiadherente. Soporta temperaturas de entre -60 y 250°C. Es ideal para trabajar el azúcar y el chocolate, así como para obtener una cocción homogénea de masas y pastas. Es fácil de limpiar y tiene una larga vida útil.

Vainilla. Vaina seca y fermentada al sol de la orquídea mexicana de la vainilla. En cocina se utilizan las vainas y el extracto de vainilla (obtenido de la maceración de las vainas en alcohol) para perfumar preparaciones como salsas, gelatinas y cremas. Para obtener mejores resultados al utilizarlas, las vainas de vainilla deben estar frescas, periodo cuando su aroma floral es más intenso, y deben conservarse en un recipiente hermético, en un lugar fresco y oscuro. Al momento de emplearlas, se deben partir por la mitad a lo largo y raspar el interior con la punta de un cuchillo para extraer el máximo sabor y aroma.

Índices

Recetas

Recetas complementarias

Ingredientes

Al caramelo y al asunto,
hay que darles punto.

Este libro se terminó de imprimir en febrero de 2019,
en los talleres de Impresora y Editora Infagón, S.A. de C.V.
en Escobillería número 3, Col. Paseos de churubusco,
Del. Iztapalapa C.P. 09030 Ciudad de México.